仙台藩ものがたり

河北新報社編集局編

プロローグ

馬上の政宗が城下を見下ろしている。この仙台の街に、建設のつち音が響き始めたのは四百年の昔、一六〇一（慶長六）年のことだった。城主伊達政宗は朝な夕な、この山城から工事の進み具合を確かめたに違いない。シカ鳴き、ハギ乱れる里が、日々姿を変えていった。

仙台の街の広がりを、木の切り株に例えよう。年輪の真ん真ん中は、青葉区の芭蕉の辻と呼ばれる一点。東西筋・大町と、南北筋・国分町の交わり。政宗はここを中心に都市計画を練った。おおむね今のJR仙台駅から西一帯と考えていいだろう。碁盤の目のように走る町筋は基本的に昔と変わっていない。四百年後の私たちも政宗の引いた図面の上で毎日を暮らしている。

古い町並みを歩いてみたい。敷地の境界を確かめながら、一定の歩幅で。不思議なほど間口を測る歩数が一致する。旧藩時代のたたずまいがほうふつとしてくる。歴史の露頭を見る思いがする。大きなマンションなどは、旧屋敷をいくつか合わせて建てられている。

北の岩手県中部の北上市には仙台、盛岡両藩の境が今も残る。地元は藩境塚と呼ぶ。南の白石市は仙台領の南限。一八六八（慶応四）年、ここで奥羽諸藩による重要な会議が開かれた。戊辰戦争で賊軍の らく印を押された会津藩救済の列藩会同。往時の白石城が復元されている。

仙台城の石垣。その積み直し工事のさなか、裏側から歴代二層の石垣が出土した。地中に眠り続けてきた藩祖政宗の遺産だった。私たちはまさに彼の隻眼に映った石組みを見たことになる。

とうとうと時が流れている。百万都市仙台の礎は旧藩時代に築かれた。仙台が誕生して四百年。歴史の瀬音を訪ねつつ、過去から現在へと、時代を往来する旅に出てみたい。

目次

＊この本は2001年3月から2002年3月まで54回にわたり、河北新報朝刊に連載された「開府四百年　仙台藩ものがたり」をまとめたものです。本にするにあたって一部加筆・修正いたしました。
＊市町村名は2010年1月現在のものです。
＊この本に登場されている方の年齢・肩書は紙面掲載当時のものです。

第一章　政宗渡海

名護屋布陣　秀吉の野望に忠義立て

■十万人が滞陣

緩い坂道が続く。三の丸跡を経て巨大な城門跡を入ると、間もなく本丸跡の平場に出る。石垣の周りを南の国の大木、クスノキが覆う。その向こうに、玄界灘《げんかいなだ》の青い海原が広がっていた。

ここは急造の軍事都市、名護屋《なごや》（佐賀県唐津市鎮西町）。誇大妄想に陥った老天下人、豊臣秀吉は、この海の向こうの明国（当時の中国）征服という野望の炎を燃え盛らせていた。名護屋は前線基地であった。

一五九二（文禄元）年四月。奥羽の雄、伊達政宗の姿もここにあった。千五百人の家臣とともに翌春まで約一年を過ごす。彼はこんな西国まで来たことはない。天下人への忠義立ての一方に、無益な遠征に終わる不安もよぎっただろう。

「日本海を隔てる朝鮮半島の釜山《プサン》まで約二〇〇キロ。文禄の役で十六万、慶長の役で十四万。合わせて三十万の大軍が、ここから船で渡った」

佐賀県立名護屋城博物館の学芸員宮武正登さん（37）は

肥前・名護屋城の天守台跡から北めば、青々とした玄界灘が見える。30万の将兵がこの海を渡って朝鮮へ渡った。最奥に、横に長く見える島影は壱岐《いき》

語る。秀吉が指揮をとった名護屋城は九州北端の岬に構え、敷地面積は一七万平方メートルで、およそ四〇〇メートル四方の広さ。当時としては大坂城に次ぐ規模だった。この城を真ん中に全国各地から馳せ参じた十万の将兵が滞陣した。

■茶会の記録も

年を追って諸将の陣構えが明らかになっている。見取り図には、本丸を中心に、半径三キロ以内に百三十の大名の名が書き込まれている。政宗は、本丸とは入り江を挟んだ対岸のイタチ山の上に布陣した。今は畑と雑木林に姿を変えている。東西一〇〇メートル、南北一五〇メートル余りの空間が広がっている。一角に石塁で囲った平場がある。建物の中心施設であろう。

広さ三〇メートル四方。政宗が、秀吉を陣に招いて茶会を催した記録が残っている。ここがそこだろうか。付近からは玉砂利を敷いた小道も確認されている。「なにせ広大な名護屋だから、発掘はなかなか進まない。全体的に見れば一％程度。政宗の陣跡も掘りたいのですが、いつになりますか」と宮武さん。

全国から秀吉の下に集まった諸将は約百五十人以上と言われる。うち百三十人の陣跡が

全国主要大名と奥羽諸大名（●印）の陣跡分布（陣跡は総計130カ所）

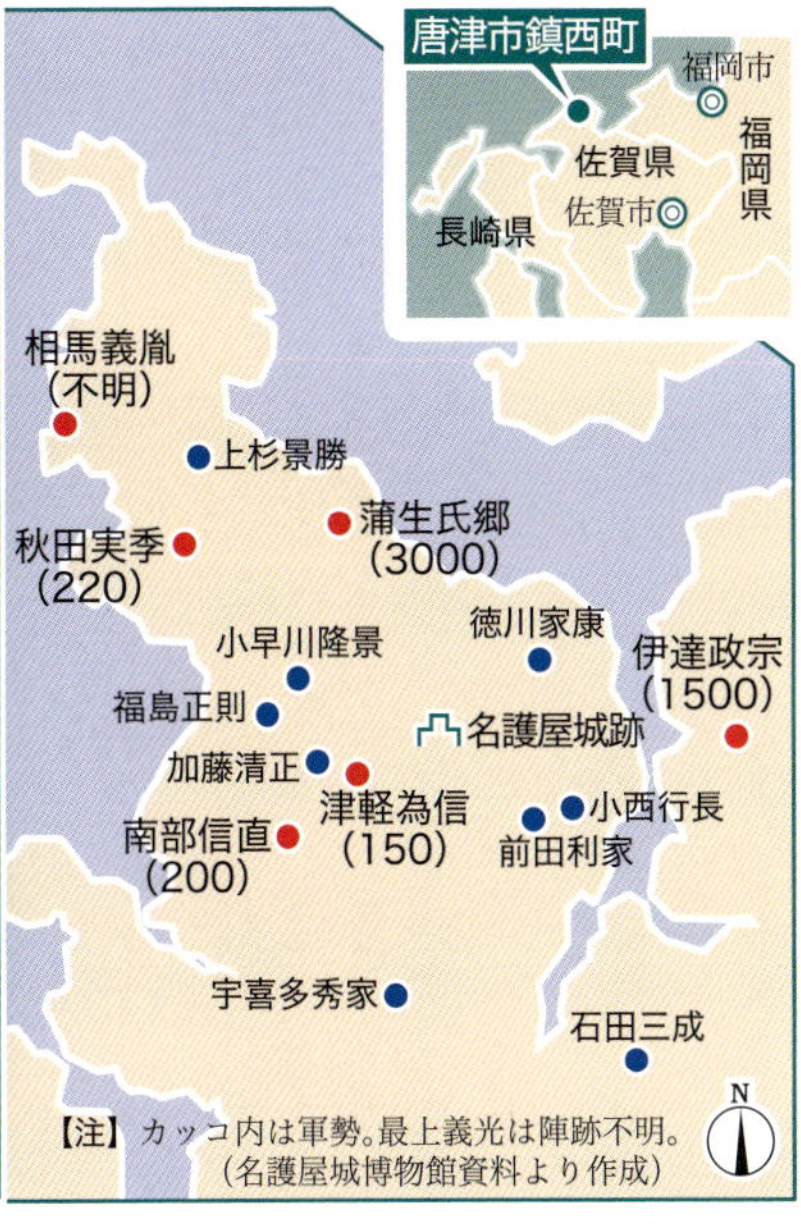

特定された。

秀吉は血族を城の近くに、外様は外に置いた。腹心石田三成は福岡へ通じるかなめの位置を与えられている。

「危なっかしい男」と思われた政宗は外様扱い。同じ外様でも南部氏や津軽氏などはなぜか本丸近くに名が見える。「秀吉は、遠国大名を近くに置き、その力が全国に及んでいる現実を見せつけようとしたのではないか」という解説がある。蝦夷地（北海道）の松前氏も一時、来ている。すさまじいばかりの「力の誇示」である。

■東国衆の人情

政宗の名護屋への旅立ちは一五九二年正月早々のこと。当時はまだ仙台に移る前で、岩出山（大崎市）が居城だった。この間、京都を経て名護屋に至るまでの間に遭遇したエピソードがある。東北大名誉教授羽下《はが》徳彦さん(67)＝日本中世史＝の紹介だ。

名護屋に行く途中、九州の小倉で、佐竹氏（常陸）が織田信長の旧臣と宿舎の取り合いを演じる。伊達氏は宿敵だったはずの佐竹氏に、東国の仲間、蒲生氏（会津）や上杉氏（越後）と一緒になって加勢したのだという。似た例はほかにもある。

「大挙して、みちのくの将兵が西国の人々と出会ったのは、たぶん九

メモ　伊達治家記録では政宗が率いた家臣団は「三千人」としているが、他の資料には「千五百人」程度の数字が多い。

政宗が渡海して戦闘に参加したのが晋州城の戦いで、これを記録した島津家文書に伊達衆は「千二百五十八人」と書かれている。

羽下徳彦東北大名誉教授は「留守部隊を名護屋に置いて渡海したことを考えれば、千五百の数字が妥当」と指摘。ここでは千五百人説をとる。

州でのことが初めてではなかっただろうか。言葉や習慣が違えば、より近い東国衆同士はお互いに親しみを持ち、助け合ったのではないか」と羽下さんは推測する。人情である。

政宗は名護屋で一年待たされた後、秀吉から渡海を命ぜられる。奥羽の大名で実際に朝鮮半島に渡ったことがはっきりしているのは政宗ただ一人。二十六歳の青年武将、伊達政宗が玄界灘に乗り出したのは一五九三（文禄二）年三月のことだった。

伊達政宗が居住していたと言われる名護屋のイタチ山陣跡を説明する宮武正登さん。２列に並んでいる石塁は、塀の表側と裏側の基礎部分とみられる

―関連年表―

▼一五九〇年
豊臣秀吉が関東を平定、続いて奥羽仕置《しおき》（処理）を行い全国を統一する。

▼一五九一年十月
名護屋《なごや》城の建設始まる（翌年三月までに完成）

▼一五九二年一月五日
伊達政宗が、秀吉の命を受け岩出山城を出発する。

▼一五九二年三月
朝鮮半島へ向けて日本軍が順次、名護屋を出陣。

▼一五九二年三月十七日
政宗、京都をたち名護屋に出発。

▼一五九二年四月十九日
政宗、博多に至る。その後、名護屋に着陣。

▼一五九三年三月十五日
政宗、渡海命令を受け名護屋から船出。

（政宗の行動は、主として伊達治家記録による）

対馬海峡　行く手阻む風との闘い

■交流の大動脈

「明国《みん》（当時の中国）への道を開けろ」という豊臣秀吉の居丈高な要求。明とよしみを通じる朝鮮王朝は当然、これを拒否した。ならばと、秀吉は矛先を半島そのものに転じた。

むちゃであっても天下人の命、忠義立てもあって全国の大名は次から次と海を渡った。東北からは伊達政宗ただ一人の参戦だった。一五九三（文禄二）年三月、主従約千三百人は、対馬《つしま》海峡を隔てた対岸、半島南端の釜山《プサン》を目指した。レーダーなど近代装備のないそのころ、頼りとするのは自身の目である。海原に浮かぶ島影を確かめつつかじを取らざるを得なかった。名護屋《なごや》（佐賀県）―釜山間は約二〇〇キロ。古来、このルートは大陸との交流ルートの大動脈となってきた。壱岐《いき》と対馬という大きな島が、程よく飛び石状態で連なる。

■一ヵ月費やす

伊達治家記録によれば、政宗たちの旅は初めから波乱に

対馬の厳原港は周囲を山に囲まれ、山腹には数多くの寺や神社がある。は水中翼船のふ頭で、政宗が寄港し時の海岸線は現在より200メートル奥に入っていた

満ちていた。

三月十五日、政宗は名護屋を出発した。が、この日は天候に災いされ、引き返した。二十二日、二度目の挑戦で無事、壱岐の風本（勝本）に到着。だが、そこで出会ったのは二月に先発した重臣原田宗時らだった。彼らも日和に恵まれず、いまだ次の寄港地、対馬に渡れずにいた。

翌二十三日、政宗は対馬の中心地・府中（対馬市厳原《いずはら》）へ向け船出したが、またも悪天候に遭って出戻った。四、五日の後、無事、厳原に渡ったものの、ここでも風待ち。結局、厳原に約半月もとどまることとなった。釜山着は、名護屋を出て約一カ月後の四月十三日となる。

政宗の船旅は今の暦では四、五月に当たる。定めない風が続く季節であるが、それにしても時間を費やしている。

当節は、水中翼船に乗れば、博多―厳原間、厳原―釜山間が、ともに約二時間、合わせて約四時間で渡れる。

復元モデルが造られている「関船」。舳先《へさき》部分が鋭角的にできているのが特徴だ＝長崎県立対馬民俗歴史資料館

メモ 対馬は南北八二キロ、東西一八キロの細長い島。壱岐とともに長崎県に属する。
島全体の人口は四万二千。島の北端から韓国まで約五〇キロの距離で、古代から朝鮮半島、中国大陸を結ぶ「文明の回廊」の役割を担った。
中国の史書、魏志倭人伝《ぎしわじんでん》に「土地は山険しく深林多く、(中略)良田なく、海の物を食して自活し」とあるように、耕地が少なく、常に食料不足に悩まされた。

当時は、関船《せきぶね》と呼ばれる中型軍船が渡船としてよく使われた。政宗らが乗った船も関船のようなものと推定はできるが、資料上は、はっきりとは分からない。関船は船首が鋭角で、波を切るのに適しており、船脚が速い。「はやふね」の異名を持つ四、五十人乗りの船だった。

厳原は対馬の中心地で、長崎県支庁が置かれている。対馬藩十万石の城下町は静かなたたずまいを残す。ここでの記録は、伊達治家記録が「十四、五日逗留《とうりゅう》」と記すだけだ。

県立対馬民俗歴史資料館の学芸課長斎藤弘征さん(60)は、この記述をこう読む。「昔は、厳原—釜山間は直接行ける距離ではなかった。政宗も、島の北端部にある大浦か鰐浦《わにうら》に寄って、食料、水などを補給したことだろう」

島の北部には幾つかの入り江がある。秀吉は、初め鰐浦に、次いで大浦に関所を置き、半島と往来する船や軍勢をチェックさせた。そういう意味でも、どちらかの港を経由したと考えるのが筋になる。「大浦の入り江の方が懐は大きく、大船団が入れたので政宗は大浦に入港したのではないか」

■失われた過去

半島攻めは各大名とも苦戦を強いられた。加えて病と飢え。政宗主従とて例外ではない。転戦する中、いく人もの将兵を失った。その中の一人、病気の原田宗時は政宗自身が説得して一足早く帰した。だが、彼が戻れたのも対馬まで、ここで命を落とす。宗時は伊達騒動の主役の一人、原田甲斐の祖父に当たる。

政宗が再び対馬に立ち寄るのが九月、家臣思いだっただけに、宗時の墓などに手を合わせたのだろう。しかし、今は過去をしのぶよすがは全くない。

それは仙台藩に関するものだけでない。「文禄、慶長の両戦役の犠牲者を弔うものは一切存在しない」と斎藤さん。対馬で亡くなった将兵は少なからずあっただろうに、なぜか痕跡はすっかり消えている。

そして、島全体を探しても、両戦役に関することは歴史のやみに溶け込んだようにはっきりしない。度々の火災のせいという説があるが、それだけなのか。

―関連年表―

▼一五九二年五月三日
日本軍、漢陽（現ソウル）を陥落させる。六月、平壌に入城。

▼一五九二年五―九月
李舜臣らの朝鮮水軍、日本水軍を撃破する。

▼一五九三年一月七日
明と朝鮮王朝の連合軍が平壌を攻撃、日本軍は漢陽に退く。

▼一五九三年三月十五日
伊達政宗、秀吉の渡海命令を受け名護屋を出港する。しかし、日和悪く名護屋に戻る。

▼一五九三年三月二十二日
政宗、名護屋を再出港、壱岐の風本に到着。

▼一五九三年三月二十七、二十八日ごろ
政宗、壱岐の風本を出発し、対馬の厳原に到着。

▼一五九三年四月十三日
政宗、釜山港に上陸する。

半島上陸　故郷の便りに心を慰む

■物資調達担う

朝鮮半島東南端の良港、釜山《プサン》は首都ソウルに次ぐ韓国第二の都市で、人口三百八十万を数える。もっとも四百年の昔は何ほどもない存在であった。

一五九三（文禄二）年四月半ば、豊臣秀吉の命を受けた伊達政宗がこの地に上陸した。慣れない船旅を無事に終え、安堵《あんど》したであろう政宗。ころは初夏、異国で見る新緑は、故郷奥羽の山々の姿を思い出させたことだろう。

さて、千三百という少ない手勢しか伴わなかった政宗の任務は何だったのか。軍旅のさ中、徳川家康から届いた手紙にそれをうかがうことができる。

「無事に渡海できたのはめでたい。日夜のご苦労を察するのは申すまでもないが、まずは万事、浅野長政父子の指図に従うように」

浅野は秀吉重臣の一人。後に五奉行の首座に上る。この遠征では、一線の戦闘部隊に届ける食料や物資などを調達する役割を担っていた。政宗も当然この務めに骨身を削ったに違いない。

蔚山倭城を遠望する。現在は「鶴城
と呼ばれ、サクラやモミジの名所と
知られる。手前の川が「太和江」と
川で、川幅100メートル以上ある

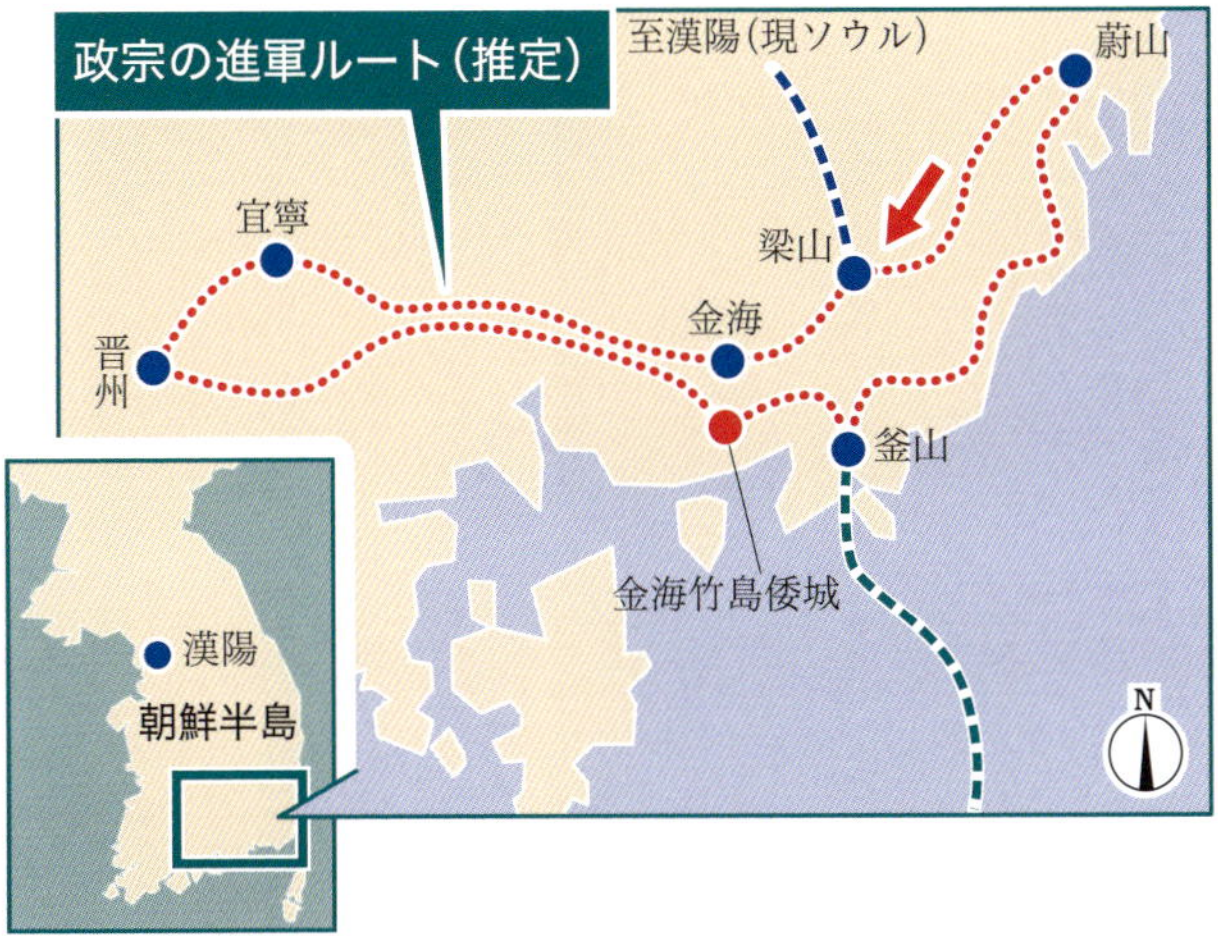

政宗は浅野とともに、厳しい攻防戦を演じる蔚山《ウルサン》へ軍勢を進めた。蔚山は釜山の北約七〇キロほどに位置する。

「山野に、兵や武装した農民らが潜んでいたから、軍をう回させて、海岸線をたどったのでしょう」

釜山市博物館研究員の羅東旭さん(38)の話だ。

三日かけて蔚山に到着した。ここで散発的な小競り合いが起きるが、政宗らは木材伐採に力を注いだ。

「本格的な城ではないが、とりでのようなものを造ったと思われる」

ソウル大学大学院に留学し、日韓両国の城郭史を研究する太田秀春さん(28)＝角田市出身＝の見方である。

■敗戦の色濃く

蔚山には、秀吉軍が造った城がいまだに残る。倭城《わじょう》と呼ばれ、それを代表する一つが蔚山城だ。本格的な工事は政宗が去ってからのことなので、政宗がどれほど築城にかかわったのかは、はっきりしない。

後世、この城が日本人に知られるようになるのは、加藤清正の籠城《ろうじょう》戦によってである。半島二度目の遠征となる

蔚山倭城の大手口に立つ案内人の羅東旭さん。石段を上っていくと、石垣にぶつかる。進路がかぎ形に曲がる日本の城と同じ造りをしている

慶長の役で、加藤軍は孤立無援の戦いを強いられる。将兵が土壁を食らうほどの飢えに襲われ、やっと生還する話は武勇伝として広まった。

全体的な戦況を見てみよう。

日本軍は、当初こそ半島中部の首都漢陽（現ソウル）まで攻め上る快進撃が続いた。しかし戦線が伸びきって、物資食料の補給はままならず、前線は次第に後退した。水軍の敗戦が打撃となった。秀吉は実利を探りながら和議を画策した。政宗の着陣はそんな時期だった。

さほど日を置かず、政宗は蔚山から梁山《ヤンサン》へ陣を移した。西南へ約五〇キロの地。ここでの日々は比較的平穏に過ぎた。和議の道が探られていたからだろう。

■母から梅一枝

政宗は梁山で謡曲の数々を書写したりしている。故郷にもいろいろ手紙を書いた。生涯の師・虎哉《こさい》禅師には「蔚山で手紙を受け取った。あなたと会って話をしているときのような気持ちで懐かしく読んだ」と、平時のリラックスムードさえ漂わせている。

このころ、母の義姫からは歌一首と、梅一

―**関連年表**―

▼**一五九三年四月十三日**
伊達政宗、釜山に上陸する。
▼**一五九三年四月十八日**
政宗、釜山を出発する。二十一日、蔚山に着陣。
▼**一五九三年四月二十二日**
政宗、住民と戦闘する。陣地らしいものを築く。
▼**一五九三年四月二十三日**
政宗、梁山に陣を移す。(これは伊達治家記録によるが、太田秀春氏説はいま少し、蔚山に滞在したと指摘する)
▼**一五九三年五月二日**
政宗、梁山で謡曲を書写する。
▼**一五九三年五月七日**
政宗、母親に手紙を出す。前後して母親から歌と梅花が届く。
▼**一五九三年五月九日**
師の虎哉に手紙を書く。


枝が届いた。政宗は感激して返歌を送ったというが、残念ながら歌は残っておらず、内容は分からない。

　この梅の枝が届いたことと、政宗が持ち帰ったと言われる、松島・瑞巌寺の臥竜《がりょう》梅との関係を推測するのは面白い。梅に対する梅のお返しだったのかと。

　政宗は同時代の武将としては筆まめな人だ。現存する自筆の書状だけで千通を超える。秀吉の約八十通、家康の二十五通と比べれば、より明らかになる。代筆専門官の右筆《ゆうひつ》を置いていた時代にあってのことだから、恐れ入ってしまう。

　そのおかげで四百年後の私たちも、政宗の人柄はもちろん、時々の心情も推し量ることができる。

　資料の乏しい半島遠征のことを知るにも重宝されている。


メモ　秀吉は文禄、慶長年間に、朝鮮半島南部の慶尚南道を中心に、約三十の倭城を造らせた。

　いずれも海岸付近や大きな川の近くに、小さな山を利用して築城しているのが特徴で、むろん、建材などは現地で調達した。施工は西国大名が主力となった。

　倭城の研究はここ二十年ほど前から、東京や大阪の在野のグループによって取り組まれており、次第にその内容が明らかにされつつある。

晋州城跡にある樹齢500年になるエノキは、壬辰倭乱（文禄の役）の激戦を見た「生き証人」である。向こうに見える山を越え、日本軍は晋州に入って来た

激戦晋州城

兵千三百で城攻め参加

■穀倉への要衝

誇大妄想の病に取りつかれた秀吉による朝鮮半島出兵。文禄、慶長の両役で、朝鮮王朝側にとって最大の犠牲を払ったのは「晋州《チンジュ》城の戦い」であった。

政宗も戦に加わった。しかし、仙台藩の正史「伊達治家記録」は素っ気ない。「政宗主従は粉骨の働きをした。だが、それぞれの働きは伝わっていない」

惨劇の舞台となった晋州城（晋州市）。今は国の史跡指定を受ける。

中にある国立晋州博物館が往時を語り継ぐ。城をめぐる攻防戦というと、日本では大坂の陣のような、城を取るか守りきるかの合戦を思い浮かべる。だが、韓国や中国などはイメージがだいぶ異なる。

向こうは、城郭の中に町をすっぽり収めている。晋州城の場合

は、外周四・五キロもある。だ円形をしているが、四角形に例えれば、一辺は一キロ強にも及ぶ大きさである。

城壁に上り北を望むと、智異山の高い頂が遠くに見える。博物館の韓洙《ハンソオ》研究員（33）が言う。

「智異山は一、九一五メートルで半島の韓国領では一番高い山です。反対の南側は海になっている。ここ晋州を通らなければ穀倉の全羅南道に行けません」

晋州が戦場になる理由がこれだ。

■生存は百人のみ

文禄の役の形勢悪し、と見た秀吉は策を巡らした。穀倉地帯を懐に収めての和議の道を探ろう。が、そんな虫のいい収拾策を、明と朝鮮王朝が認めるわけがない。

かくて、一五九二（文禄元）年十月、第一次「晋州城の戦い」が起きた。

結果は朝鮮軍が勝利した。

怒るまいことか、秀吉。「一人も漏らさず討ち果たせ」と、激怒の命が日本より届いた。第二次「晋州城の戦い」は、翌九三年六月に始まった。

加藤清正、小西行長、黒田長政、宇喜多秀家、島津義弘、吉川広家らの勇将による総攻撃は総員九万に上る。この数は、後に起きる天下分け目の関ケ原の戦いの東軍九万という軍勢に匹敵する。むろん、後方支援の政宗も駆り出された。

「第二次戦争ほど残忍な戦はなかった。敗れた秀吉の意趣返し以外の何物でもなかった」と韓さんは言う。

晋州城は地獄絵を展開した。敗走する兵士や農民は、城の南を流れる南江に飛び込み、対岸に渡れた者だけが命を拾った。

言葉を継ぐ韓さんは「その数は百人に満たない。城内で五万人が犠牲になった」と記録を紹介する。自軍について記述の少ない伊達治家記録ですら、「牛、馬、鶏、犬まで残らず殺された」と書き付ける。

■摩擦の淵源に

さて、政宗はどこで何をしていたのか。

韓さんによると、近年出た「壬辰《じんしん》戦乱史」に政宗が登場している。ハングル交じりであるが、漢字などを拾えば「伊達政宗二十五歳。岩手（出）山城。五十八万石」と読める。「片方の目がない」という記載も見える。

政宗は郭内での戦闘に加わったのだろうか。「日本軍のうち城内に入ったのは三万七千。ほかは城外で監視に当たっていたのです」とは韓さんの解説だ。

政宗の兵は約千三百。一万を擁する西国大名に比べれば力は劣り、城外にいた可能性が高いのではないか。だからこそ「それぞれの働きは伝わっていな

―関連年表―

▼一五九二年十月五―十日
第一次晋州城の戦い。

▼一五九三年四月十三日
伊達政宗、釜山《プサン》に上陸する。

▼一五九三年四月十八日
日本軍、漢陽（現ソウル）撤退を開始する。
このころ、政宗は釜山から蔚《ウル》山《サン》を経て、梁山に布陣する。

▼一五九三年五月十五日
秀吉、明との交渉を始め、朝鮮半島の南半分の割譲などを求めた講和七カ条を示す。
このころ、政宗は梁山から晋州に向かい移動する。

▼一五九三年六月十九―二十九日
第二次晋州城の戦い。

晋州城跡を説明する、国立晋州博物館の研究員韓洙さん（右）と、孫殷珠さん。後方に見える楼閣で、日本軍は勝利の宴《うたげ》を催した

い」と伊達治家記録も書いたのだとも思われる。

城郭内に内城がある。エノキの古木で一四メートルの高さ、樹齢五百年に達する。

「わが国の軍は、兵の数を多く見せようとして、女性たちに兵服を着せて、この木に登らせたそうです」

通訳をしてくれた博物館職員の孫殷珠さん(27)の話である。

城の中心には楼閣がある。

「勝利に酔う日本軍がここで大宴会を催した所です」

孫さんは続けた。

朝鮮半島では、昔より文禄の役を「壬辰倭乱《わらん》」と呼び、一大悲劇を伝承する。日韓のさまざまな摩擦の淵源《えんげん》となっている。

メモ　晋州市は釜山から西に約一三〇キロ。慶尚南道西部の中心都市で人口三十万人、学校や文化施設の多い文教都市として知られる。

晋州城の戦い当時は外城（外周四・五キロ）と内城（一・七キロ）でできていたが、現在は内城の城壁だけが残っている。

内城には役所の建物が立ち、官吏が住む。外城には商工業者や農民の一部が住む。

戦になると周辺農民も城に入り戦った。晋州城は城壁が高く、難攻不落を誇っていた。

ヒロイン論介が日本の武将とともに身を投げたといわれる岩は、今も南江の流れの中にある＝韓国晋州市

民族の悲劇

国難の英雄　今も誇りに

■あだ討ち願う

何の前触れもなく、日本軍は朝鮮半島に姿を現した。この文禄、慶長の役を韓国の人々は、壬辰倭《イムジンウェ》乱《ラン》、丁酉《チョンユ》倭乱と呼ぶ。国難に見舞われた、その年の干支にちなんでいる。

殴った方は忘れても殴られた方は忘れないのが、世の常。記憶に消しがたい受難がいまだ人々の間で語り継がれている。

〈ヒデヨシが来る〉

むろん秀吉のことである。大人はそう言って、むずかる子供を押し黙らせるという。四百年後の末《まっ》裔《えい》をも戦慄《せんりつ》させるほどの暴虐とは何だったのか。

「死者だけで三十万、あるいは五十万と言われる。日本に強制連行された者は十万に上る。その中には子供も少なくなく、奴隷として欧州に売られたりもした」

国立晋州博物館の研究員、韓洙《ハンソオ》さんの話である。

国民的英雄、李舜臣の功績をたたえた忠烈祠には、今も参拝者が絶えない＝韓国統営市

不運にも日本に連れてこられた代表は陶工である。かの地の焼き物への関心が高かったためだ。今に続く伝統の薩摩、唐津、有田などの焼き物の誕生、新たな発展に寄与した。金属活字が持ち去られ、朱子学者の拉致《らち》もあった。

そして、荒廃した国土の復興に百年を要したとも言われる。

〈ハエまでキヨマサにあだ討ちを、と祈っている〉

これも民族の悲劇を今日に伝える言葉。キヨマサとは、もちろん加藤清正のことである。

ハエの「手をする脚をする」習性にさえ、民族の気持ちを代弁させている。ハエでも「あだ討ちを頼む」と願っているのだという。

■絶えない献花

朝鮮王朝が建ったのは一三九二年。以来、秀吉までの二百年間は、倭寇《わこう》をめぐるトラブルはあったが、おおむね善隣のよしみを結んできた。半島から綿布が、日本からは銅が海を渡った。大量の仏典、仏画も渡来した。青磁、白磁、井戸茶碗《ちゃわん》は言うまでもない。

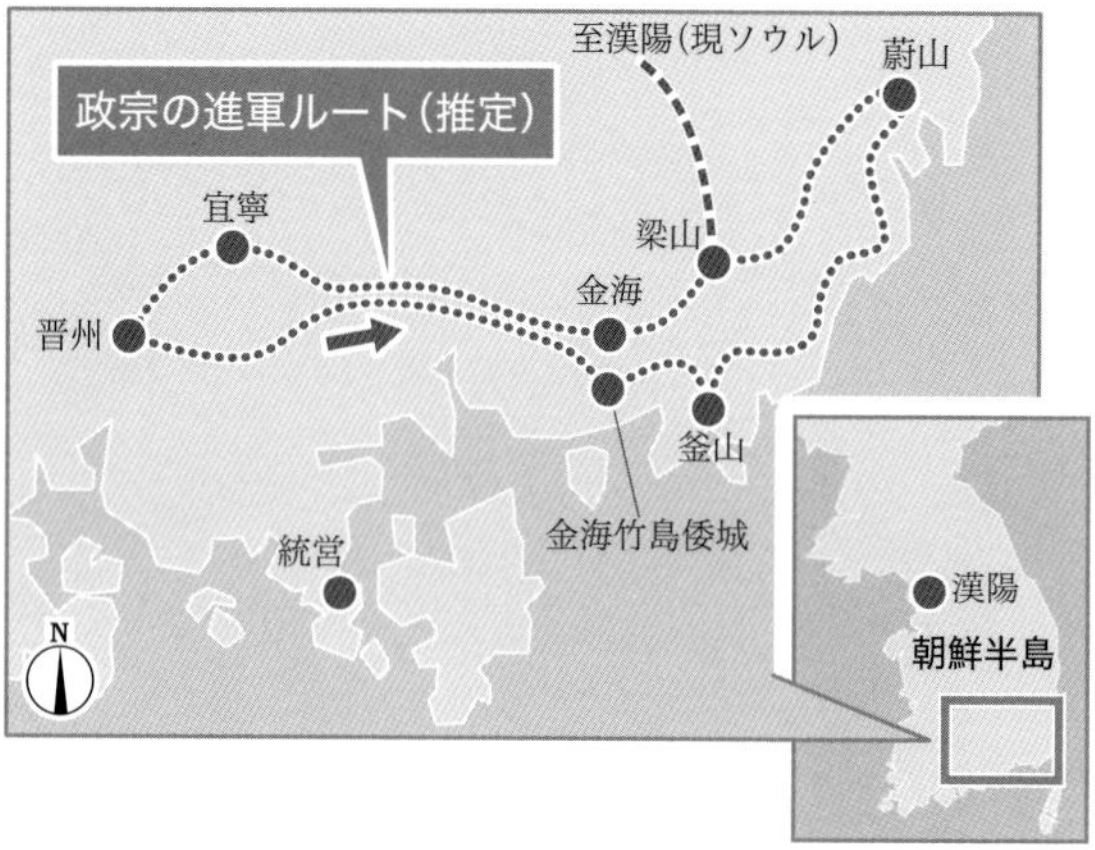

「それなのに、秀吉軍は突然にやってきた。そんなことを夢想だにしなかった朝鮮王朝は全くの無防備だった。だから初めは、一方的に半島奥深くまで侵攻された」と韓さんは語る。一般住民も城の内に住むゆえ、守りが崩れれば、多数の犠牲者を出すことになる。

国難に見舞われると、英雄が現れたりする。

「救国の英雄」と敬愛されるのが李舜臣《イスンシン》提督だ。亀甲船という鉄で覆った軍船を造り、日本水軍と戦い、ことごとくこれを撃破した。「韓国のスーパーヒーローですね。肖像が紙幣に使われたほどですから」と韓さんは説明する。

晋州《チンジュ》市の南東約六〇キロにある統営《トンヨン》市が李水軍の出撃基地で、市街を見下ろす山の中腹に楼閣が建てられている。中に、位牌を収める「忠烈祠《ちゅうれつし》」があり、参拝客と献花が絶えることはない。

近くの南望山には、高さ一〇メートルに及ぶ大きな提督像が建立され、偉業を永久に伝えようとしている。

■望郷の念記す

こちらは悲劇のヒロイン論介《ノンゲ》。激戦晋州城の戦いに勝った日本軍は、城内の楼閣で祝宴を開いた。川岸の岩場にいた接遇役が論介だった。名のある武将が近寄ってきたのをみて、抱き付きそのまま流れに身を投じた。

―関連年表―

▼一三九二年
李成桂《イソンゲ》、朝鮮王朝を建国する。
▼一五九〇年
豊臣秀吉、全国を統一する。
▼一五九二年三月
朝鮮半島へ向けて、日本軍の第一陣が渡海を始める。
▼一五九二年五―九月
李舜臣提督率いる朝鮮水軍が、日本水軍を撃破する。
▼一五九二年十月
第一次晋州城の戦い。
▼一五九三年六月
第二次晋州城の戦い。
▼一五九八年八月十八日
秀吉が死去。以後、日本軍は撤退する。

楼閣のわきにほこらがあり、彼女の絵が祭られている。誇りにする民族衣装のチマ、チョゴリ姿である。

伊達政宗の半島出兵は文禄の役だけ。しかも五カ月間ほどと短い。異国から送った手紙にはこんなことがしたためられた。

「ものすべてが日本と違う」

「水が合わなくて、次々多くが死んでいく」

「生きて帰り、ぜひもう一度母上にお会いしたい」

生来、勝ち気な政宗が弱音を吐いている。無益な戦だということが、時に戦意を失わせ、望郷の念をわかせたのであろう。

老太閤《たいこう》の妄想は、彼我の人々を苦しませた。むろん、惨劇の度合いは、天と地ほども違う。

だから、朝鮮半島の人々は壬辰、丁酉倭乱の記憶を忘れない。

メモ　日本軍によって朝鮮半島に住む多数の人たちが連れ去られた。日本側では、拉致された人数は七万人との説もある。
　よく知られるのは陶工を連れ去ったケースで、これによって九州各地で窯業が発達した。
　一方、文禄の役で日本軍は十六万人が渡海したが、うち死者は日韓双方とも五万人としている。戦闘による死より、食料不足による飢餓や病死がはるかに多かったといわれる。

倭城の建設

誇りと志胸に石垣普請

■日本軍の拠点

韓国に残る日本式の城は「倭城《わじょう》」と呼ばれる。秀吉は、朝鮮半島南部の領有を画策して、一帯に倭城の建設を命じた。晋州《チンジュ》城激戦の直後の一五九三（文禄二）年六月のことだった。

この時期、伊達政宗は手勢を連れて晋州から、釜山に近い金海地方に移った。

「彼は、金海竹島倭城の石垣造りに参加した」

これはソウル大大学院で城郭史を研究する太田秀春さん(28)の見解だ。

政宗がこの時期に竹島にいたことは間違いない。日付はないが、半島滞在中の政宗に、国元の家臣から「竹島」のあて先で、書状が届いている。

政宗が石垣の普請をしたといわれる金海竹島倭城は、釜山から西約三〇キロに位置している。金海は、古くは伽耶《かや》の国と呼ばれた地方で、半島屈指の穀倉地帯であった。本国との連絡が容易に取れることもあって、秀吉はこの一帯を日本軍の拠点に定めた。

西洛東江から金海竹島倭城（倭
の連なり）を遠望する。川幅200
トルはある。対岸右手の街が人
万人の金海市

■覇者の自尊心

それまで、軍事物資などの調達に当たってきた政宗が、ここで石垣普請に携わったことは、彼が国元に送った手紙に、はっきりしたためられている。七月二十四日付で母義姫にあてている。

「太閤《たいこう》殿下の命令で、海の近くに十五の城を築くことになった。十日前より工事が始まっている。われわれ東国の者は免除されるというが、私はあえて申し出て石垣普請をしている。上方衆に少しも劣らない石垣を造っています」

秀吉の任務免除の意思を知りつつも、西国大名に負けまいとする政宗。秀吉への義理立て？　あるいは先を読むにたけるゆえの行動？　むろんそこには奥羽の覇者としてのプライドもあっただろう。そして何より、石垣普請のノウハウを身に付け、来るべきいつの日かに備えたいとの気持ちがあったと、考えるのが素直なのかもしれない。

「殿下から支給される食料も遠慮している」との記述も見える。食糧難のさ中、なにゆえかと思うが、これも政宗の伊達ぶりに由来するものと、考えるのはうがち過ぎか。

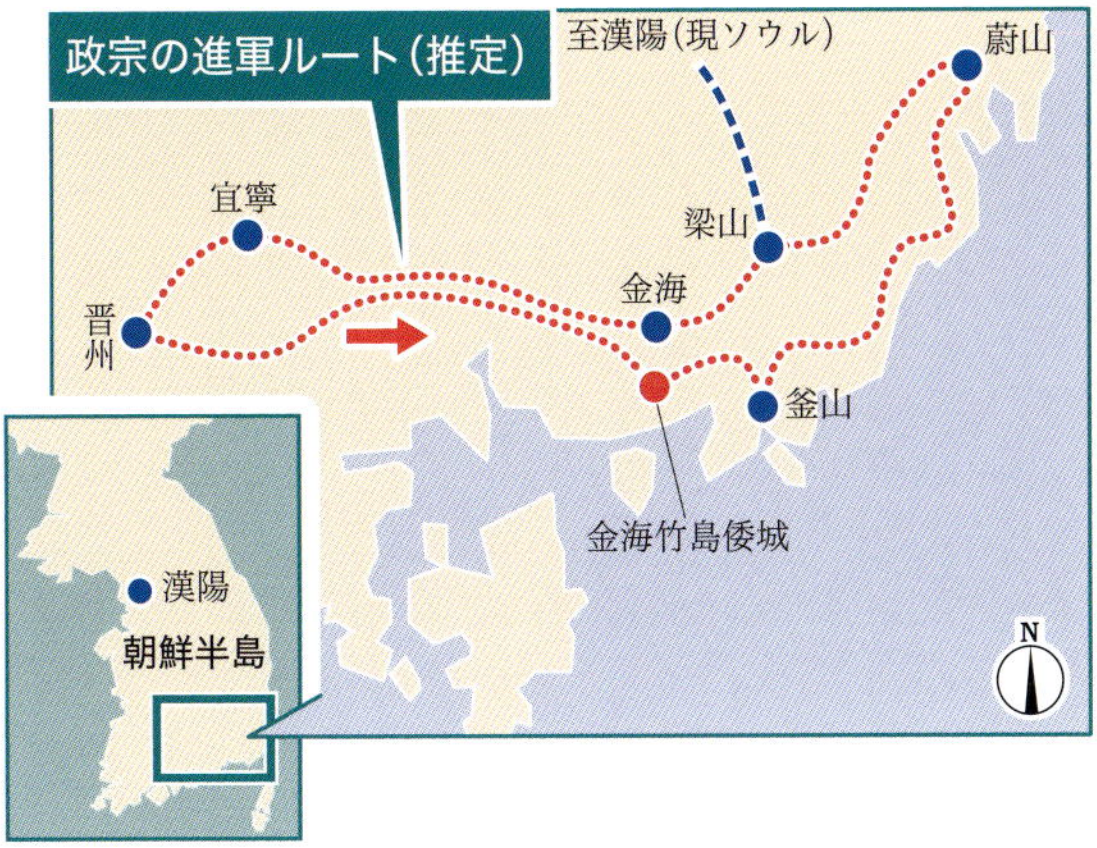

―関連年表―

▼一五九三年六月
第二次晋州城の戦い。
この後、秀吉は新たに朝鮮半島南部に城の新築、改修を命じる。
伊達政宗は金海地方に移動、金海竹島倭城の石垣普請に参加する。

▼一五九三年七月二十四日
日本にいる母親に手紙を書く。

▼一五九三年七月下旬
政宗の家臣、原田宗時が、対馬で病死する。

▼一五九三年八月六日
秀吉、金海竹島倭城の築城責任者鍋島直茂に対して、越冬準備の指示を出す。文書に政宗の名が見える。
(このころ、国元の家臣から手紙が届く)

▼一五九三年九月十一日
政宗、秀吉の帰国命令を受け釜山港を出港する。

金海竹島倭城は、西洛東江という大河の西側にある。一帯は三つの山が連なる丘陵地帯で、一番高くても五〇メートルと、さほどではない。だが、山全体では東西約一二〇〇メートル、南北約七〇〇メートルと、結構な広さがあるから、石垣築造も大変な人手を要したことだろう。

山を登る坂の途中、次から次と寺院と墓地が現れる。坂ののり面には石垣が施されている。日本のものとよく似ている。文字通りの倭城。山全体にこの石組みがあり、ここが仮設の存在ではなく、本格的な城だったことがうかがわれる。

■深い母子の情

八月初め、政宗も含めて、金海竹島で城造りに当たる諸将に、秀吉から「越冬の準備に入れ」との命令書が届いた。築城責任者の鍋島直茂(後の佐賀藩主)あてであったが、そこに政宗の名前も連ねられていた。これが政宗が石垣造りに参加したのは金海竹島倭城だったというもう一つの根拠

メモ　政宗の母の義姫は会津時代の一五九〇年、弟の小次郎をでき愛するあまり政宗に毒を盛ったとされるが、この事件には謎が多い。

仙台市博物館の佐藤憲一館長は、義姫は事件直後に出奔したのではなく、一五九四年十一月まで政宗の居城である岩出山にいたことを示す資料を確認、毒殺未遂事件首謀者説を疑問視している。

半島滞在時期の手紙は、政宗、義姫ともに母子の情愛あふれる書き方をしている。

である。

母への手紙で「石垣造りさえ終われば、西国大名と違って、われわれは帰国できそうだ。このときばかりは東国の果てに生まれて幸せだった」と語っている。その帰国の望みが消された越冬命令に、政宗の落胆は大きかったことだろう。

だが、政宗の運は残っていた。帰国命令が出て九月、釜山港を出帆できた。

「朝鮮半島と日本とでは、何もかもが違う。山川月日は同じでも、人の心はもとより、言葉はまるで通じない」

さしもの独眼竜も泣いているようだ。異国を後にする喜びはいかほどであったことか。

これらが書かれた手紙は、母への返書であった。戦地で働く彼に、母から真心の金子《きんす》三両が届いた。一国一城の主であっても、子は子。政宗は「千両、万両に優れる」と感激し、異郷で探した木綿織りを送っている。「関東のものより美しいかも」。そうも書き添えた。

母子の情はいかにも深い。

金海竹島倭城の石垣遺構。墓地であるため、保存状態は予想以上によかった

名護屋帰陣

築城技術を国元に移植

■一週間で帰国

待ちに待った帰国命令が出て、伊達政宗が朝鮮半島東南端の釜山《プサン》港を出航したのは一五九三（文禄二）年九月十一日のこと。来たときとは逆のコースをたどった。目指すは、五カ月前に船出した九州・名護屋（佐賀県）である。

往路は日和に恵まれず一カ月もかかったが、復路は一週間を要しただけ。だが、楽な船旅にもかかわらず、政宗の胸にこみ上げてくるものは苦かった。さしたる武勲はなく、家臣をいくたりも失うなど、故国帰還の喜びは自然薄められただろう。

ただし、まぶたの裏に焼き付けたものはあった。「将来、城を造るときにはぜひ…」。帰国したい気持ちを包み隠し、自ら志願した石垣普請の役務。それをやり遂げたのだから、自負は自然とわいた。

佐賀県立名護屋城博物館の学芸員宮武正登（38）さんが語る。「石垣を積む技術は名護屋から全国に発信された。奥羽の大名も九州の大名も、それまでは土塁を巡らせて城を築いてきた。それは話にならないほどの技術格差だった」

名護屋城の大手口付近。名護屋城は19
から修復工事が行われているが、今の
スでの進み具合では、全体の事業終了
は700年かかるという

■技術に共通点

今流なら、大変なカルチャーショックの一幕だったろう。

多くの大名は、高い石垣に守られる城は見たことがなかった。そのモデルは安土《あづち》城(滋賀県安土町)だった。秀吉の主君、織田信長は天守閣を持つ新しい城を発想した。外観五層、豪壮華麗な天守建築であった。近世城郭建築のはしりである。だが、主・信長が本能寺で不慮の死を遂げ、それに殉じるごとく、混乱の中で城は炎上焼失した。建設から六年、完成してわずか三年の雄姿だった。

秀吉は、その権勢を示すため、名護屋に〝信長の城〟を築いた。海外への壮図を飾り立てるように、出撃基地には、気宇の壮大さを示す象徴が必要だった。集まった全国百五十人の諸将、三十万人の兵が目を見張ったことは疑いない。

名護屋城の姿をいったん胸にしまった大名は、半島では実際に日本式の城(倭城)を造った。文禄、慶長の役から解放されれば、彼らはそれぞれの国元に戻る。自然、石垣普請の技術は全国に広まることになった。政宗の仙台城も、その流れに浮かぶ。

松島・瑞巌《ずいがん》寺にある臥竜梅《がりょうばい》は、半島遠征の土産として名高い。しかし、実は仙台城の石垣こそが、われわれが四季を問わず、いつでも見られる最大の半島土産なのかもしれない。

名護屋城の石垣は、全体的には自然石を積み上げる野面積みを採用している。しかし、場所によって加工具合や積み方が異なっている。秀吉の命令で西国の大名が施工したものだが、それぞれの考え方の違いと言ってもいいのだろう。

名護屋城博物館の宮武さんは仙台を訪れ、政宗施工の仙台城石垣を検証した。そして「全体的に見ると、仙台城の石垣は、名護屋の大手口西側によく似ている。石の並べ方などに共通点がある」と語る。

■独自の施工も

「石というのは、それぞれに最も安定する重力の方向がある。石垣はそのように組むのが理想的」と宮武さん。それにのっとった積み方がなされているのが仙台城の政宗の石垣であり、名護屋の大手口西側の石垣だという。

政宗は名護屋城で、表面がきれいに加工された石垣を含めて、いろいろな施工をみている。だから、見映えのする工法を採用してもおかしくない。しかし、政宗はそれを避け、実利を得る野面積みを採用した。半島で山城の金海竹島倭城建設に従事した経験も、そうした判断に影響しただろう。

名護屋城は平城で、仙台城は山城の仲間に分類できる。その違いが工法の差

メモ　織田信長（一五三四—八二年）は戦国時代の大名。室町幕府の将軍足利義昭を追放し、全国統一に乗り出すが、本能寺の変に遭って自害する。それまでは戦いのための「城」と、商人の住む「町」とは別々のものと考えられていた。

しかし信長は、城郭と流通（商業）をセットにして城下町を造った。これが安土城で当時としては画期的な発想だった。これが近世の城下町の始まりとされる。

異に表れたのかもしれない。政宗の施工は、名護屋を去って八、九年の後のことだが、秀吉の技術を習得しつつも、独自の城の在り方を探ったのだろう。

名護屋城天守台跡から玄界灘を臨む。左が松島、中が加唐島。秀吉自らが朝鮮半島に渡海することはなかった

―関連年表―

▼一五九三年九月十一日
伊達政宗、秀吉の帰国命令を受け、釜山を出港する。
▼一五九三年九月十八日
政宗、名護屋に着岸する。この後、京都に向かう。
▼一五九三年（閏）九月中旬
政宗、京都に着く。この後、伏見城下に屋敷を拝領する。
▼一五九四年二月下旬
秀吉の吉野観桜に随行し、歌会に列する。
▼一五九五年夏
政宗、京都を出発、国元の岩出山に帰る。

国書偽造事件　家光に諫言、対馬藩救う

■知名度は抜群

対馬海峡に浮かぶ対馬（長崎県）から韓国は目と鼻の先。ここで「伊達政宗をご存じですか」と尋ねると、大方が「知っている」と応じてくれる。東北の人物が、こんな遠い地でも親しまれていることは驚きでもあった。実は政宗、この島にとっては大きなかかわりを持つことが最近分かってきた。

時代は、政宗が朝鮮半島を往復する際に立ち寄った年から四十余年後の一六三五（寛永十二）年のこと。かつての青年武将も、もう最晩年を迎えていた。

所は江戸城内――。

政宗はすべてをのみ込んだ口調で、徳川三代将軍の家光を諭した。

「朝鮮は昔から親しい国でございます。それなのに、秀吉は理由もなく兵を動かした。間もなく豊臣家が滅んだのも天の報いだと、人々そうは言っています。権現（家康）様は、その過ちを正されたお方です。再び兵を動かすようなことになれば、殿は、地下におられます権現様にどんな顔で会われるおつもりですか」

こうした諫言《かんげん》が功を奏したのか、対馬藩最悪のシナリオは避けられた。

■恩に報いたい

歴史上で、国書偽造事件と呼ばれる朝鮮王朝の絡

んだ複雑な外交問題が持ち上がっていた。

関ケ原の合戦で天下を掌握した家康は、秀吉の侵略で国交断絶となった朝鮮王朝との仲を回復しようとした。間に立ったのが対馬の宗氏である。耕地の少ない島の生きる道は、昔から半島貿易だった。国交回復は島の人々にとって悲願だった。

交渉に当たって朝鮮王朝は二つの条件を提示した。二度と侵略行為を行わないことと、秀吉軍出兵の際の王墓破壊者を引き渡すこと。

後者は、身代わりを立てることで簡単に解決できた。

難問は前者だった。宗氏の口から、将軍家に「戦争放棄」を誓えとは申し入れにくかった。窮した対馬藩は、国書偽造の一計を案じた。

国交が回復すれば、いろいろな交流が生まれ、文書が行き来する。うそをうそで固めたわけだから、いつかは化けの皮がはがれる。実際、対馬藩の内紛が手伝って、事件は表ざたになった。家光の時代である。

事件の取りなしに政宗が一肌脱いだという事実に光を当てたのは慶応大学の田代和生教授で、韓国に残る資料を調べ上げた。

その著書「書き替えられた国書」（中公新書）によると、政宗は宗家当主、義成をこんな言葉で励ましている。

「朝鮮の役のとき、われわれはあなたの父上、義智公に危機を救っていただいた。今こそ、その恩に報いたいと存じております」

往時の戦役体験者も残り少なく、辛酸をなめた政宗の言は説得力を持った。

対馬の郷土史家、永留久恵さん(81)は、当時の藩の受け止め方をこう話す。

「幕府を欺く国書だっただけに、それが露見したことにより、藩の取りつぶしもうわさになった。それを救ってくれたのが伊達政宗だった」

■戦の再発危ぐ

宗氏は古くから朝鮮王朝と深いよしみを通じてきた。秀吉から理不尽な要求が次々と出され、半島出兵が行われたときの宗氏の苦衷を政宗はかねて知っていた。「朝鮮に討つべき罪はない」と言った宗氏の困惑に同情があった。

政宗には、ある恐れもあった。国書偽造事件がこじれれば、昔のような戦がぼっ発しないとは限らなかった。折から中国に清国が誕生し、東アジア情勢は不安定であった。戦争が起きれば人々に労苦、混乱、疲弊をもたらすことは容易に予測できた。

田代教授は「国書偽造事件で政宗が果たした役割は大きかった」と評価する。「政宗のほかに将軍に物を言える立場の人がいなかったということもあろうが、政宗だからこそ、強気に出がちな家光をコントロールできた」。政宗、面目躍如である。

リアス式の海岸線が広がる浅芽湾《あそう》い
真珠の養殖が盛んだ。静かで平和な
ずまいを見せている＝対馬・豊玉の
子岳（176メートル）より

—関連年表—

▼一五九八年
豊臣秀吉、死去。以後、日本軍は朝鮮半島から撤退する。

▼一六〇〇年
関ケ原の戦いで徳川家康が勝利する。

▼一六〇一年
伊達政宗、仙台城に入城する。

▼一六〇三年
家康、徳川幕府を開く。

▼一六三三年
対馬藩の国書偽造事件が発覚する。

▼一六三五年三月十一日
国書偽造事件について家光が裁断する。家光の裁断前、政宗は対馬藩の救済や朝鮮王朝との友好を説く。

▼一六三六年五月二十四日
政宗、死去。

国書偽造事件の取り調べが行われた西山寺（現西山禅寺）は、厳原《いずはら》港を見下ろす高台にあった

メモ　対馬藩の国書偽造事件は「柳川一件」とも呼ばれる。

徳川幕府に告発したのが家老の柳川調興で、裁決の結果、柳川は弘前藩に流罪となった。一方、宗氏側も事件にかかわった外交僧・玄方が盛岡藩に流罪となった。

事件以後、将軍の代替わりごと、十九世紀初めまで朝鮮通信使が日本を訪れ友好関係を保った。

厳原の中心街には「朝鮮通信使接遇の地」の碑が立っている。

取材余話

博多港から水中翼船に乗って、真冬の玄界灘を渡った。

取材の準備を進める中、対馬の郷土史家から電話で「伊達政宗は確かにこの島に来たはずだ。国書偽造事件のとき、対馬藩を救ってくれたのが政宗だった」と聞いた。仙台では知られていない話である。「なぜ政宗は対馬藩を救おうとしたのか」。その理由が知りたくて、対馬に行った。

対馬は耕地が少なく全島、山また山、過疎化に悩まされていた。今は漁業と観光に頼る島である。

伊達政宗が対馬経由で朝鮮半島に渡ったのは二十六歳のとき。国書偽造事件に裁決がくだったのは死の一年前、六十九歳のときだった。老骨にむち打って将軍家光に諫言し、対馬藩を救い、大陸の国々との和平を説いた政宗。朝鮮半島での無益な戦争に駆り出され、戦った若いころの体験が胸に去来した。対馬藩救済に動いたのは、自らが戦争に加わったことに対する反省があったのだろう。

第二章　奥羽の雄

政宗以前　福島で築いた発展の礎

■伊達地方入り

伊達氏が奥羽の人となったのは西暦一二〇〇年のやや前のこと。以来今日まで、約八百年の時がたつ。

仙台藩祖政宗は、この長い歴史のちょうど中ほど、一六〇〇年ごろに生きた。

系図を見てみよう。政宗の前には十六代がいる。系図にはないが、後ろに十七代が控える。血の流れも政宗でほぼ半ばということになる。

仙台開府四百年は、伊達氏の歴史がほぼ二つ折りにできる時間と言える。

奥羽入りする前、伊達氏は現在の茨城県を本拠にしていた。同県のへそ―筑波山の西、栃木県と境を接する下館市地方が故地で、当時は伊佐や中村を名乗っていた。朝宗が源頼朝の奥州藤原氏攻めに功を挙げ、福島県北部の伊達地方を拝領した。これによって姓を「伊達」と改めた。

入部は、鎌倉幕府が開かれる直前の一一九一年ごろと推定される。初め現在の伊達市保原町に入り、後年、桑折《こおり》

西山城跡から福島盆地を望む。手
桑折町と東北新幹線、左上が伊達
川町。上方の右側にかすんで見え
が南北朝の争乱の舞台になった霊

町に移った。桑折は古来、伊達郡の中心地であった。その後三百年、伊達氏は、隣接する伊達市梁川町も含めて一帯を幾たびか移動する。

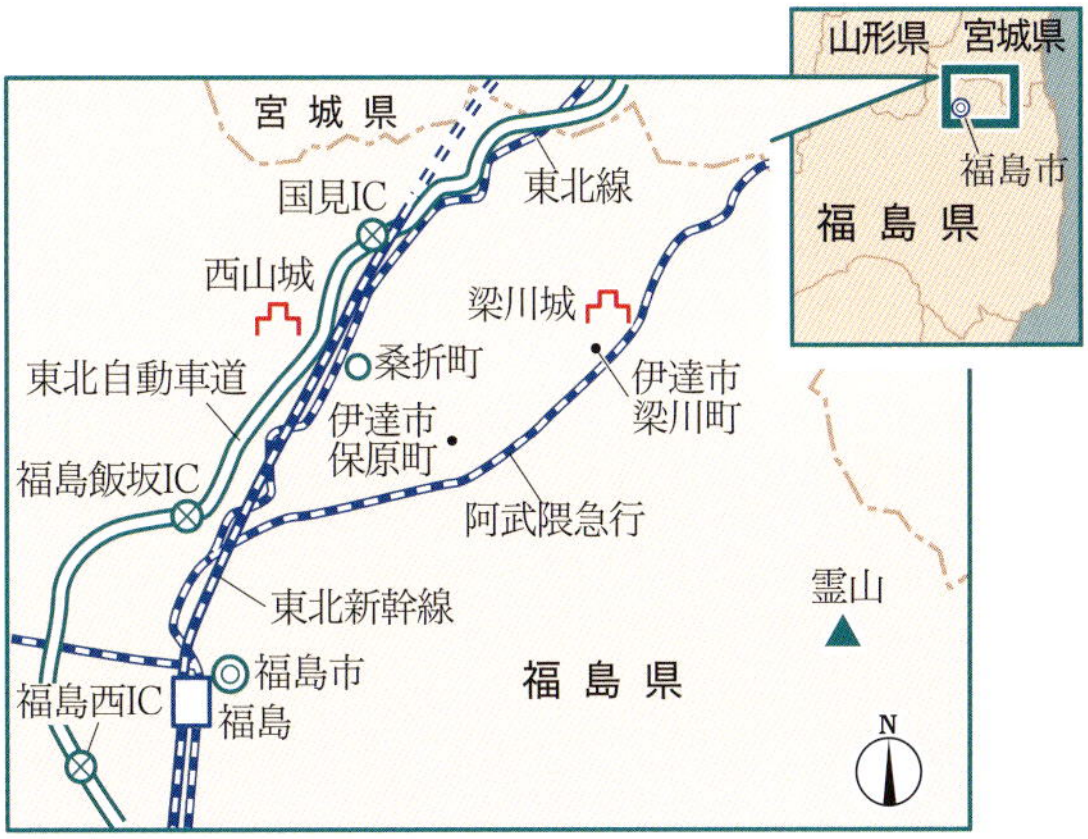

伊達氏略系図

「寛政重修諸家譜」より抜粋

藤原氏―朝宗（初代）―宗村―義広―政依（4）―宗綱―基宗―行宗―宗遠
―政宗（9）―氏宗―持宗―成宗―尚宗―稙宗（14）―晴宗―輝宗―**政宗（17）**

　居城の一つが桑折町の西山城だった。東北線桑折駅の西約一キロにある。高さ約二〇〇メートルの山は、北側と東側に切り立つがけを持つ天然の要害である。南北一・八キロ、東西一キロと広い。一帯から空堀、石塁、井戸など伊達氏の遺構が出ている。

　城跡で、桑折町史編さん室長の田島昇さん（59）が言う。「ここは、北は宮城県境、南は福島市まで望める。昔の人は目が利いたから、阿武隈川舟運の様子や、人馬の動きだって、手に取るように分かったことでしょう」。それほど、ここは地の利に恵まれた。

■守護職に任命

　伊達氏は政宗時代に突如として成長を遂げたわけではない。代々が力を蓄えていった。

　その中で特筆されるのは第九代、大膳大夫政

―関連年表―

▼一一八九年
伊達氏の始祖、朝宗が源頼朝の奥州藤原氏攻めに従って福島地方で戦功を挙げる。

▼一一九一年
朝宗、伊達郡を拝領し、この年までに伊達郡に入る。

▼一一九二年
源頼朝が鎌倉幕府を開く。

▼一三三六年
足利尊氏が室町幕府を開く。

▼一五四二—四八年
稙宗、晴宗の親子が争う内乱が起きる（天文の乱）。この後、十五代を継いだ晴宗は本拠を米沢に移す。

▼一五六七年
仙台藩祖伊達政宗、米沢に生まれる。

宗。われわれの知る独眼竜政宗の前にいた政宗だ。十四世紀後半、彼は伊達郡境を出て信夫郡（福島市周辺）や、遠く奥羽の山の向こう、山形県米沢地方にまで勢力を拡大した。

十四代稙宗《たねむね》も功績は大きい。陸奥国に初めて設けられた守護職に任命された。今流に例えれば「東北州知事」にでも当たるだろうから、政宗の三代前に、既に奥羽の雄としての地位を獲得していたことになる。次代晴宗も事実上、守護職と同じ奥州探題を務め、家の地歩を固めた。

■居城を米沢に

ところで、仙台市にある古寺の一つの東昌寺（青葉区青葉町）はルーツが伊達郡までさかのぼれる。四代政依《まさより》は、鎌倉五山に倣って伊達五山を開基した。その一つが東昌寺で、その後、伊達氏の足跡に従い米沢、岩出山、仙台と移った。

現東昌寺境内に国の天然記念物、マルミガヤがある。朝鮮半島に渡った政宗が持ち帰ったとの伝承がある。が、五百年という樹齢からは計算が合わない。歴代藩主がこの珍しい丸い形をしたカヤの実を食べたという故事なども残る。寺と伊達氏との縁はかなり深いことがよくうかがえる。

同じく仙台市の古い社寺、輪王寺（青葉区北山）や亀岡八幡宮（青葉区川内）なども元をたどれば伊達市梁川町に行き着く。光明寺（青葉区青葉町）も伊達五山の一つだ。

伊達氏が伊達地方を離れることになったのは、十四代稙宗と子の晴宗の争いによる。家中はむろん、奥羽の諸家をも二分する大乱になった。結果は晴宗の勝利。しかし、晴宗は重い決意を示すため、西山城を破却し居を米沢に移した。

福島大名誉教授の小林清治さん(76)はこの移動をこう考える。

「米沢地方には晴宗派が多かったことと、土地の豊かさを計算してのことだろう」

こうして約三百六十年にわたる長い福島時代の幕が下りた。

間もなく米沢城に赤子の声が上がる。政宗の誕生。伊達氏の発展が加速していく。

福島県桑折町にある伊達氏の祖、朝宗の墓。奥州街道筋に近く、江戸時代は参勤交代のたびに仙台藩の関係者が墓参したという

メモ　福島県伊達郡は桑折、梁川、保原のほか、国見、伊達、月舘、霊山、川俣、飯野の九町からなっていた。うち保原、梁川、霊山、伊達、月舘の五町が合併して伊達市となった。中央部を阿武隈川が流れ、西は奥羽山脈、東は阿武隈山地に囲まれている。盆地特有の内陸性気候で、夏は暑く、冬の寒さは厳しい。各町とも果物の生産が盛んだ。桑折には江戸時代に栄えた半田銀山跡もある。

政宗誕生　米沢で師虎哉に出会う

■寂しい幼少期

米沢市は周りを吾妻、飯豊、朝日、蔵王の各連峰に取り囲まれている。盆地の中央に位置するのが米沢城。伊達政宗はここで一五六七(永禄十)年に誕生した。父は十六代の輝宗、母は山形城主最上氏の娘、義姫。

伊達氏の米沢入りは、十五代晴宗の時代である。政宗の祖父に当たる。米沢は政宗が岩出山に移るまで約四十年間の拠点となった。この間の三代は南奥羽一円に勢力を張ろうとした。政宗時代になって、福島県中通りを抑え、次いで磐梯山ろくで会津の芦名氏を破り、その宿願を果たした。

幼名を梵天丸《ぼんてん》といった政宗。梵天とは幣束のことで、義姫の夢枕《まくら》に幣束を手にした老僧が立ち「胎内に宿を借りたい」と

虎哉が招かれた資福寺、その跡は山
高畠町夏刈に松や杉の大木に囲ま
ひっそりとある。最上川が近くを
周囲はフキやネギの畑が広がるのど
農村風景だ

願った。

これが許されると、僧は義姫に幣束を授け、梵天丸が宿った。英雄伝説によく登場する誕生神秘だが、それを幼名に象徴させているということに、周囲の期待のほどがうかがえる。

疱瘡《ほうそう》の毒が目に入り、梵天丸は右目を失った。眼球が飛び出していたというから尋常な容貌《ようぼう》ではなかった。幼子は日々劣等感にさいなまれ、目を隠したり、目に関する話を避けたりしたという。心暗く寂しい幼少期を送った。

■帝王学授かる

梵天丸がまっとうに育つようになったのは師の僧、虎哉宗乙《こさいそういつ》の感化と言われる。虎哉は美濃（岐阜県）の生まれ。少年時代、既に秀才の誉れ高く、若くして天下に名を馳《は》せたという。

輝宗の懇請を固辞したものの、根負けして米沢に至った。師四十三歳、弟子六歳。ここにも、父の息子に寄せる思いが表れている。虎哉は、梵天丸、長じて政宗の心を育てつつ、漢籍、帝王学などを授けて指導者の器量を養った。

虎哉の寺は現在の高畠町に遺構が残る資福寺だった。伊達氏の移動に従って、岩出山、仙台と歩き、今は青葉区北山に堂舎を移している。梅雨の季節を彩るアジサイの寺として知られる。

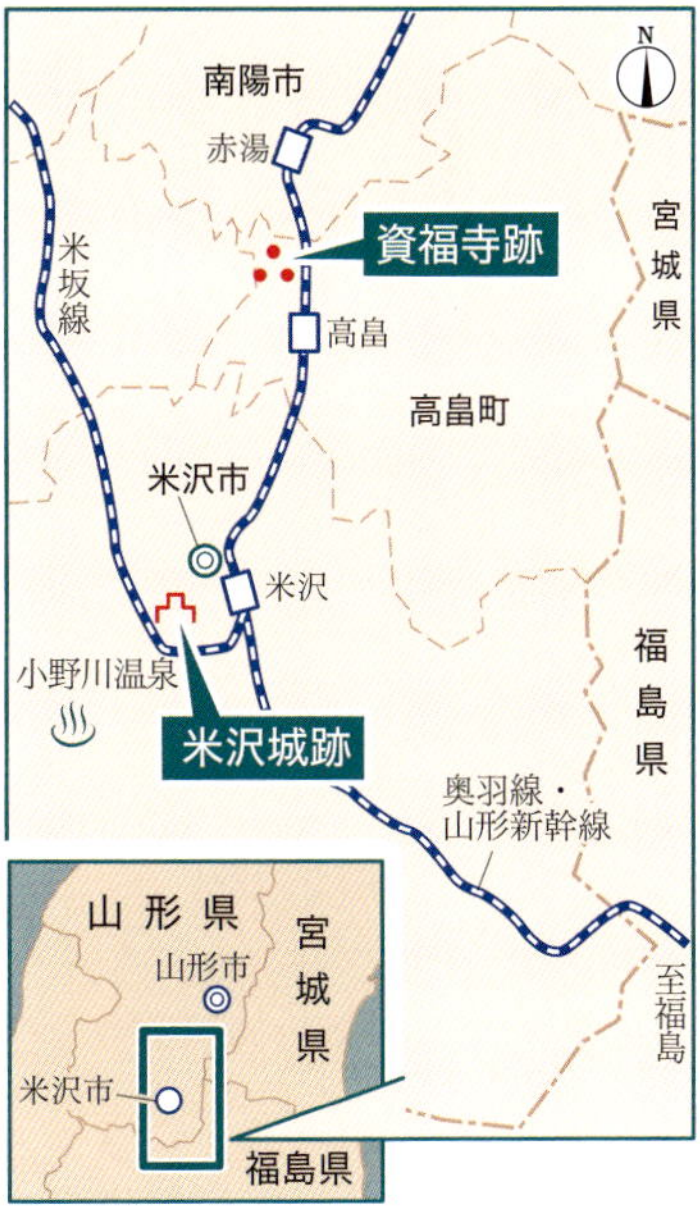

隣組に覚範寺がある。ここもルーツは虎哉。戦で横死した父輝宗の菩提《ぼだい》を弔って米沢に建立された。

覚範寺の現住職、天野玄外さん(74)は、虎哉の超俗の精神性を語り継ぐ。

「墓は造らずともよい。わが身は骨灰にして川に流せ。決して、木像などをこしらえてはならぬ」

死の床で虎哉は弟子たちに厳しく言い含めたという。遺言は歴代守られ、覚範寺に今も墓はない。

■折れた脚は左

米沢に、伊達時代を記憶するものは極めて乏しい。何より短期の治世であり、江戸時代を通じて長くこの地に在った上杉氏の前では影が薄い。しかも、関ケ原の合戦当時は、双方が敵対したということもある。

加えてもう一つの要因を、地元の郷土史家小野栄さん(72)がこう解説する。

「伊達氏が米沢を去るときに、政宗は、家臣団や商人たちの多くを一緒に連れて行ってしまった。だから、米沢には伊達氏の話は残されなかったのだろう」

ところで、米沢での政宗は、その身に思わぬ傷を刻んでいる。馬上のつわものにも油断があったのか、突然棒立ちになった馬から振り落とされ、脚を折ってしまった。左右どちらを骨折したのかは不明なのだが、郊外の小野川温泉で治療したという記録が残る。


―関連年表―

▼一五六七年八月三日
伊達政宗、米沢城に生まれる。
▼一五七二年七月
政宗の父、輝宗が資福寺に虎哉を招く。
▼一五七三年
織田信長、足利義昭を追放し足利幕府滅ぶ。
▼一五八一年五月
政宗、相馬氏との戦いで初陣。
▼一五八四年十月
輝宗、家督を政宗に譲る。
▼一五八五年十月
輝宗、二本松城主畠山義継に捕らわれ、死す。

政宗が生まれた米沢城の跡。戦いに明け暮れた20代の前半まで、政宗はここを居城にした

時代は一気に飛んで一九七四（昭和四十九）年。

仙台市にある政宗の墓所、瑞鳳殿跡＝現在青葉区 霊屋《おたまや》下。戦災で焼けた霊びょうの再建話が持ち上がり、墓の発掘も行われた。

今見られる壮麗な瑞鳳殿はこのときに復元されたのだが、かつてはただ草むす大塚でしかなかった。

墓にはむろん、政宗の遺骨がきちんと残っていた。医学的な調査を行ったところ、左脚に亀裂の跡が見つかった。そう政宗、落馬の折に傷めた跡。折れたのは左であった。

歴史は、思いも掛けずその素顔を見せることがある。

メモ　置賜地方は山形県南部の地域名で米沢、長井、南陽の三市と、高畠、川西、白鷹、小国、飯豊の五町を指す。

面積は計約二五〇〇平方キロメートル。中心都市の米沢市は人口九万五千人。

米沢城は明治維新後の一八七三年に取り壊された。現在は松岬《まつがさき》公園として市民に親しまれている。

園内に上杉神社や、名君とうたわれた九代米沢藩主上杉鷹山《ようざん》の像がある。

小田原参陣　天下定まり　秀吉に服す

■瀬戸際の外交

一五九〇（天正十八）年、伊達政宗は初めて奥羽の外へ出た。山形、新潟、長野を経て小田原（神奈川県）へ。待つは関白、豊臣秀吉であった。

ここまでの政宗は、まだ東北チャンピオンでしかない。天下取りに王手を掛けた秀吉にとって脅威を感じるほどではなく、「奥羽に気になる暴れん坊がいる」、そんな程度かもしれない。

満年齢で言えば、政宗二十三歳、秀吉五十三歳。新入社員と社長といった具合の年齢の開きだ。

当節の企業経営に例えてみよう。

急死した信長社長の「織田産業」を、実力で「豊臣産業」に改組したのが秀吉社長。彼の全国展開は、もはや大詰め。残るは、関東の北条氏や、東北のいく人かの大名だけ。奥羽のしにせ「伊達物産」もいつ傘下に入るのか、周りは動向を注目していた。

何せ、秀吉社長は天下無双の実力者。老かいでもある。一方の青年社長政宗。地方でナンバーワンだといっても、

神奈川県小田原市の歴史公園になっ
る石垣山城跡。死に装束姿で秀吉の
進み出た政宗の目に、眼下の小田原
はどう映ったか。写真の男性から左
方角に小田原城が見える

全国レベルでは？

前年、政宗は磐梯山ろくで芦名義広を破って会津領を手に入れた。秀吉はこれをとがめ「上洛せよ、京に来られぬなら小田原に」と言ってきた。先に出された、私戦禁止の、いわば戦国平和令違反容疑だという。

さあ困った。無視すれば攻めつぶされる。かといって、安易に担保もなしに、のこのこ出掛けるのは危険に過ぎる。ならば、後は外交交渉か。合理的に、出兵、交戦の理由を説明できなければ、虎口《ここう》は脱せない。

■付き合い奏功

小田原城を囲む秀吉は、一夜城として有名な石垣山城で引見した。死に装束で、天下人の前にかしこまる政宗。

「もう少し遅かったらここが危なかったぞ」

老人は杖《つえ》で青年の首を軽く打った。この戯れに「首筋に熱湯をかけられたような思い」。総身に鳥肌が立った。

パフォーマンスで実を取った政宗、太っ腹で応じた秀吉。英雄談義をするなら、それで十分だろう。が、事は外交、単純ではない。政宗が小田原参陣をのむに

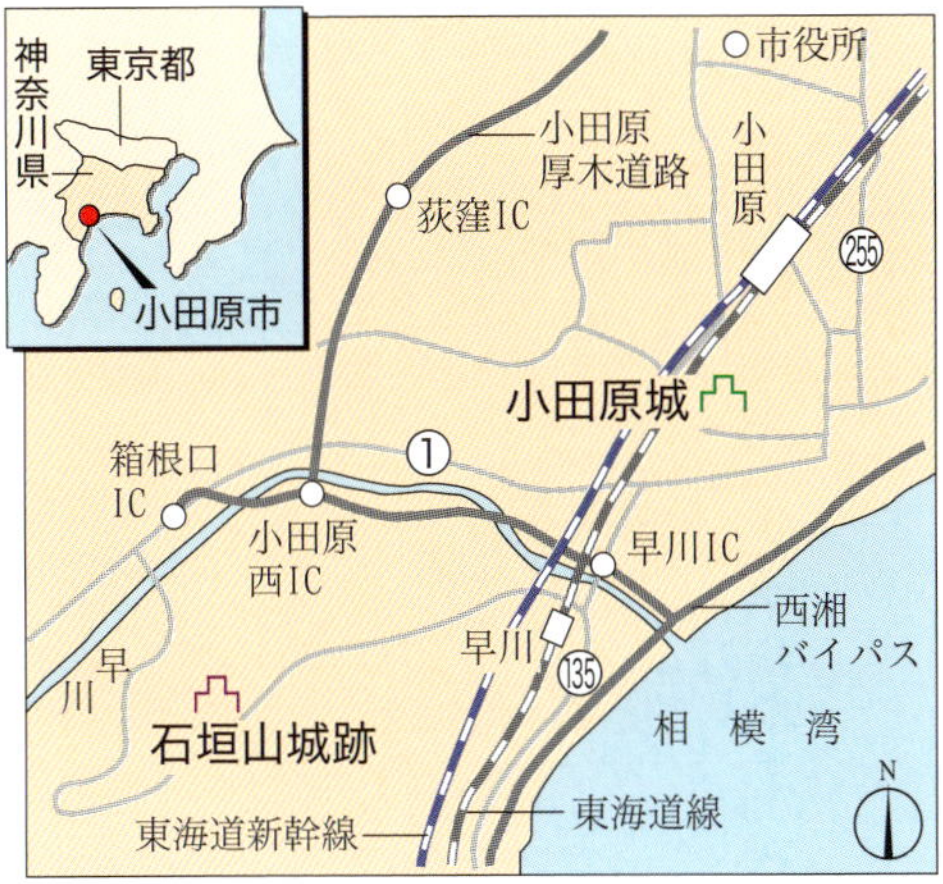

―関連年表―

▼一五八九年六月五日
政宗、芦名義広を摺上原で破る。

▼一五九〇年一月二十日
秀吉、政宗に書状を送り小田原参陣を命じる。

▼一五九〇年四月三日
秀吉、小田原城を包囲する。

▼一五九〇年五月九日
政宗、黒川城（会津若松市）をたち小田原へ向かう。

▼一五九〇年六月九日
政宗、石垣山城で秀吉に謁見《えっけん》する。

▼一五九〇年六月二十五日
政宗、黒川城に帰着する。

▼一五九〇年七月五日
小田原落城。

当たっては、既に「首は取らない」との約束を得ていた。ただし、会津領没収の代償が待っていた。

伊達氏は古い家柄だけに、都の公家衆、僧侶《そうりょ》、多くの武将との付き合いを大事にしてきた。政宗も若さに似合わずその辺はたけていた。秀吉や家康にも奥羽の名馬、タカ、ツルなどを贈ったりしてきた。

小田原参陣をめぐっては前田利家、浅野長政ら秀吉側近から情報収集を行う一方、取りなしを頼んだ。よしみを通じる日ごろの付き合いが功を奏したのだ。

石垣山城跡。南北五〇〇メートル、巨石が何層にも積み上げられている。東国初の総石垣造りの城だった。

秀吉は政宗を山上に招き、陣立てを誇らしげに説いたという。今、眼下三キロ向こうの小田原城はビルの海に浮かぶ。往時は、陸海十五万の兵の中に浮いていた。その威勢に政宗は度肝を抜かれたことだろう。

■中世の殻脱ぐ

政宗は、小田原で秀吉に臣従することを誓った。天下取りを夢見、秀吉にさえ挑戦しようとした奥羽の青年武将

メモ 北条氏は、初代早雲から五代氏直まで約百年間、関東地方を治めた。

小田原城は中世を代表する平山城。秀吉軍に備えて総延長九キロの城郭を築いたが、支城を落とされて降伏した。

小田原城本丸から西へ三キロ、石垣山（二六一メートル）に本陣を置いた秀吉は山の上から全軍を指揮した。築城には四万人を動員、完成とともに周りの樹木を伐採し、一晩で姿を現したので「一夜城」と呼ばれている。

が、豊臣産業のシステムの中で生きようと決意した瞬間でもあった。後には父親のごとく、畏敬《いけい》を持って接していく。

　地方に割拠してそれぞれが膨張主義を取った中世大名の色濃かった政宗。全国統一システムを作ろうという秀吉の先見性に太刀打ちできなかった。時代の潮流であった。

　政宗は中世という古い殻を脱いで、近世大名に成長していく。仙台を開き、兵農分離を行い、領内の検地なども行った。子・政宗が父・秀吉に学んだことは実に多い。

北条氏の拠点、小田原城に15万人の大軍が押し寄せた。東国最大だった城郭も約100日の攻防の末、開城した。現在の三層の天守閣は江戸期に建てられた姿を復元した

佐沼城で殺された兵士、子供ら2500人の首を埋めた「首壇」。丁寧に壇を築いて弔ったのは、政宗の鎮魂の思いからだったか＝登米市迫町北方山ノ上、大念寺の裏手

好敵手

覇権かけて氏郷と火花

■猛将と神経戦

小田原で秀吉に屈服した伊達政宗に、早速難題が吹っかけられた。奥州仕置きに反旗を翻した大崎・葛西一揆を征伐せよ、との命令。ここに政宗が生涯でただ一人、ムキになって挑んだ猛将蒲生氏郷との虚々実々の駆け引きが始まった。

秀吉は、政宗から取り上げた会津を側近の氏郷に、大崎・葛西氏の所領を木村吉清・清久父子に与えた。政宗を南北から挟んでけん制する巧みな策。少なく見ても領地半減、七十万石になった政宗は、居城米沢でほぞをかむ思いだったろう。

一五九〇（天正十八）年秋、木村父子の圧政に一揆の火が燃え盛った。大崎・葛西の旧臣が加わった勢力に、にわか大名の木村父子は敗走、佐沼城（登米市）に逃げ込んだ。

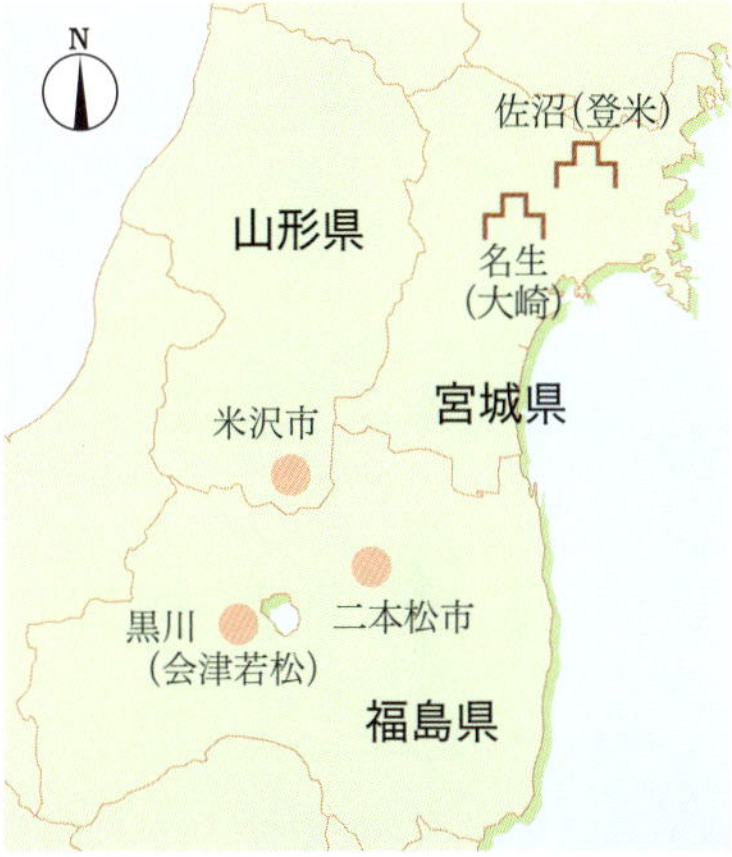

「木村父子を救出せよ」
政宗と氏郷に命令が下った。
政宗軍の動きは素早かった。十月末に米沢をたち、十一月十日には黒川郡下草（宮城県大和町）へ。十四日に氏郷が到着し軍議を開いたが、実はこの時、氏郷の政宗不信は頂点にあった。
「案内しましょう」と二本松まで出迎えた政宗軍の行動はいちいち怪しく、夜営で炊事道具は貸さず、進軍では後方について牛歩―。氏郷軍は襲撃に備えて後ずさりで兵を進ませたと伝わるほどだ。

■政略奏功せず

近江（滋賀県）育ちを見舞う大雪と「味方という名の敵」。氏郷は一転して名生城（大崎市）を攻め落とし、立てこもった。

やむなく政宗は単独で佐沼城に迫ると、一揆勢は散り散りになった。難なく木村父子を救出できた。

「おかしい。やはり政宗は一揆勢と通じている」

氏郷は秀吉に急報する。

確証があった。佐沼城陥落前、氏郷の元に密告者が現れる。政宗の家臣、須田伯耆《ほうき》である。待遇に不満の腹いせか、「一揆は政宗の策謀」だと言う。

―関連年表―

▼一五九〇年八月九日
豊臣秀吉、黒川城（会津若松市）に入り、奥州仕置きを命じる。
▼一五九〇年十月十六日
大崎・葛西一揆起きる。
▼一五九〇年十月二十六日
伊達政宗、一揆討伐に向かう。
▼一五九〇年十一月二十四日
佐沼城の木村吉清父子を救出。
▼一五九一年二月十八日
政宗、京都で秀吉に謁見《えっけん》し、釈明する。
▼一五九一年六月十四日
政宗、再び一揆征伐へ出陣。
▼一五九一年七月三日
佐沼城落城、一揆を鎮定する。

ほかからは、証拠の書状を入手したとの知らせがあった。

そうとは知らず、仲直りの誓詞を交換し「氏郷殿の働きは見事」と持ち上げる政宗。氏郷も「大崎・葛西の地がもらえるよう秀吉に取りなそう」としらじらしい。

乱世の雄、家康、秀吉の器には及ばないが、ポスト秀吉候補の一人、氏郷には負けられない。政宗二十四歳、氏郷三十五歳。奥州の主導権をかけて火花を散らす場面であった。

武辺者から、したたかな政略家へ。政宗は一揆をきっかけに氏郷を、木村父子もろとも追い落とそうとした節がある。地理不案内な氏郷らが苦戦している間に、丸く治めてしまう。そうなれば「奥州は政宗に任せるしかない」と、秀吉は考えると計算したのかもしれない。

■一揆勢滅ぼす

しかし氏郷軍はすきを見せなかった。しかも、政宗はあろうべきか、一揆と通じた嫌疑を掛けられ、京に呼び出される始末。

メモ 大崎氏は室町時代からの奥州探題の家柄。志田、加美、玉造など、今の宮城県北五郡を支配した。

葛西氏は鎌倉初期に興り、登米、本吉、胆沢など宮城県北、岩手県南に勢力を広げた戦国大名。両氏とも伊達氏と養子縁組し、浅からぬ関係にあった。

一五九〇（天正十八）年、秀吉の小田原攻めに参陣せず、ともに所領を没収され、滅亡した。

秀吉の奥州仕置きに反発した旧臣が起こしたのが大崎・葛西一揆。

政宗のライバル、蒲生氏郷は鶴ケ城近くの興徳寺に葬られている。氏郷の偉業を研究テーマにするという新潟県の小学生が墓参に訪れていた＝会津若松市栄町

一五九一年二月、聚楽第《じゅらくだい》。証拠の書状を突きつける秀吉に「花押の鶺鴒《せきれい》の目に針で突いた穴がない文書は偽物」と言い放ってピンチを脱したのがこの時である。

秀吉の命令で政宗は再び一揆征伐へ。七月三日、最後の砦《とりで》佐沼城を攻め、なで切りにした二千五百人の首を近くに埋めた。天下人に逆らえばこちらが危ない。政宗は必死であったろう。

土塁が往時のまま残る佐沼城跡。虐殺から四百年が過ぎても、地元の政宗評は悪くない。「一揆を教訓に、大崎・葛西一族を村役人に登用し融和を図ったので、新田開発が進んだのです」と遊佐英男・迫町歴史博物館長は指摘する。

一方の会津領主氏郷。一五九二年、近世城郭の建築と町割りを行い、三年後、名君と惜しまれつつ、四十歳で病没した。

歴史に「もし」は禁句。だが、「彼が生きていたら」の思いは膨らむ。政宗のその後は順調だったか？　家康の天下取りもあんな経過をたどっただろうか？

政宗の「もう少し早く生まれていたら」と同様、後世の歴史談議になくてはならぬ人物の一人である。

仙台築城　「幻の百万石」の中心地

■城は青葉山に

一六〇〇（慶長五）年暮れ、伊達政宗は居城を岩出山（大崎市）から仙台に移し、縄張りを始めた。なぜ仙台が、そして青葉山が建設の地に選ばれたのだろうか。

岩出山時代の政宗は、今の宮城県のほとんどと、岩手県の南半分、さらに福島県浜通りのごく一部を合わせて六十万石弱を有していた。

既に、政宗は秀吉によって、代々が営々として築いてきた伝来の地を奪われていた。山形県の長井（置賜《おきたま》）地方、福島県の信夫、伊達、田村、安達の各地方、宮城県の刈田地方もそうだ。

政宗の失地回復への渇きはやむことがなかった。そこに、またとない好機が到来した。関ケ原の合戦（一六〇〇年九月）で、西軍石田三成に加勢する会津・米沢の上杉氏の動きを封じよ、との命令が届いた。

指図は東軍徳川家康からのものだった。うまくいったら旧領を譲る、という。後代「百万石のお墨付き」

手前の中央が、青葉山の仙台城
跡。周辺は百万都市に発展し
青葉山周辺は豊かな自然が残さ
いる

として、名を残す判物《はんもつ》である。新領地を合わせると百万石を超える果報だった。

願い事、すなわち新しい城の建て直しをするなら今この時。だれだってそう考えるだろう。まして　や版図が広がり、山形、福島まで経営するとなれば、その中央、仙台に都を置きたい。そう思った。

今いる岩出山は北に片寄っていた。江戸や京に遠く、街道筋からもそれていた。何より、岩出山城は秀吉から押し付けられたもので、使い勝手が悪かった。

そう思えば気はせかされる。早速の軍旅。まずは白石城を攻め落とした。だが、それ以上はなかなか進展せず、結果として和議に持ち込まれた。残念ながら、旧領の回復がかなったのは刈田一郡のみだった。

城は仙台のどこに造るか?政宗は思案の末、三カ所を挙げ家康の裁決を待った。青葉山、榴岡、大年寺山(いずれも仙台。ただし大年寺山を石巻・日和山に換える説もある)がその候補地。家康との間でいろいろ駆け

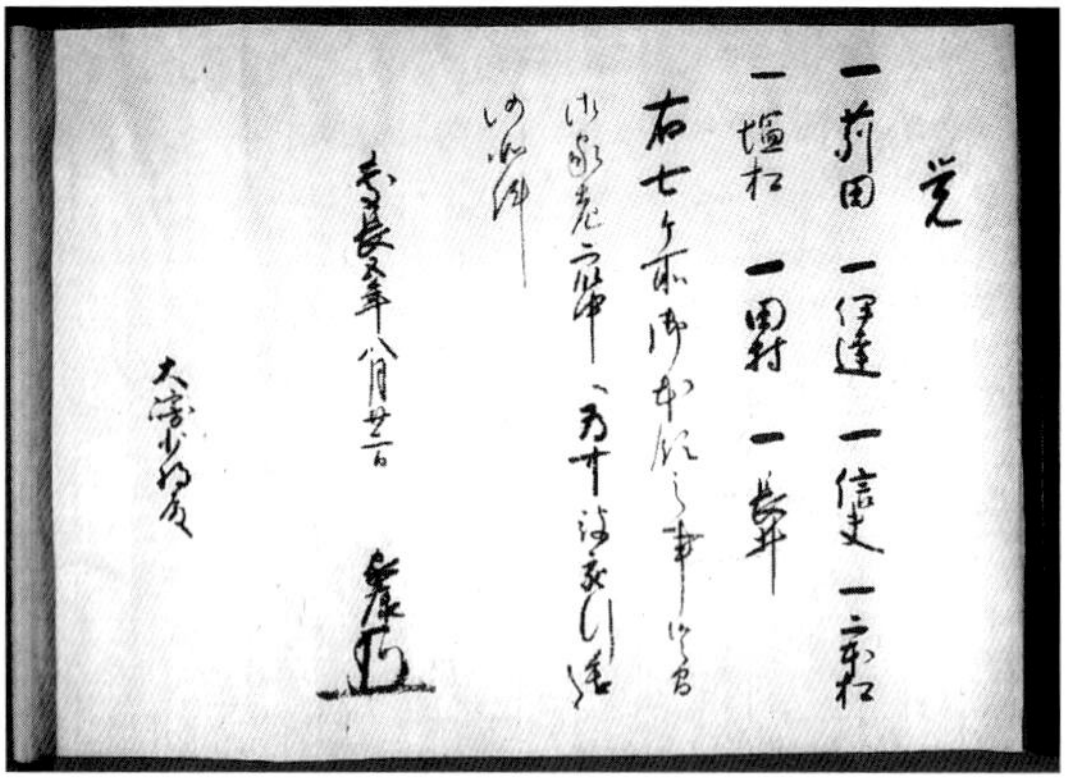

徳川家康が政宗に書き送った覚書。「一苅田（刈田） 一伊達 一信夫 一二本松 一塩松 一田村 一長井 右七カ所御本領の事に候の間、御家老衆中へあて行われるべきため、これをまゐらせ候、よって件のごとし 慶長五年八月二十二日家康（花押）」とある。旧領を政宗の家老たちに与えるという意味である（仙台市博物館所蔵）

引きがあったようだが、青葉山で落着を見た。

■臨戦態勢貫く

仙台に城を造った意図をさらに探ってみる。

仙台市博物館の佐藤憲一館長(52)は、物資輸送の便を重視する。当時は水運が大動脈だった。

「仙台は海に近い。南流する北上川、北流する阿武隈川の間にも位置する。この川を運河で結ぶ計画を持ったのでは―」

実際、後に案をなぞるように貞山運河が掘られた。では、居住性で劣る、不便な山の青葉山に城をこしらえたのはなぜだろう。

小林清治・福島大名誉教授(76)はこう見る。

「家康、三成の東西対決は長引き、奥羽にも戦乱が及ぶのではないか。そう思って、堅固な城造りを考えたのだろう」

実際、政宗は翌年まで、上杉景勝に対して臨戦態勢を貫く。景勝が家康に謝罪し、処分が出るのは翌年夏のことだった。

その間、政宗は山形、福島方面に盛んに兵を送っている。宿願達成に燃えていた。戦国時代の野心そのものである。だから「青葉山の城は、上杉氏との実戦を想定して造られた城だった」と小林名誉教授は語る。

■旧領は戻らず

ところで、「百万石のお墨付き」はどうなったのだろうか。

前述のごとく、力で落とした刈田郡以外は空証文に帰した。家康は、政宗に上杉けん制を督励したのであって、必要以上の働きは求めなかったと言われる。皆が関ケ原にかかずらっている間に、火事場泥棒のようなことをされてはかなわないと警戒したのだろう。

家康に「百万石」の約束履行を求めても、いわば、のれんに腕押し。政宗の旧領回復は失敗だった。否、家康にしてやられた、と言えるだろう。

刈田が加わった総石高は六十万石。「伊達六十二万石」にはまだ二万石足りない。二代将軍秀忠、三代家光より近江と常陸に一万石ずつを与えられた。六十二万石が確定するのは政宗の死の二年前の一六三四年まで待たねばならなかった。

―関連年表―

▼一六〇〇年六月八日
徳川家康、上杉景勝征討を関東、奥羽の大名に通告。

▼一六〇〇年七月二十五日
政宗、白石城を落とす。

▼一六〇〇年八月二十二日
政宗、家康から百万石の覚書をもらう。このころ、新城建設許可を求める。

▼一六〇〇年九月十五日
関ケ原の戦いで家康が勝利。

▼一六〇〇年九月下旬
伊達勢、山形、米沢で上杉勢と対陣。

▼一六〇〇年十月六日
政宗、福島城を攻める。

▼一六〇〇年十一月十三日
新城建設の許可が出る。

▼一六〇〇年十二月二十四日
仙台城の縄張り開始。

▼一六〇一年八月
家康、景勝に米沢三十万石転封を命ずる。

メモ　青葉山で縄張りしたその場所は千体仏があり、当時の地名は「千代」と呼ばれた。

政宗は城の縄張り普請の際、「センダイ」の読みを生かし「仙台」と改めた。仙台の名は不老不死、繁栄を意味する中国の詩に由来するという。

また、青葉山の名は「一帯で最も早く青葉が茂る場所だから」とも、もとは寂光寺という寺があり、この寺の山号の「青葉山」に由来するともいわれる。

要害青葉山　石垣普請に時代の知恵

■政宗の贈り物

仙台城で石垣の積み直し工事が行われている。九千個にのぼる大石が、ジグソーパズルでも組むように元の姿に復元されていく。完成は二〇〇三（平成十五）年春だという。

四百年前も、ここでは石垣普請の光景が見られた。今と違って重機などあるわけがなく、すべて人力、牛馬頼みの大仕事だった。

私たちが青葉山で見続けてきた石垣、つまり修復工事中の石垣は、藩祖伊達政宗による築造ではない。政宗の死後約四十年ほどたって築かれたものだ。

歴史学関係者ならずとも、政宗の普請した石垣が現代に残されているとは考えもしなかった。

ところが、今工事事前調査のなかで出土した。一九九八年のことである。開府四百年祭を控えて、仙台市民の間に急速に関心が高まった。石垣は二層で、現存する第三期石垣の裏側から現れた。

二層とも、石をあまり加工することなく積み上げる

仙台城跡の石垣発掘現場。2000
月26日に開かれた積み直し前の
の現地説明会には大勢の市民か
り、調査員の話に熱心に聞き入
いた。右から第１期、２期、３
石垣

工法。第一期は自然石そのままを用い、第二期は部分的な加工が施されていた。

これらを、断面がぴたりかみ合う第三期のものと比べれば、技術の違いは一目瞭然《りょうぜん》。古い方を野面《のづら》積みといい、新しい方を切り石積み工法と呼ぶ。

歴史学者らは「一つ所から、時代時代の技術の差を示す石垣が一緒に出るのは大変に貴重だ。石垣の博物館に例えていい」と、高く評価した。

■中世の城改修

第一期の石垣は、仙台城築城の一六〇〇年ごろより、第二期は一六一六年以降、さらに第三期は一六七三年以降に建設された。地震に見舞われては積み、また積んでといった歴史が繰り返された。

実は青葉山には、政宗以前にも城はあった。前を川に、後ろを深い渓谷に守られる天然の要害という地形が評価されたのだろう。旧城主は中世に仙台一帯を支配していた国分《こくぶん》氏。

「政宗は、国分氏の古い崩壊した城を改修して、石垣を張り付けて造った」

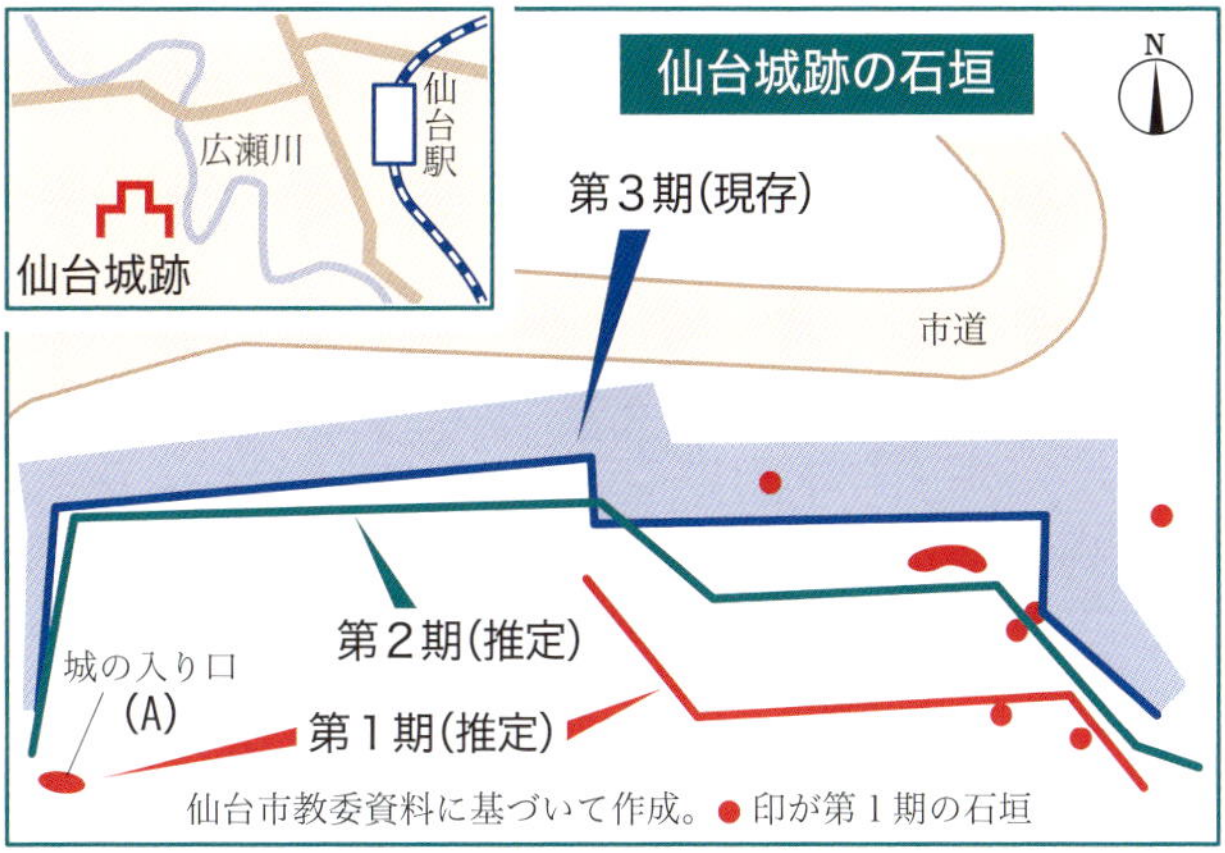

仙台市教委資料に基づいて作成。●印が第１期の石垣

二〇〇一年春まで、調査員として現場の発掘に当たった中学校教諭我妻仁さん(38)の話である。我妻さんは、仙台藩の正史「伊達治家記録」の中でこんな記述に出合った。

「政宗公が大崎八幡宮の裏手の石取り場でお昼の弁当を食べた」

加えて、石は三滝、国見地区などでも掘られたと伝わる。

なるほど、大崎八幡宮のある仙台の旧市域北西部には、石垣普請にちなむ地名が残っている。

石切町は石切職人のいた町、うなり坂は人や牛馬がうなりうなり石材を運んだ坂、また広瀬川に架かる牛越橋は、牛が石を引いて瀬を渡ったことに由来する—など。

■見栄え重視へ

三期にわたる石垣からどんなことが読み取れるのだろうか。

61ページの図を見ていただきたい。第一期の石垣

— 関連年表 —

▼一六〇一年一月十一日
伊達政宗、仙台城の普請を始める。

▼一六〇一年四月十四日
政宗、建設中の仙台城に入城する。

▼一六〇二年五月十八日
仙台城、一応の完成を見る。

▼一六一六年七月二十八日
地震により櫓《やぐら》、城壁崩壊する。

▼一六六八年七月二十一日
地震により城壁崩れる。七三年、石垣普請許可される。

メモ 仙台城跡の石垣が膨らみ、以前から崩壊の危険性が指摘されていた。仙台市は開府四百年記念事業の一つとして石垣の修復事業を計画、このため事前の発掘調査が一九九七年から行われた。

約九千個の石が解体され、政宗築城期の石垣のほか、庭園跡なども見つかっている。二〇〇〇年十月から積み直し作業が開始された。

二〇〇三年復元工事を終えた。

解体される前の仙台城跡の石垣。こけむした石の一つ一つに、先人の築き上げた知恵が秘められている

は、城のあちこちから出土し複雑な構造であったことが分かる。敵が寄せてきたとき、石垣上のそちこちから矢が射れる工夫だという。戦術優先の構造だ。

これに対して第二、第三の石垣は東西方向に一直線に並んでいて、戦術より見栄えに腐心した造りになっている。

東北大学の入間田宣夫教授(59)＝日本中世史＝は図の(A)部分にある第一期の虎口《こぐち》に注目する。

虎口とは城の要所となる出入り口部分などに設ける防御施設で、石垣などで枡形《ますがた》を設けて、敵の一気の攻めを防ぐ。信長、秀吉ら戦国の大名たちが智恵を絞って工夫した構えで、まさしく実戦の城造りであり、朝鮮半島で建設した倭城《わじょう》にも用いられた。

第二期、第三期の時代となると、長い間世を覆った戦雲は去り、太平楽のムードが満ちてきた。城は砦《とりで》ではなく、お役所―政庁という側面が強くなっていった。悠々とした直線的な構造の石垣は、平時にこそふさわしかった。

実戦の城から、見栄えの城へ。時代は当然、城をも変えていった。

多彩な出土品　権勢と富の豊かさ誇示

■地震の影響か

修復工事のため解体された仙台城の石垣。その裏側と根元から宝物が出てきた。金箔瓦《きんぱくかわら》を含めて瓦が四一トン、中国・景徳鎮などの焼き物破片が数万点、欧州製のガラス器破片は約五百点に上る。

なぜ、こんなものが石垣の裏に埋まっていたのか。調査に携わった仙台市教委の金森安孝さん(48)はこう解説する。

「石垣は地震で大きく三度崩壊した。屋根から瓦が落ち、高級ガラス製品や陶磁器も壊れただろう。それらは、当然ただ捨てられる運命にあった」

大地震は政宗時代の一六一六年と、二代忠宗時代の一六四六年、四代綱村時代の一六六八年に起きている。崩れたら積み直さざるを得ず、数々の破片はその際に投じられたのだろう。

遺物は一六〇〇年代のものと考えられている。政宗の死去は一六三六年だから、忠宗以降の時代のものも多いと思われる。

仙台城跡の出土品を見る。左上が
「金彩鳳凰文壺」、左下が欧州産グ
中上は織部の水指、中下が金箔瓦。
がげた、右下がくし

■国際色が豊か

仙台藩にとって、この十七世紀半ばは、豪華絢爛《けんらん》な桃山文化が花開いた時代だった。金箔瓦は軒先を飾り立てた。権勢と富の豊かさの誇示。全国的に見ても金箔瓦は、安土、大坂、名古屋、会津若松などの城で出土しているだけで、そう多くない。仙台は本州最北の発見だった。

焼き物は実に多彩だ。美濃の織部《おりべ》の水指は最高級品だし、肥前をはじめ西国一円の窯が生んだ茶器、雑器なども数限りない。景徳鎮を含め同じ文様、形態の器がたくさん出ており、これらは宴席用だと考えられる。

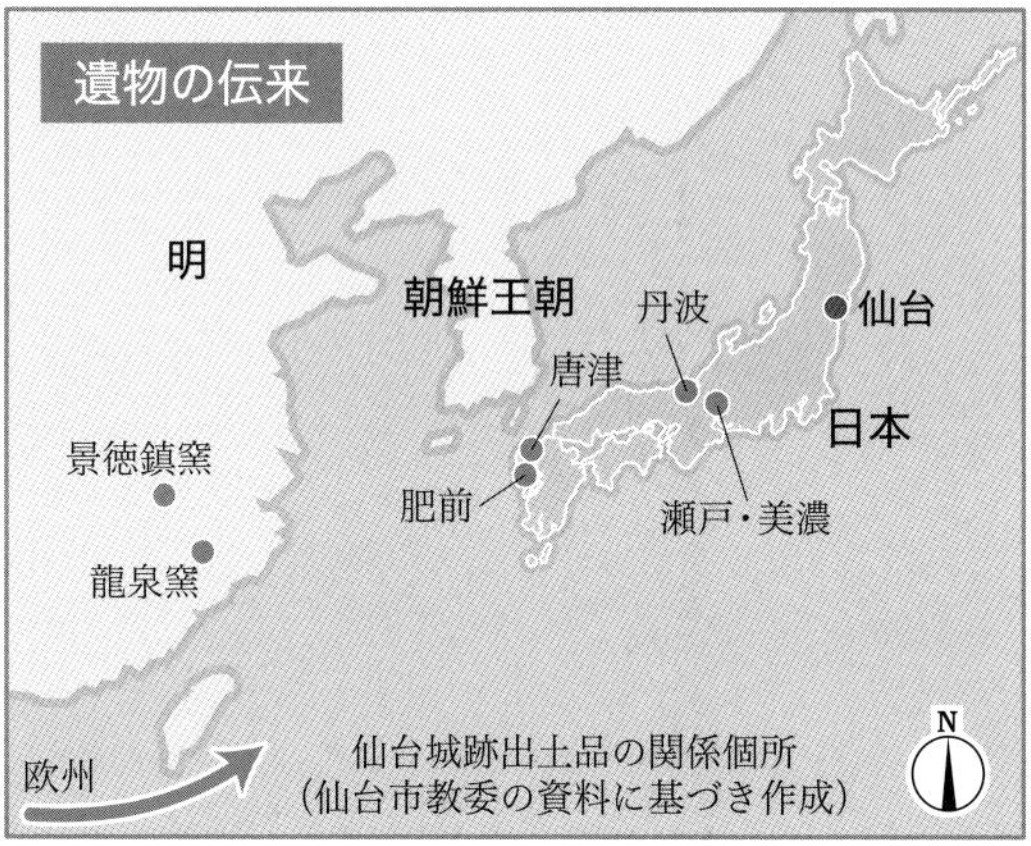

仙台城跡出土品の関係個所
（仙台市教委の資料に基づき作成）

欧州製ガラス器も目立つ。ベネチア（イタリア）、ボヘミア（チェコ）、北ドイツなど国に偏りがない。国内での出土は数カ所の先例があるが、その点数はわずかで、仙台城のようにまとまってはいない。

その由来を案じるとき、つい支倉常長ら遣欧使節一行の存在を想像してしまう。

製造年代は諸説あって特定できず、常長が持ち帰ったものかどうかは分かっていない。が、いずれ藩主たちは国際色豊かな生活をしていたことは間違いない。

仙台城本丸に天守閣は設けられなかった。幕府からあらぬ疑いを掛けられないための深謀遠慮だとか。代わっての中心施設に「千畳敷き」との異名をとった大広間が造られた。年賀や、総登城などの公式行事が営まれた。もちろん賓客の接遇にも使われた。

■待たれる発掘

大広間を図面で測ったのは、東北大名誉教授の佐藤巧さん(79)である。出入り複雑な建物ながら、おおむね南北三〇メートル、東西二〇メートルで、畳を敷けば四百三十枚が数えられるそうだ。巷間《こうかん》言われている千畳敷きは話半分と見ていいようだ。

掘り返された遺物には日常で使われた什器《じゅうき》類も少なくない。はし、漆わん、げた、将棋のこまなど多種多様。本丸内は北半分の公的空間に対し、南半分は藩主の私的空間に充てられていた。それゆえのごみだったのだろう(佐藤さんの話)。

桃山式書院造りだった大広間の周りには能舞台、眺望亭をはじめとする多くの建物群があった。それらは、戊辰《ぼしん》戦争に敗れた後、ほとんどが取り壊された。先の戦争で焼失した大手門が最後の建物だった。

仙台城は、今回の石垣修復に伴う調査を除けば、本格的な発掘は試みられていない。

— 関連年表 —

▼一六一〇年一月
仙台城大広間が完成する。
▼一六一三—二〇年
政宗、支倉常長遣欧使節を派遣する。
▼一六一六年七月二十八日
地震で櫓《やぐら》、城壁崩壊する。
▼一六三八年
二代忠宗、二の丸造営を開始する。
▼一六四六年四月二十六日
地震により本丸の城壁崩れる。
▼一六六八年七月二十一日
地震で、城壁崩れる。

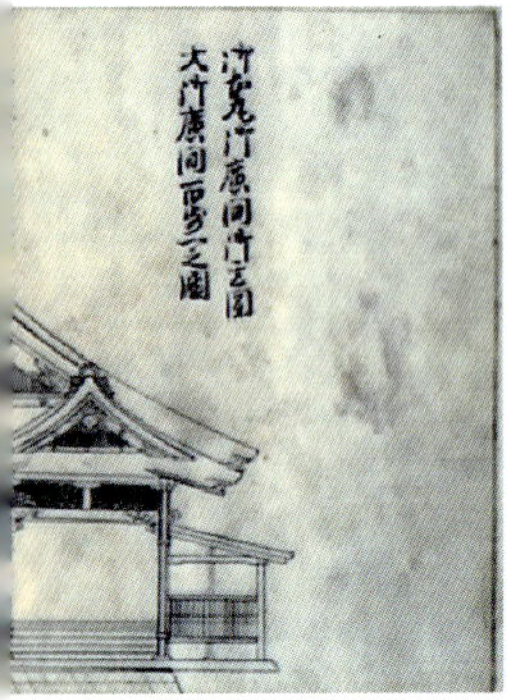

　石垣の裏側を掘っただけで、石垣遺構はむろんのこと、さまざまな出土品が発見された。

　歴史学者らの「掘ればいろいろなことが分かる」という言葉がうなずける。

　つい先ごろ、「仙台城全体の総合的な学術調査が必要」との申し入れが仙台市になされた。文化財保存全国協議会の十菱《じゅうびし》駿武・代表委員（山梨学院大教授）の要望だった。

　仙台城全体の発掘調査は、今すぐには無理でも、将来は避けて通れない問題だろう。

「仙台城及び江戸上屋敷主要建物姿絵図」に描かれた仙台城本丸大広間。完成まで10年の歳月を費やしたといわれる（仙台市博物館所蔵）

メモ　仙台城には天守閣は造られなかったが、天守台跡はある。

　佐藤巧東北大名誉教授は図面や文献資料から、天守閣の大きさを割り出した。それによると最下層は南北約二九メートル、東西約二六メートル、高さ約三六メートル以上。現存の姫路城や戦前にあった広島城と同じかそれ以上の規模になる。

　しかし徳川家康に対する政治的配慮や民力休養などを理由に、実現することはなかった。

取材余話

佐賀県の名護屋城跡を取材した際、本丸の大手門跡を見た。朝鮮出兵の後、伊達政宗は名護屋城の大手門を拝領し仙台城の大手門に移築したと伝わる。が、ことの真偽は定かでない。

現場を見ると、名護屋城の大手門跡は本丸を頂く丘の中腹にあり、門の横幅が約一〇㍍。戦前まで現存していた仙台城の大手門は、門の横幅約二〇㍍だから、サイズがまるで違う。名護屋城の大手門を移築してそのまま再建したのでないのは明らかだ。

もっとも戦前まで残っていたのは仙台城二の丸の大手門であり、これは二代忠宗が建てた。名護屋城の材料の一部を利用して大手門を建てたとの説がある。

一方、最近の仙台城跡の発掘で、政宗時代の大手門は現在の護国神社への入り口、詰ノ門付近にあったとの可能性が指摘されている。そこならサイズ的に名護屋城の大手門が当てはまらないわけではない。

名護屋城の材は、さてどっちの大手門に使われたのか。謎は深まるばかりだ。

第三章　領国経営

仙台の市街地（東二番丁通付近上空）から青葉山を望む。青葉山の仙台城から広瀬川を渡り、写真の中央を上下に貫くのが大町の通り。「芭蕉の辻」は、この写真全体のほぼ真ん中に位置している

町割り　〝碁盤〟に建つ百万都市

■理想の治世を

「府」という字は「文書・財物を保管する場所」が原義。ここから蔵・政庁・都などの意味が派生してくる。だから「開府」といえば、新しく政庁と都を伴って開かれるような状態が最も似つかわしい。仙台城と仙台の町のように。

こうした町の成り立ちは、大都市には珍しい。

関ケ原の合戦があった一六〇〇（慶長五）年前後には大名再配置の嵐《あらし》が荒れた。それゆえ、昨今は全国で「四百年祭」が祝われる。例えば米沢市は上杉氏「入部四百年」、愛媛県宇和島市は藤堂氏「築城四百年」。開府としないのは仙台と違って、もともとあった町に新たに殿様が来たり、城を造ったりしたからだ。

仙台城の縄張り始めは一六〇〇年暮れ、着工は新年早々。建築、絵画、工芸の名手、名工が上方から招かれた。

仙台城下の町割り

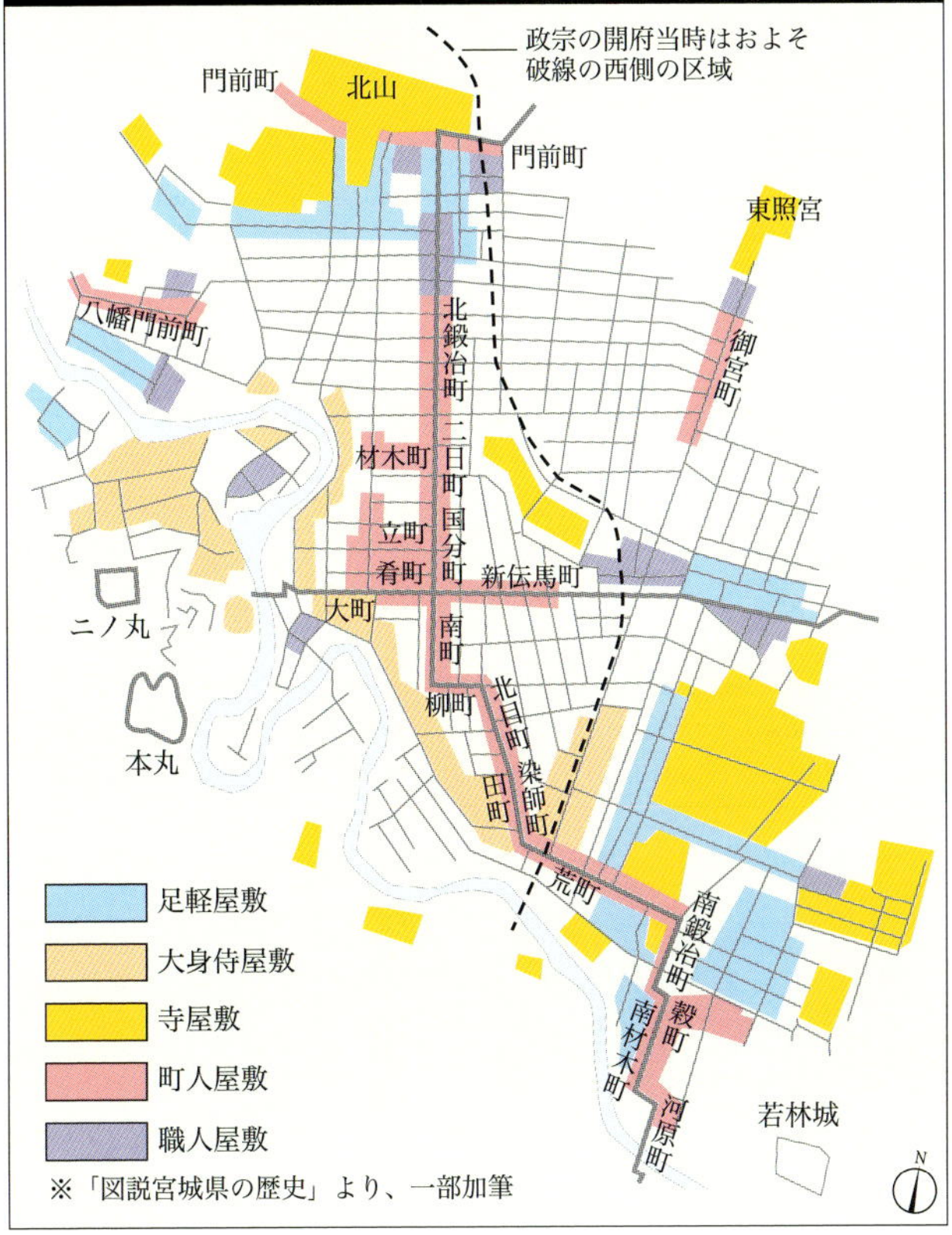

※「図説宮城県の歴史」より、一部加筆

伊達政宗は壁土も乾かぬ四月に入城した。

新しい城と新しい町への期待と気負いは、大手口の広瀬川に架かる仙台橋（今の大橋）の擬宝珠《ぎぼうし》に刻んだ銘にうかがえる。

仙人橋下　河水千年
民安国泰　孰与尭天

その一部だが、現代語風に訳してみよう。

「広瀬川の流れは永遠である。そのごとく民も国も安泰で、中国の聖王・尭《ぎょう》に匹敵するような政治を行いたいものだ」

中国伝説の聖王と競うかのように、理想の治世を願って意気軒高だ。

メモ 城下町建設に当たって、杉やケヤキ、竹などの用材は気仙地方（岩手、宮城両県）や秋保地方（仙台市太白区）を中心に仙台藩領一円から集められた。仙台城の櫓《やぐら》建設の際に町民も参加、政宗は「よく働いてもらった。きょうは休んで、またあしたから頑張ってくれ」と町民に酒を振る舞ったという記録が残っている。

城と城下の建設は、官民挙げての大事業であった。

■自ら屋敷割り

城の普請と並行して城下の建設も進められた。政宗の気分はここでも高揚していた。家臣の屋敷割りを自ら絵図で指し示した。

城下建設には基準線が必要になる。東西軸は大手門から真っすぐ東に延ばした。これが大町通。この筋と直交させた南北軸が国分町通で、その交わりが芭蕉の辻。町一番のにぎわいを呈した。

政宗が描き出した町は、おおむね現在の仙台駅から西側一帯と思っていい。碁盤の目状に街が広がっている。当時は、古書によれば「鹿《しか》鳴き、萩《はぎ》乱れる里」でしかなく、荒れた野谷地が広がるだけだった。

仙台の旧市街地で「まち」の生い立ちを調べるときの第一歩は「丁」と「町」の違い。その昔、丁は士分のまち、町は町人のまちと使い分けた。

ただし注意が要るのは、町名が変わっていること。一番町は町が付くが、かつては東一番丁、東二番丁であった。

広瀬川の西岸、青葉山のすそ周りに白石・片倉、水沢・伊達、登米・伊達らの重臣が配された。川の東は、おおむね大身、中身、軽輩の順で各武士層が城を遠巻きにした。一番外には足軽が置かれた。

■杜の都の原点

「杜《もり》の都」とは仙台の愛称。その由来が実は開府当時までさかのぼる、と語るのは仙台郷土研究会

―関連年表―

▼一六〇〇年十二月二十四日
伊達政宗、仙台城の縄張りを開始する。
▼一六〇一年一月十一日
仙台城の普請を始める。
▼一六〇一年四月十四日
政宗、工事中の仙台城に入る。
▼一六〇一年十二月
仙台橋が完成、虎哉の銘文による擬宝珠が付けられる。
▼一六〇二年五月十八日
仙台城、一応の完成を見る。
▼一六一〇年一月
仙台城の本丸大広間が完成する。


副会長の高倉淳さん(75)だ。

　武家屋敷は広く、軽輩でも一〇〇〇平方メートルほどあった。人々は果樹を植え、野菜を作り、自給自足を心掛けた。隣との境界には樹木を植えた。これが仙台地方でよく見られる屋敷林。今は街路の緑が勝つが、もともとは家々の緑が杜の都の主役を演じたというわけだ。

　町の中心部は、専売権などを授かる特権商人の町。御譜代衆と呼ばれ、古く福島、米沢時代から伊達氏に従って仙台に来た。大町、肴《さかな》町、南町、立町、柳町、荒町がそれで、仙台の経済を支える力となった。

　旧市街地北西部、北山地区には寺院が多く集まる。東昌寺、光明寺、満勝寺、輪王寺、資福寺、覚範寺など。これらの古刹《こさつ》も元は福島、米沢時代に求められる。一朝、事あるときは出城の役割を負うのは寺の宿命だが、政宗の心のよりどころも十分うかがえる。

　政宗の町は時代とともに変化した。殊に戦後の戦災復興では道が拡幅されるなど表情を変えた。だが、道の骨格は四百年前の姿をとどめている。われわれはいまだ政宗の描いた図面の上で暮らしているということになる。百万都市となっても。

政宗の師、虎哉の銘文による擬宝珠。青銅製で高さ60センチ。江戸時代初期に洪水で流されたが、1924年、広瀬川下流の畑から発見された（斎藤報恩会所蔵）

若林城

古城利用し副都心構想

■青葉山は不便

前の項ではＪＲ仙台駅から西の仙台を紹介した。一帯には伊達政宗が計画した開府当時の町の骨格が今でも残っている。

では、駅から東の方はどうだろう。町の概略図を見ていただきたい。注目したいのは東南部。道という道が右下隅、東南方向に向かって走っている。そして、その先に若林城がある。政宗のもう一つの城だ。

地名を古城《ふるじろ》という。国分氏が城を構えていた地。かつての城跡は現在、宮城刑務所として使われている。木々の緑に覆われ、一部に堀跡も残る。内側には特殊な施設ゆえ、随分と背の高いコンクリート塀が回っている。

写真手前、四角い形状で木立に覆わ
区域が若林城跡で、現在は宮城刑務
なっている。木立に沿って掘割が
（部分）、往時の名残をとどめる。中
方が大年寺山、右奥が仙台城跡のあ
葉山一帯

仙台城下の町割り

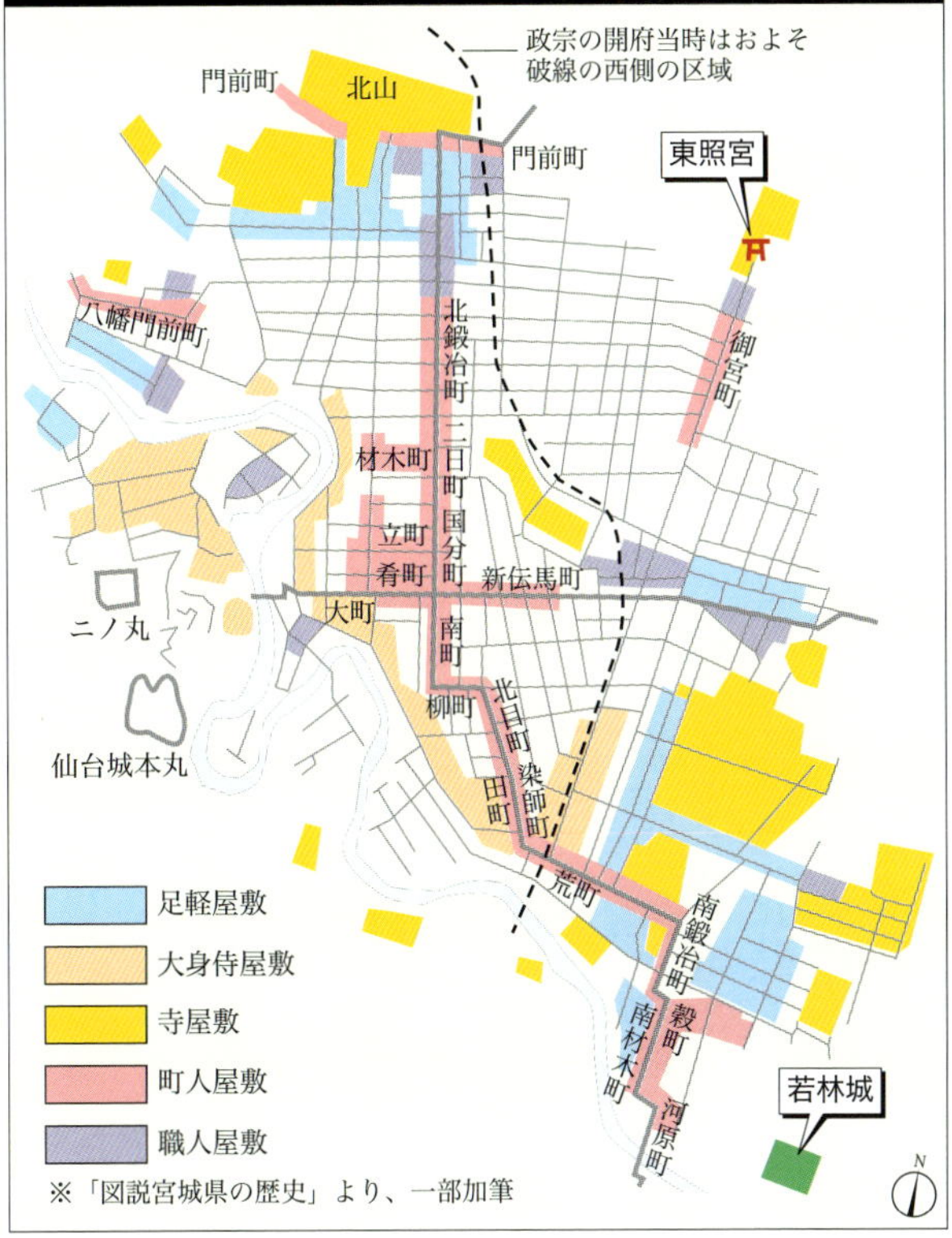

若林城は一六二八年に完成した。嫡男忠宗（二代藩主）が仙台に住むようになったため、親子が居を分け、政宗が古城に退いた形をとった。青葉山の山城・仙台城の不便さや、城下東南部の固めのためという理由も加えられる。

この地域一帯を詳しく調べた東北大文学部助手の千葉正樹さん（44）＝日本近世史＝が重要な指摘をする。

「仙台は二つの核を持つ特異な都市だった」

二つの核とは、青葉山の仙台城と、古城の若林城を指す。

もう一度略図を見てみよう。右上隅近くに仙台東照宮が鎮座する。その正面から門前町・御宮町（現在宮町）の筋が南北に長く延びている。千葉さんはこの線が仙台城を中心とする町と、若林城にちなむ町の境だという。確かに道筋の向きがそれぞれ違っている。

■町人町も配置

若林城は東西約四〇〇メート

ル、南北約三五〇メートルと広大だ。仙台城を出た政宗は、晩年の約八年をここで暮らした。よく隠居と間違われるが、終生第一線を退くことなく、藩主の座にあった。

本城に赴くのは主に公式行事に臨むときだけ。後は書簡を書いたり、庭園を眺めたり、茶の湯に親しんだり。戦場を駆け巡った若い時代と打って変わった静かな生活を楽しんだようだ。死を前にした最後の江戸参府もここからだった。

政庁機能を持った若林城ゆえ、周りに重臣たちの屋敷も配置された。日々の生活のためには町人町も。まさに城下町仙台の中に、もう一つの城下町古城が抱えられていたといえる。

「城下拡張策として古い古城の町の利用を図り、今でいう副都心造りを考えたのだと思う」とは元仙台市博物館館長で、市歴史文化事業団理事長の東海林恒英さん(66)の見解だ。

若林城は政宗の死後、遺言によって政宗一代の城とされ、後は廃された。建物は仙台城の二の丸に移され、藩政の場となった。

■境界に東照宮

大小二つの城下町の境界線を演出する東照宮。二代忠宗は、

―関連年表―

▼一六〇二年五月
仙台城、一応の完成を見る。

▼一六二五年五月
忠宗、仙台に入部する。

▼一六二七年二月
政宗、若林城の造営を許される。翌年完成する。

▼一六三六年五月二十四日
政宗、死去。忠宗、二代藩主となる。

▼一六三八年九月
忠宗、二の丸造営を開始する。

▼一六五四年三月
仙台東照宮の遷宮式が行われる。

メモ　宮城刑務所は仙台市若林区古城にあり、敷地約一六万平方メートル。

一八七九年、宮城集治監が開設され、当初は西南戦争の国事犯などを収容。後、宮城監獄と改称した。一九二二年、宮城刑務所となる。

文禄の役（朝鮮出兵）から帰国する際、政宗は梅を持ち帰ったが、うち一本が所内にある臥龍梅で、政宗が仙台城から移植したと伝える。現在は二代目で樹齢二百五十年。

２代忠宗が造営した東照宮。春の例祭、元朝参り、どんと祭などでは、今でも大勢の参拝者でにぎわう

この地に立ち南を指して「この方向に町を造れ」と命じたと言われる。この筋は、仙台城下と若林城下のちょうど空地に当たっていた。東照宮の造営は仙台城下の第二次発展計画の役割を負った。

仙台東照宮は、日光東照宮と同じく祭神は徳川家康（東照大権現）。忠宗は将軍家光に神の分霊を願い出た。将軍からさえ一目を置かれた政宗と違って、忠宗は殊勝に振る舞わねばならなかった。東照宮造営はその具体的行動である。遷宮式は一六五四年に執り行われた。

仙台藩の創業主、政宗は藩政の立案、執行にワンマンが許された。だが二代目は、そうはいかない。

忠宗はまず、以前から制度はあっても機能しなかった奉行・評定制の確立に着手、藩法の整備や総検地による税制改革などの重要課題に取り組んだ。今日でいうシステム主義への転換。仙台藩にも法治文治の官僚制度が育っていく。

政宗と忠宗の二代にわたる六十年余は、仙台という町の骨格と、藩政安定の基盤づくりが行われた時代であった。

この後、一七〇〇年ごろ、人口は江戸時代のピークを迎え、おおよそ六万人に達し、城下は大いに繁栄を見せる。

四ツ谷用水　城下潤し六十二万石支える

■水を治める策

天水は多すぎても少なすぎても暮らしに災いをもたらす。古来「水を治める者は国を治める」と言われるゆえんだ。

伊達政宗の開いた仙台は、広瀬川が刻んだ河岸段丘の上に造られた。当然、川は段丘の最低位部を流れるから、町は水害には強かった。半面、川らしい川がなく、生活用水や農業用水が不足しがちで、火難への備えも心配された。

そこで計画されたのが人工流水。四ツ谷用水という。当時の町は、おおむね現在のＪＲ仙台駅以西で、政宗は一帯に堀を巡らせる計画を練った。

一六二七（寛永四）年に着手し、二年後に一応の完成を見た。が、工事の概要は、普請奉行を宇津志惣兵衛が務めたという以外、詳しくは伝わっていない。

北上川改修に尽力した川村孫兵衛がかかわったという話もあるが、具体的な記録は残されていない。

四ツ谷用水の取水口付近。小さい地
矢印方向から写真撮影した。とうと
流れる広瀬川の水は、昔も今も仙
人々に恵みをもたらす命の水だ＝仙
青葉区郷六

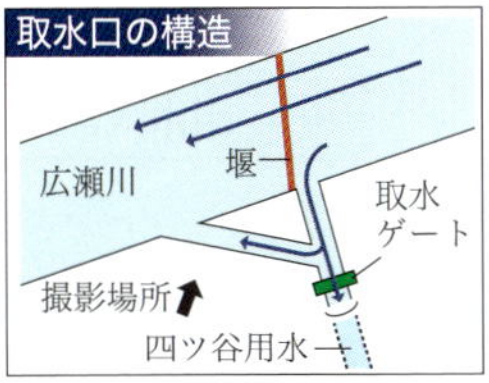

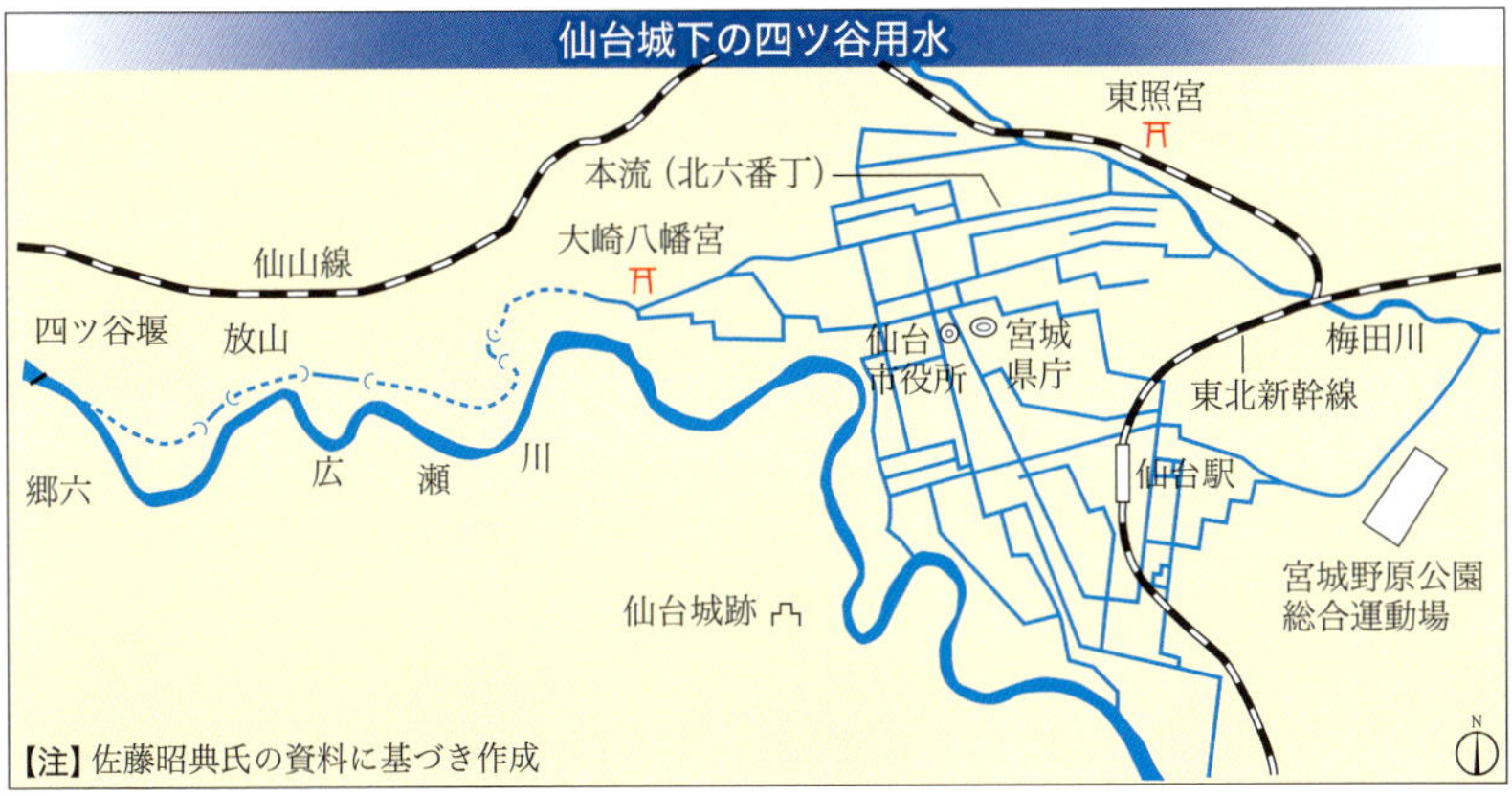

■藩と民で管理

取水口は仙台市中心部から西へ約三キロの郷六地内（青葉区）に求めた。広瀬川を斜めに浅くせき止める形で水を分けた。

宇津志の工事は、いわば第一期分。全体四四キロの完成は数十年後の第四代藩主・綱村の元禄時代（一六八八―一七〇四年）まで下る。

今と違って上水道などは当然ない。人々は飲み水こそ井戸に頼ったものの、生活用水は堀の水に依存せざるを得ない。コメを研ぎ、野菜を洗い、洗濯をした。下流域では田んぼを潤す。

広瀬川上流で取られた水はどのように町の中を流れていったのだろうか。「四ツ谷の水を街並みに！市民の会」の佐藤昭典代表(73)が詳しく調べた。

用水は、川から分かれてすぐ穴堰《ぜき》をくぐった。地表に出るのは、町北西部の大崎八幡宮西側。ここからは図に示されるように町の隅々へ流れていった。町を潤した水は再び広瀬や梅田の川に戻る仕組みで、仙台はこの時代、「水の都」であった。

大崎八幡宮の境内を横切る四ツ谷用水。コンクリートでふたがしてあり、ホタルが飛んだ昔の風景はすっかり消えた

佐藤さんは、四ツ谷用水が官民共通の財産であったことに熱い思いを抱いている。「金沢の名園・兼六園に水を引く、有名な辰巳《たつみ》用水は前田家専用。しかし、仙台の四ツ谷用水は、それと違って町全体のものという意識だった」

だから、用水維持には城下の人たちにも協力が求められた。十七世紀初めに行われた改修工事を見てみる。

費用の三分の一は藩の用立て。残りの三分の一ずつを、町民と下流域の村々が負担した。春秋の大掃除も官民力を合わせての定例行事であった。

■本流は地下に

明治以降、次第に上下水道が普及し、四ツ谷用水の役割は小さくなっていった。車が走るようになると、これにも道を譲らざるを得ない時代を迎えた。

水路は埋められたり、地下化されたりした。用水は昭和初期、ほぼその役目を終え、本流の北六番丁の西部（現在の柏木―大崎八幡宮付近）を除いて地表から流路は姿を消した。

―**関連年表**―

▼**一六〇一年一月十一日**
伊達政宗、仙台城と城下の普請を開始する。

▼**一六二七―二九年**
宇津志惣兵衛が政宗から普請奉行を命ぜられ、四ツ谷用水を築く（一部）。

▼**一六三九年**
仙台城二の丸が完成する。

▼**一六八八―一七〇四年**　**（元禄年間）**
四ツ谷用水の全体が完成する。

▼**一八七八―七九年**　**（明治）**
四ツ谷用水を大改修する。

▼**一八九九年**
仙台市、下水道工事に着手する。全国で三番目。

戦後は北六番丁の本流、北三番丁の三番丁堀、県庁横から小田原方面への第一支流の三本が生き残るだけだった。市東部の田んぼに水を送る役割は放棄できなかった。昭和三十年代にはついに北六本流以外は命脈が尽きる。

北六番丁通が他の北一番丁通、北二番丁通などと比べて広いのは、四ツ谷用水本流が流れていたからだ。そしてその下を今も水が流れている。そう知って耳を澄ませば、喧噪《けんそう》の中にも静かな水音が聞こえてくるような気がする。

夏。ホタルが飛び、川辺で夕涼みをする風景が、随分と昔のものであることは否定しない。

しかし、「水は文化の源。本流から水を引き、清流で仙台の町を潤したい」と、佐藤さんらの会は、四ツ谷用水の水を街に何とか取り戻すために、知恵を絞っている。

メモ　四ツ谷用水の復活を目的に「四ツ谷の水を街並みに！市民の会」が発足したのは二〇〇〇年二月。

会員は商店主、会社員、教員、主婦、大学関係者ら約九十人で、佐藤昭典氏ら四人が代表を務める。シンポジウムや講演会、現地視察などを行って啓発に取り組む。

「四ツ谷」の語源は、取水口付近に四軒の民家があったことから四家《よつや》と呼び、四ツ谷に変化したという説がある。

京の都　桃山文化を貪欲に摂取

■上方に長逗留

伊達政宗は仙台の城下建設とともに、寺社の造営に心血を注いだ。いかにも箱物造りに精力を傾けたかのように見えるが、寺社の建立は実は、仙台という国に、時代の魂を吹き込む心の仕事でもあった。

政宗が造営した代表的な寺社は、仙台の大崎八幡宮、松島の瑞巌寺など。いずれも当時の建築界、美術界の大潮流、桃山様式によって設計された。

時代の先端を行く精神性、美意識を奥羽の地に移植しようとしたのだった。

当然、政宗自身も桃山文化の気風を胸いっぱいに吸い込んでいた。豪華絢爛《けんらん》、現世謳歌《おうか》の美意識。それは、桃花の明るく、華やかなイメージに似るものであった。なぜに、政宗は都の今様に染まったのか。

それは否《いや》が応でも、京の都に長逗留《とうりゅう》を余儀なくされたゆえと言っていい。朝鮮半島へ出兵したり、秀次の自害事件（秀吉による、甥《おい》秀次の謀反嫌疑）への関与が疑われたりして、国元に戻る余裕はなかなかつくれなかった。

その日、吉野山中は朝から雨だった
拝路に沿って土産店や修験者の宿坊
ぶ。写真の中央からやや右に下っ
周囲を霧に包まれた森の中に、秀吉
宰した観桜会の本陣が置かれた吉水
がある＝奈良県吉野町の吉野山

この時期はちょうど政宗の岩出山城時代（一五九一―一六〇〇年）に当たる。足かけ十年のうち国元にいたのはわずか半年。過半を上方に過ごした。二十代から三十代にかけての気力、体力とも充実する年代、彼は貪欲《どんよく》に都の文化摂取に努めた。

■地名にゆかり

京都の街で彼はどこに屋敷を構えたのか。

伏見区桃山町正宗。「正」は「政」の転化で、こここそ、秀吉から拝領した京上屋敷の地。今は海宝寺という寺がある。広さ約一万平方メートルだが、住職荒木正啓さん（68）は「昔は今の三倍はあった。裏山までが政宗の屋敷だったそうです」と説明する。

驚いたことに、本堂に政宗の位牌《いはい》が納められていた。境内の畑からは伊達家の紋様「竹に雀」を刻した金箔瓦《きんぱくがわら》が出土したこともある。庭には政宗手植えと伝わるモッコクが大きく枝を広げていた。夏の強い日差しを遮る姿は、藩祖の影の大きさにも思える。

門前が伊達街道。「政宗は、大地震によっ

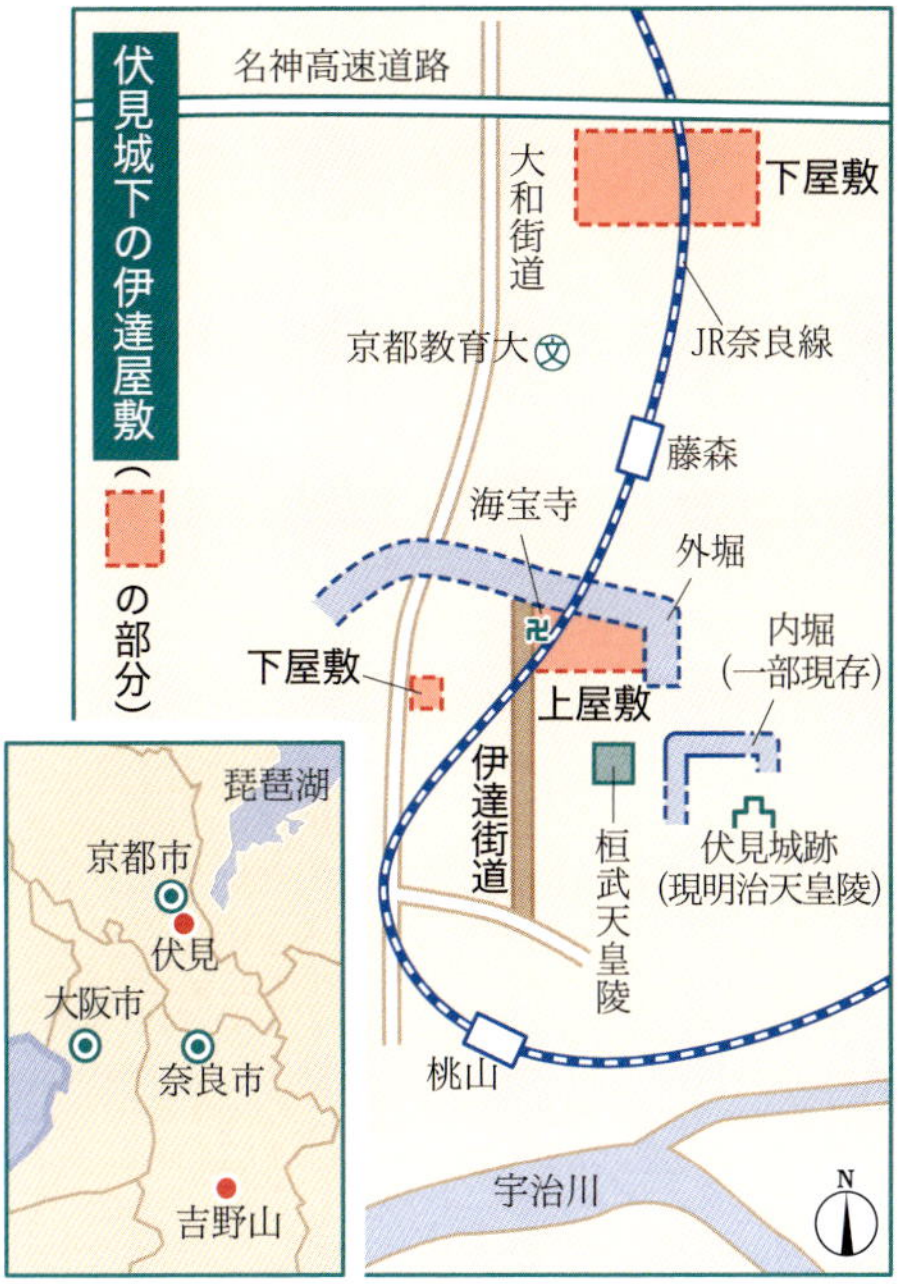

―関連年表―

▼一五九一年二月四日
伊達政宗、初めて京都に入る。五月、米沢に帰る。
▼一五九一年九月二十三日
米沢から岩出山に移る。
▼一五九二年一月―九三年九月
秀吉の命令で朝鮮出兵に参加。帰国後、伏見城下に屋敷を拝領する。
▼一五九四年二月下旬
秀吉の吉野観桜歌会に随行する。
▼一五九五年夏
岩出山に帰るが、秀次謀反の報に接し七月下旬、上方に戻る。八月、秀吉の詰問を受ける。
▼一五九六年七月十二日
大地震あり伏見城倒壊。政宗、修築の課役を受ける。
▼一五九八年八月十八日
秀吉、死去。
▼一六〇〇年六月十四日
上杉攻めのため、国元に向かう。九月、関ケ原の戦い。

て伏見城が瓦解《がかい》したとき、真っ先に駆け付け、秀吉を見舞った」と荒木さんが言う。その道がこの通りなのだろう。

伏見にはほかにもゆかりの地名が残る。

下屋敷の跡地の一つは「深草東伊達町」に「深草西伊達町」。史書が「千人もの家臣が伏見城下に常駐」と記す、その地に違いない。今は住宅地が広がっている。

幼いころより、師の虎哉《こさい》禅師の薫陶を得て学問、教養をはぐくんできた政宗だけに、京は一層その才能に磨きをかけてくれた。漢詩、書、和歌、能、茶道…。その達者な腕前は都人のうわさに上るほどだった。

■民心に豊かさ

例えば、和歌。秀吉が花の名所、吉野山で催した花見での天晴《あっぱ》れぶりは後世に残る。秀吉、家康、前田利家らとともに五首ずつを詠じたが、圧倒的に政宗作は優れていた。「滝の上の花」という題

メモ 関白職を秀次に譲った秀吉は一五九二年、自らの隠居所として伏見城を築く。九六年の大地震で倒壊、再建された。

伊達関係のほかに桃山町島津、桃山町三河、桃山町美濃などの町名が現在も残っており、一大城下町を形成した当時をしのぶことができる。伏見城は、徳川家光の時代に廃城となる。

宮城県松島町にある観瀾亭《かんらんてい》は、伏見城から移築されたと伝えられる。

伏見城跡には、後に明治天皇陵が造られた。

で詠んだ一首を紹介しよう。なかなか優美に仕上がっている。

吉野山滝の流れに花散れば堰《いせき》にかかる浪ぞ立ちそふ

花見の本陣が置かれたのが現在の吉水神社（奈良県吉野町）で、宮司の佐藤一彦さん（59）も政宗の活躍を認める。

「歌会についての資料が寺に残っているが、最も多く登場する人物が政宗。それだけ話題になったということでしょう」

政宗手植えのモッコクと、海宝寺住職の荒木正啓さん。モッコクは、もともとは暖地の海岸に自生する樹種で、庭園木としても利用されるという＝京都市伏見区桃山町正宗

鄙《ひな》の地から上洛した政宗ゆえ、京の文化は衝撃的だったろう。だからこそ、政宗はその落差を埋めようと努力に努力を重ねた。その豊かさを知ったとき、「国元にも雅《みやび》な文化を」と思ったに違いない。

一流の宮大工、絵師らを招き、華やかな桃山様式の寺社を建てることは、人々の心に豊かさを育てることであった。

杉木立に囲まれた大崎八幡宮。白いテント風の建物が改修中の社殿、下方の鳥居まで参道が続く。街の中にあって杜《もり》の都の鎮守の森にふさわしい風格がある＝仙台市青葉区八幡４丁目

大崎八幡宮

桃山の輝きと伝統融合

■静と動が同居

二〇〇〇（平成十二）年春、仙台市北西部に残る大崎八幡宮（青葉区）の森に長蛇の列ができた。宮司しか目にできない奥の院が一般公開され、全国の歴史、文化財ファンが集まった。社殿修復のため、ご神体が引っ越しし内陣が開放されたのだ。

内陣。そこは三室に三幅の山水が控え、一点一点から静かな時間がわき出すような神秘に満ちていた。周りは対照的な金、朱、青など派手な彩りだった。

静と動、枯淡と絢爛《けんらん》が同居する不思議な空間と言ってもいい。

当時の意識で言えば、伝統の山水の美と、流行の桃山様式の対照であったのかもしれない。施工主政宗が、仙台一の神社に託したものは、鄙《ひな》と都の文化の融合であったのか。

大崎八幡宮の社殿平面図

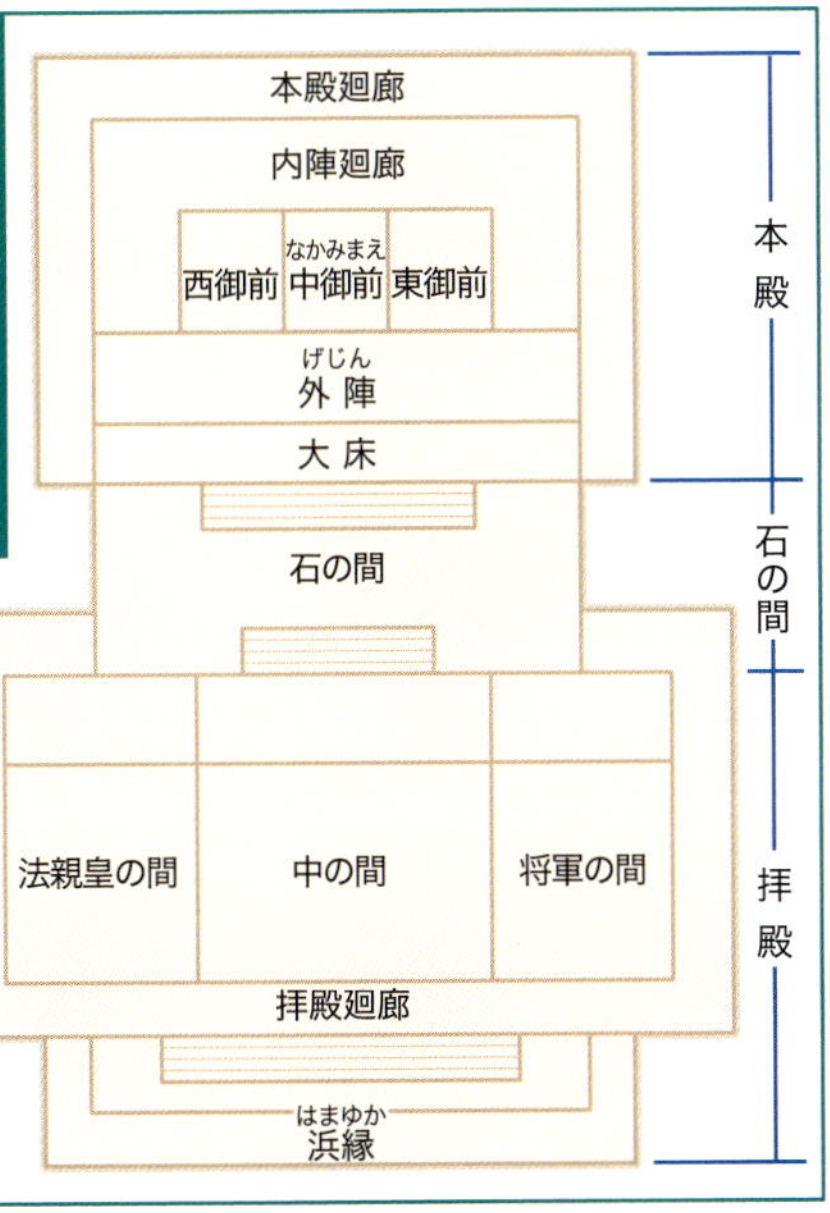

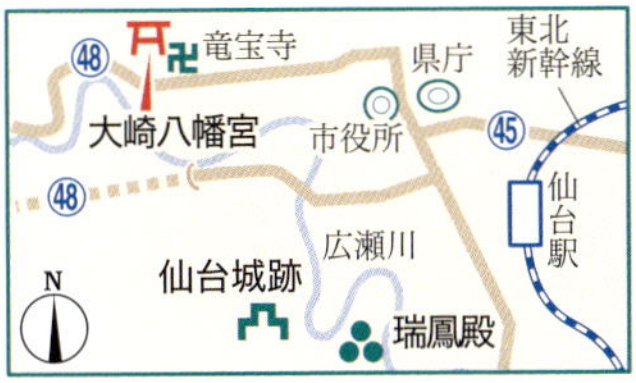

■家康に対抗心

一六〇四（慶長九）年、城の普請に来ていた上方の匠《たくみ》たちに新たな命令が下りた。それが大崎八幡宮の造営。大棟梁《とうりょう》ともいうべき御大工《おんだいく》に日向守家次が発令された。棟梁には刑部左衛門国次、梅村頼次ら当代第一人者の顔が並んだ。

「何だかよく分からない所に連れてこられて、お宮を造った」

このとぼけた味わいの中ににじみでる望郷の念は拝殿の棟木に残された落書き。今回の解体作業中に見つかった。早く帰れると思っていたのに、続けて神社も造れと言われたのであろう。完成まで三年を要した。現存する権現造りの社殿としてはわが国最古で国宝の指定を受ける。

豊臣流の桃山式建物は、徳川の世に代わると取り壊されたり、他の様式が採用されたりするようになる。将軍家をはばかったからだ。そんな風潮の中、仙台に桃山そのものの神社がこつぜんと姿を現した。

「徳川に何の遠慮のいることか」

家康に対抗する気概を残す政宗の姿が想像できる。

修復工事に先立って、2000年3月21日に初公開された本殿の内陣。御簾《みす》が巻き上げられ、扉が開くと、400年前の水墨画が秘密のベールを脱いだ

メモ　大崎八幡宮は権現造りという平安時代からの様式を持つ。本殿と拝殿を石の間と呼ぶ空間が結ぶ。

　京都の北野天満宮に始まったとされるが、現存する桃山様式の神社では大崎八幡宮が最も古い。当時の装飾観とともに国宝指定の理由とされる。

　修復工事では、腐食で沈下や傾斜が進む柱を補修し、軒を支える組み物の破損を直す。内部の彩色も劣化しており、のりではく落を止める。二〇〇四年完成。


大崎八幡の「大崎」の名は、宮城県北を領していた、あの大崎氏にちなむ。秀吉の命で大崎氏攻めを遂行した政宗でも、氏神八幡様までは毀損《きそん》できなかったろう。

　政宗は神を自らの城下に招き、岩出山、仙台と守り歩いた。信心、畏怖《いふ》があったのだろう。米沢時代の神、成島八幡を合祀《ごうし》したのも同じ思いからだ。

　大崎氏は伊達氏同様、古くからの奥羽の名流。東北州知事ともいうべき奥州探題を務めてきた。政宗はその一方の名流の神を祭ることで、人心の掌握を図ろうとしたのだろう。何せ、政宗は米沢から移っていまだ十余年、大崎氏の権威を借りねばならなかった。

■社殿は黒基調

　修復工事が進む大崎八幡宮。かつての絢爛豪華な輝きを再現しようとさまざまな技術者が立ち働いている。完工のあかつき、社殿や、内部の装飾は四百年前の輝きを取り戻す。

意外にも社殿などの彩りの基本は黒漆だという。漆黒と他の色が奏でるハーモニーは厳粛さの演出。宮司小野目博昭さん(50)によると、社殿は一般に白や朱が基調になるというから、黒は政宗好みだったのかも。

黒く染められた社殿と、奥の院の水墨画には相通じる精神世界がある。小野目さんは「ご神体を守る清らかな山水や霊廟《れいびょう》を思わせる社殿に、奥羽の質実剛健な気風の投影が見られる」と語る。絵師の名は伝わらないが、米沢以来のお抱えだったという。

解体工事では、もう一つ意外な発見があった。着工初期の下部構造と、その後の上部構造では用材が異なっていたことだ。下部にはケヤキ、クリなどの上質材、上部には建築材としては価値の劣るブナ、カツラが用いられていた。

なぜか。それは、領内各地で普請が相次いだことと関係する。仙台城はもとより、陸奥国分寺薬師堂、塩釜神社、瑞巌寺などの建設も始まった。

領内の良質材が底をつきはじめた。政宗は慌てて植林を奨励したといい、「箱物の文化事業は金がかかるわい」などとぼやいたのかもしれない。当節の自治体の悩みに通じる。

―関連年表―

▼**一六〇〇年十二月二十四日**
仙台城普請の縄張り始めを行う。
▼**一六〇一年二―五月**
諸社寺を岩出山から仙台に移す。
▼**一六〇三年八月**
仙台城がほぼ完成し、伊達政宗が城中に入る。
▼**一六〇四年**
大崎八幡宮建築に着手。
▼**一六〇四年十二月十五日**
松島五大堂が完成。
▼**一六〇七年六月二十日**
塩釜神社が完成。
▼**一六〇七年八月十二日**
大崎八幡宮が完成する。
▼**一六〇七年十月二十四日**
陸奥国分寺薬師堂の再建成る。
▼**一六〇九年三月二十六日**
松島瑞巌寺が完成。

瑞巌寺　名刹再建、奥州王の気概

■文化振興期す

名刹《めいさつ》瑞巌寺《ずいがんじ》（宮城県松島町）。正式には青龍山瑞巌円福禅寺という。御成門、御成玄関、本堂、中門、庫裏などからなる。本堂、庫裏は国宝、ほかに国の重要文化財七件を数える。

桃山期の威風堂々とした構えの臨済宗の禅寺として知られる。松島湾の潮風や冬の厳しい風雪に耐えられる堅固な造りが特徴だ。

仙台城本丸大広間、大崎八幡宮と同様、建築は梅村家次、彫り物は刑部《おさかべ》国次ら、上方から招いた当代一流の工匠が担当した。

瑞巌寺は平安時代の創建。鎌倉時代に盛期を迎えたが、次第に衰退し、政宗の時代には衰勢も著しかった。それを政宗はなぜ再建しようとしたのだろうか。

寺はそもそも仏教伝来以来、人々の心のよりどころであり、学問文化の拠点として存在してきた。歴史的な威光に輝く寺を再興し、これを庇護《ひご》するならば、おのずとその権威と徳は高まる。むろん、仙台藩の学問文化の振

瑞巌寺本堂の前庭に咲き誇る混
臥龍梅。白と黒を基調にした神
築に彩りを添える＝2001年4

興を期していたのは当然だろう。

政宗は瑞巌寺を菩提寺《ぼだいじ》とするほど大事にした。例えば、用材を遠く紀州から筏《いかだ》に組んで運んだことにうかがえる。自ら縄張りをし、朝鮮半島出兵の際に持ち帰った臥龍梅《がりょうばい》を手植えしたことにも表れている。両隣に夫人愛姫《めごひめ》の陽徳院と、長女五郎八《いろは》姫の天麟院《てんりんいん》が建てられたのも政宗の遺志をくんだものだろう。

■国際色も豊か

「松島は中世以来の国際文化都市だった」とは、仙台市博物館の前館長濱田直嗣さん(61)の話。中国帰りの留学僧が度々、瑞巌寺の住職を務めた。中国人僧が住職を務めたこともある。幕府が置かれた鎌倉の宗教界と深い結びつきがあり、大物住職が招かれたりもした。

一九九一年から三年間、宝物館再建工事に伴う発掘調査が行われた。このとき、中国産の食器、花瓶、香炉などの破片が大量に出土した。これらは鎌倉で使われた高級品に劣らない品々だった。中国と深い縁があったことを想像するのは難しくない。

政宗の時代は、これに朝鮮半島の文化が加わった。瑞巌寺には臥龍梅のほか、本堂の屋根に使われた「滴水瓦《てきすいがわら》」もそうだ。滴水瓦は統一新羅王朝の七、八世紀から使われた。瓦の底辺が膨らんでいて、雨水がここに集まって落ちるため、内側に雨水が入らないように工夫して作られている。装飾の

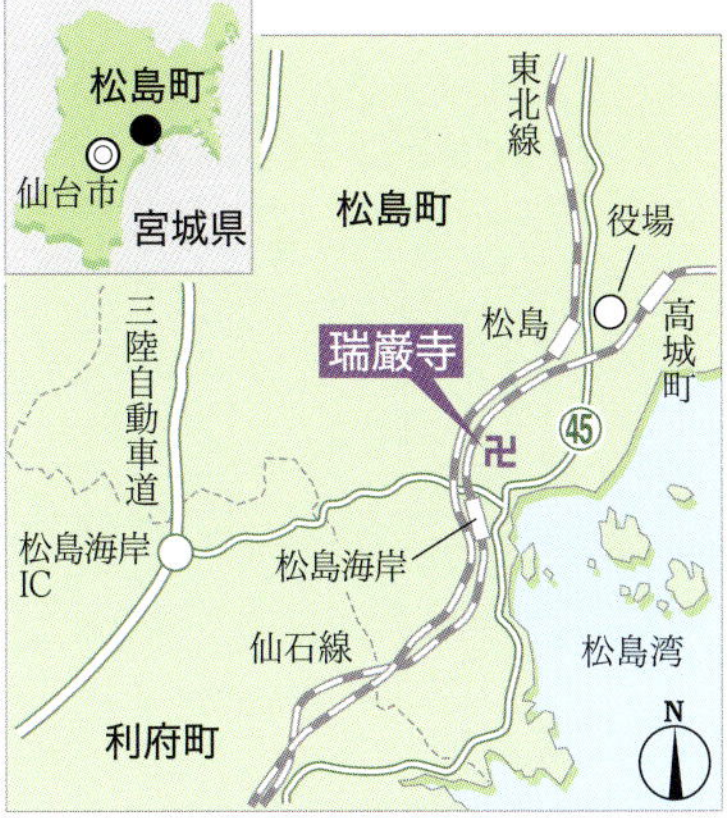

―関連年表―

▼八二八年
瑞巌寺開山（伝承による）。
▼一五九三年
伊達政宗、秀吉の命令で朝鮮半島に渡る。帰国の際、臥龍梅を持ち帰る。
▼一六〇四年八月十五日
政宗、瑞巌寺の縄張りを行う。
▼一六〇九年三月二十六日
瑞巌寺で上棟式。政宗、臥龍梅を手植えする。
▼一六一〇年一月
虎哉の揮ごうした「松島方丈記」が、瑞巌寺本堂に掲げられる。
▼一六二二年
瑞巌寺本堂の障壁画（ふすま絵）が完成する。

意味もある。滴水瓦の使用例は、国内では仙台城と瑞巌寺が北限となっている。

支倉常長の遣欧使節の準備に訪れたスペインの使者ビスカイノと宣教師ソテロを招いて瑞巌寺で宴が持たれたとの記録がある。ビスカイノは金銀島探検報告で「石造建築ではわがマドリッドのエスコリアル宮殿、木造では当山をもって世界に並ぶものなし」と、最大級の賛辞を贈っている。

■師・虎哉が献策

瑞巌寺再建は、師の虎哉禅師《こさいぜんじ》の献策であった。虎哉は雲水行脚の中で、みすぼらしいだけの仮小屋・瑞巌寺を見つけ心を痛めたという。本堂に「松島方丈記」と名付けられた額が掲げられている。虎哉自ら瑞巌寺再興の目的を記している。

「新しい領主になった政宗公は、この地の泰平と領民の安楽を祈り、寺を再建した。（中略）政宗公は、願わくば日本全土を手中に収め、長寿を保ちたいと考えている」

メモ　瑞巌寺のある松島は日本三景の一つ。

松島湾は塩釜、東松島市と七ケ浜、松島、利府町の二市三町にまたがり、福浦島、桂島、寒風沢島など大小二百六十の島々が点在する景勝地で、俳聖松尾芭蕉も絶賛した。

瑞巌寺のほか五大堂、観瀾亭《かんらんてい》、塩釜神社、大木囲貝塚など周辺に寺社、史跡も多く、年間の観光客は三百六十万人に上る東北を代表する観光地となっている。

瑞巌寺本堂の滴水瓦は国産品だが、唐草模様を施し、エキゾチックな雰囲気を漂わせている

政宗が秀吉の朝鮮半島出兵で参加したのが晋州《チンジュ》城の戦い。その晋州城跡に立つ楼閣の屋根は、全体に滴水瓦を巡らせていた＝2001年1月、韓国晋州市

民や国の安泰を祈る一方で、天下取りを宣言する。「家康に聞こえたらびっくりするような言葉だが、ここは奥州王としての気概を示したと解釈してよいのでは」と、濱田さんは解説する。

本堂には多数のふすま絵がある。孔雀《くじゃく》の間は狩野（佐久間）左京が描いた。豪快で力強い筆致、孔雀は平和の象徴で「民と国の安泰」を表す。文王の間は長谷川等胤の手による。古代中国・周王朝の文王と太公望による国づくりの伝説をなぞっている。

民に、新しい時代の到来を告げる。政宗の進取の気性、国づくりにかける意気込みを一身に体現しているのが瑞巌寺である。

陸奥国分寺薬師堂　覇者の威信にじむ再建

■築城にも匹敵

仙台開府四百年を記念し、二〇〇一（平成十三）年四月から六月まで仙台市博物館で開かれた「仙台城―しろ・まち・ひと」特別展。陸奥国分寺薬師堂の棟木に打ち付けられていた棟札が公開され、参観者の多くが足を止めた。伊達政宗が国分寺を再建した一六〇七（慶長十二）年に書かれた棟札はこう伝える。

「国家安全、武運長久。尭舜《ぎょうしゅん》の治世のごとき繁栄を給わりたい。大崎少将政宗」

中国伝説の聖王、尭の名は仙台城普請の折、仙台橋（今の大橋）の擬宝珠《ぎぼうし》にも刻まれた。国分寺再建には城づくりに劣らぬ政治的な意味が込められていた。

奈良時代の七四一（天平十三）年、聖武天皇の詔《みことのり》で国府多賀城の西南一〇キロ、木ノ下の地に十四棟の大伽藍《がらん》、国分寺が置かれた。

四百年後の奥州藤原氏の時代には陸奥守秀衡が手を加え、子院である僧坊が三百を数える学問の中枢になった。現代の東北大学のような頭脳拠点だったろう。

秀衡が死んで二年後の一一八九（文治五）年、源頼朝は奥州

入母屋《いりもや》造り、本瓦《がわら》ぶきの大きな屋根
徴の陸奥国分寺薬師堂。同じ桃山様
がら大崎八幡宮と違い、簡潔で素朴
強さを表した。国の重要文化財＝仙
若林区木ノ下３丁目

攻略の兵を進め、大伽藍は紅蓮《ぐれん》の炎に包まれた。小さな草堂を残してほぼ壊滅した国分寺の再建には、政宗の登場を待たなければならなかった。

■政治力を誇示

国分寺に残る来由記に、政宗が再建を決意するに至るエピソードが伝わる。一五九三（文禄二）年、九州の名護屋（佐賀県）。豊臣秀吉から朝鮮半島出兵の命が下り、こぎ出そうとした政宗の軍船に一人の僧りょが同乗を請うた。

「私は奥州国分寺の僧。唐（中国のこと）で仏教を学びたく渡航の機会をうかがっていました。同郷のよしみ、朝鮮まで連れていってくれませんか」

僧を乗せた船は釜山到着前に、大しけに遭う。僧が数珠を鳴らして念じると波は収まった。恩に感じた政宗が後年、国分寺を訪ねたが、そういう風体の僧は知らぬという。

「さては本尊の薬師如来が化身となって守ってくれたか」

一六〇五（慶長十）年、泉州（大阪府）の工匠駿河守宗次は政宗の命を受け、三年がかりで薬師堂、仁王門、鐘楼の建築に取り組んだ。

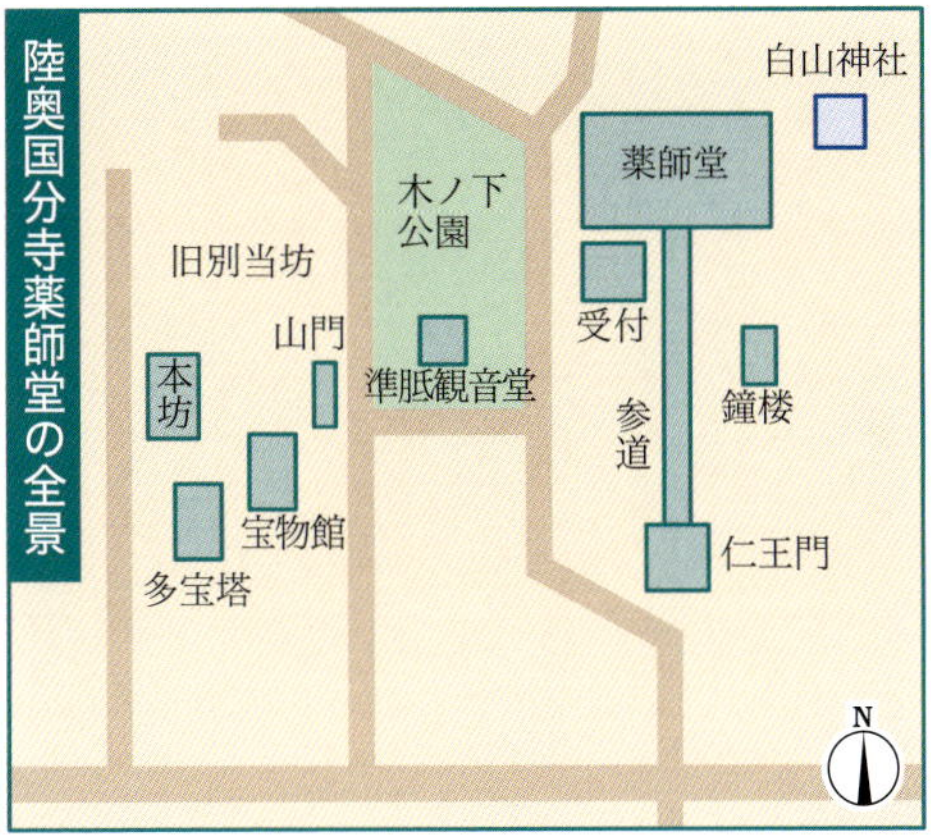

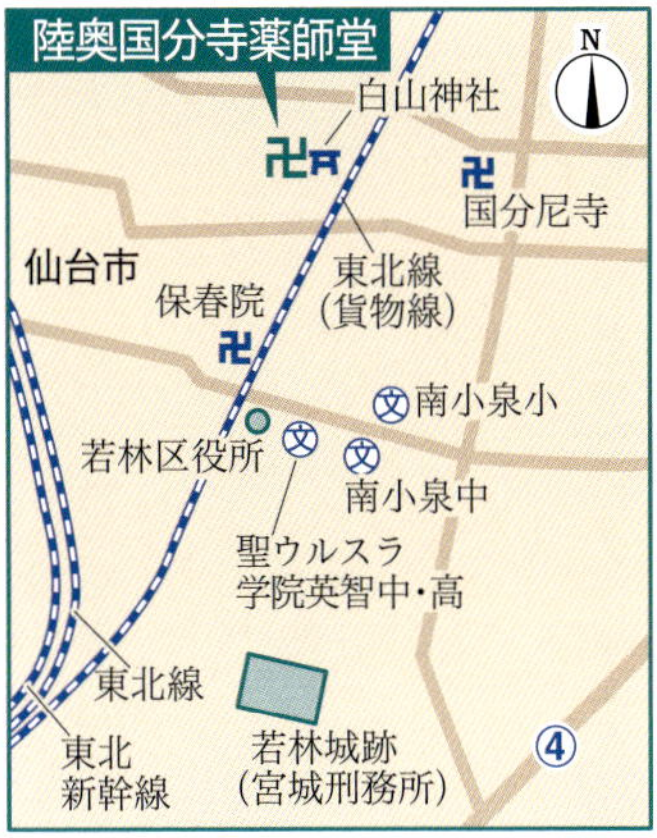

薬師堂内に据えられている家形厨子《やかたずし》。扉の周りに天女や竜の姿が彫られ、金ぱくをおした極彩色の美が広がる。扉の奥に本尊薬師如来、左右に日光、月光菩薩が安置されている

宗次はケヤキの木地を生かして簡素に仕上げ、同じ年に完成した大崎八幡宮と異なる美を表現する。

藩からの資金援助で二十四の僧坊が寺を囲むように復活し、国分寺への道に連坊小路の名が授けられた。

これが政宗の恩返し説。しかし、棟札に聖王の名を書き込んだように、単なる慈善事業とは考えにくい。むしろ、あの藤原秀衡が手厚く保護した国分寺を再建することで、秀衡以来の奥州王の地位を得ようとしたとみるのが自然だ。

「大崎八幡宮、瑞巌寺が文化事業だったのに対し、国分寺再建は、奥州の支配者であることを宣伝する政治的な意図があった」と、高橋富雄東北大名誉教授(80)は指摘する。

■財政救った金

ところで一六〇七(慶長十二)年に国分寺再建、大崎八幡宮と塩釜神社の造営が終わり、箱物の建設は峠を越す。

仙台築城はもちろんのこと、かなりの出費がかさんだはずである。当時の収支決算のような史料は

―**関連年表**―

▼七四一年
陸奥国分寺が置かれる。
▼一一八九年
源頼朝の奥州攻略で焼失。
▼一五九三年三月
伊達政宗、朝鮮に出兵する。
▼一六〇〇年十二月二十四日
仙台城普請の縄張り始めを行う。
▼一六〇四年十二月十五日
松島五大堂が完成。
▼一六〇五年
陸奥国分寺再建に着手。
▼一六〇七年六月二十日
塩釜神社が完成。
▼一六〇七年八月十二日
大崎八幡宮が完成する。
▼一六〇七年十月二十四日
陸奥国分寺薬師堂の再建成る。
▼一六〇九年三月二十六日
松島瑞巌寺が完成。

残されていないが、このころ政宗が家臣にあてた手紙にこんなくだりがある。

「毎年、何とも何とも知行のらちが明かない」

三万人を超えていた家臣に払う給与に事欠き、財政は火の車。度重なる江戸城造営の課役も重荷となった。

政宗は金山開発に活路を見いだす。旧葛西領の今の宮城県北、岩手県南地方で金山が見つかり、金山奉行を置いて大いに掘らせた。

名馬の産地、大崎地方の馬も藩のドル箱。仙台では馬市が開かれ、全国の商人が買い付けに来たという。

一六二〇年代になると、領内の余剰米を農家から買い集め、江戸に船で送って利潤を稼ぐ「買米《かいまい》制度」が軌道に乗る。それまでは膨大な建設費を、金と馬に頼らざるを得なかった。

メモ　政宗以前の国分寺は、この地の領主、国分盛重に保護されていたが、再建とは程遠かった。旧藩時代に薬師堂を囲んだ二十四の僧坊は明治政府の廃仏毀釈《きしゃく》政策による寺領返還で衰退し、今は西隣の旧別当坊、国分寺本坊を残すだけ。

本坊の敷地内には多宝塔、宝物館が建つ。薬師堂の東隣に守護神の白山神社。七〇〇メートル東方には、奈良時代に国分寺とともに置かれた国分尼寺がある。

南には政宗の母義姫の菩提《ぼだい》寺、保春院や政宗晩年の城、若林城跡（現・宮城刑務所）がある。

遣欧使節　未知の大海原突き進む

■才たけた常長

伊達政宗の命で太平洋、大西洋を渡った慶長遣欧使節、支倉常長の偉業が二〇〇一年春、一つの形に結実した。ローマなどから持ち帰った資料四十七点が国宝に指定されたのだ。折しも仙台開府四百年に当たり、関係者の喜びはひとしお。資料を所蔵する仙台市博物館は全資料を一カ月にわたって特別公開したほどである。

ところで、一連の資料は、明治初めまで二百三十年の間、人目を避けて仙台藩の切支丹《キリシタン》鉄砲改所《あらためどころ》（現在の仙台市青葉区・評定河原）に没収、封印されていた。江戸幕府と仙台藩との政治力学、キリシタン弾圧という宗教、対外政策のうねりにほんろうされて。

常長の人生は光と陰に彩られる。ローマに使節が入市した様子が記録に残る。

常長を乗せて太平洋を往復した
ファン・バウティスタ号は1993年
財団法人・慶長遣欧使節船協会に
て復元された。市民の募金を含め
県の官民一体の取り組みが遺産を
がえらせた＝石巻市渡波大森の宮
慶長使節船ミュージアム

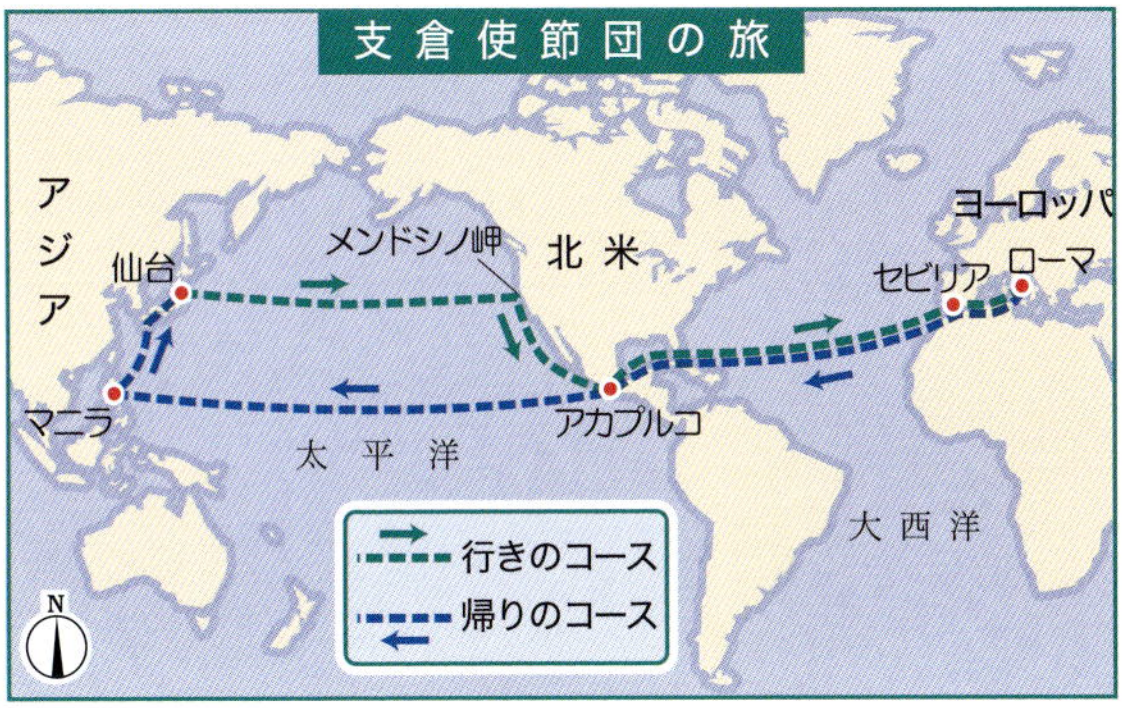

一六一五年十月、サン・ピエトロ大寺院広場に祝砲が響く中、軽騎兵に伴われて馬上の常長が行く。

「あれが日本人か。なかなか威厳がある」

沸くローマっ子。三十年前に天正少年使節が訪れたが、サムライが来たのは初めて。

未知の国の使節をローマ法王庁は丁重に扱った。二十五年前、使節の足跡を歩き「ローマへの遠い旅」を著した石巻市出身の写真家、高橋由貴彦氏(70)は根回し外交の成果と評価する。

「いい加減な使節と見れば、これだけの待遇を与えない。どこで学んだのか常長は一級の外交官の腕をふるった」

おくせず、沈着に応対した姿が想像できる。常長は六百石。企業で言えば部長クラスが全権大使に抜てきされたようなものだ。

常長の起用は、朝鮮半島出兵での高い航海術が評価されたからだという。が、その前に起きた大崎・葛西一揆討伐で常長は使者として才を見せた。政宗は優れた折衝力を見抜いていた。

■両雄したたか

さて、使節は強気の交渉を進める。十一月、バチカン宮殿枢《すう》機《き》卿《きょう》会議室で法王パウロ五世に謁見《えっけん》した常長は、政宗の書状を差し出した。

「貴《とうと》いパウロ様のおみ足を、奥州の王伊達政宗がお吸い申し上げます」

メキシコと通商できるよう宗主国スペインへのとりなしを願った。

奥州王と強く出た政宗。使節正使、スペイン人神父ソテロが貴族に送った

メモ　メキシコとの通商、宣教師派遣を要請するため、政宗は常長らをスペイン、ローマに派遣した。

一六一三（慶長十八）年九月十五日、サン・ファン・バウティスタ号が月浦（石巻）を出発。メキシコで船を乗り換えてスペインに向かった。一六一五年にスペイン国王フェリーペ三世、ローマ法王パウロ五世に謁見《えっけん》した。しかし交渉は実らず、常長らはフィリピン経由で帰国した。七年がかりの事業だった。

二〇〇一年国宝に指定されたのはローマ市公民権証書、十字架像、祭服、パウロ五世像、ロザリオの聖母像、短剣など四十七点。

国宝に指定されたローマ市公民権証書（仙台市博物館所蔵）。ローマ市議会が常長に公民権を与え、貴族に列する旨を認めた証書。白い羊皮紙に金泥を使いラテン語で書かれている。左上端に支倉家の家紋「逆卍《まんじ》に違い矢」が見える。

書簡に至っては大胆に尽きる。

ソテロは、奥州王に一国を代表する外交権はないと問われて、こう答える。

「政宗公は次代の将軍となる実力者」

「迫害を受けている三十万教徒を部下とし、その助勢のもとに帝位につこうとしている」

日本に伝われば幕府転覆の企てと疑われてもおかしくない。実はオランダを通じて徳川幕府に筒抜けだった、と高橋富雄東北大名誉教授（80）はみる。

ソテロの言として、幕府に失政があれば次は自分の番だから、先行投資しないかと気概を見せた政宗。家康は知らぬふりを通したとされる。両雄はここでもしたたかに振舞った。

周到にも政宗は布石を打っていた。藩船建造に幕府の許可を得て、幕府の船奉行向井将監忠勝を指南役に招いた。航海には忠勝の家臣を乗船させている。

■輝き増す冒険

しかし、駆け引きはここまで。常長の帰国（一六二〇年）

―関連年表―

▼一六一三年九月十五日
支倉常長ら月浦出港。

▼一六一三年十二月十九日
幕府、キリスト教を禁じる。

▼一六一四年一月二十五日
メキシコ・アカプルコ港に到着。

▼一六一四年五月八日
スペインに向けて出港。

▼一六一五年一月三十日
首都マドリードでフェリーペ三世に謁見する。

▼一六一五年二月十七日
常長、洗礼を受ける。

▼一六一五年十一月三日
ローマ法王パウロ五世に謁見。

▼一六一七年七月四日
セビリアから帰国の途につく。

▼一六一八年八月十日
マニラに到着する。

▼一六二〇年八月二十六日
常長、仙台に戻る。

▼一六二二年七月一日
常長、五十二歳で没す

（国内の出来事は旧暦、海外は新暦）

国宝に指定された支倉常長の肖像画（仙台市博物館所蔵）。十字架上のキリストに祈る姿を描いたもので、スペインか、ローマで制作された。中央の折り畳みの跡は、キリシタン弾圧と関係しているとみられる

が近づくころ、日本でキリシタン迫害が激しくなり、交渉は絶望となった。

家康が世を去り、家光が三代将軍に就くころになると、政宗は通商を断念し領内の信徒弾圧に傾く。使節のことは口にすることもはばかられた。

常長は帰国後まもなく病没する。一六四〇年、支倉家に信徒が出たとの嫌疑で同家が一時断絶した際、常長が持ち帰った珠玉の資料は藩により没収された。

日の目を見たのは一八七六（明治九）年、仙台市で開かれた宮城博覧会まで時代を下らねばならない。

後世の人々が、あの冒険は無謀な試みと言う。しかし未知の大海原を突き進み、欧州に日本の姿を知らせたのは常長一行である。そう思うと国宝の輝きがよりまぶしく見えてくる。

川村孫兵衛と石巻

北上川改修で港町誕生

■土木の才発揮

一九九六（平成八）年、石巻市門脇町の旧家で千石船の隆盛ぶりを証明する貴重な史料が多数発見された。

昔は回船問屋だったという自営業本間英一さん(52)宅。積み荷リストや収支決算の勘定書きなど、その数は二千五百点に上った。

仙台藩の財政を背負った米。それを一大消費地の江戸まで運んだのが千石船。本間さん宅には代々、そのにぎわいぶりが伝えられている。

「港を百隻の船が埋め尽くし、一攫千金《いっかく》を夢見る船乗りが全国から集まってきた」

石巻の繁栄は、川村孫兵衛重吉による北上川の付け替え工事なしではありえなかった。石巻の恩人と敬愛されるゆえんである。

政宗以前の石巻はうら寂しい港町にすぎなかった。一方、仙北平野は複雑に蛇行する中小河川がよくはんらんし、米の増産もままならなかった。

「川の流れをすっきりさせて石巻に流し、ここを江戸に

近代になって北上川と呼ばれるのは追波湾（中央上）
ぐ左上方の流れ。石巻湾（右手）へ向かう手前の流れ
北上川。孫兵衛は380年前の付け替え工事で、石巻湾
分、追波湾に３分の水量調節を行った。中央の細長い
が追波川で、ここを通って３分の水が北上川へ流れ
北上川との分流地に石組みの跡が残る＝石巻市鹿又上
ら撮影。左下の橋は天王橋

送る米の集積港とせよ」

政宗の命令が下った。むろん、河川整備による増産策でもあった。

孫兵衛は長州生まれで毛利家に仕えていた。関ケ原の合戦で浪人となったが政宗の目に留まり、召し抱えられた。

土木の才が発揮される時がやがて来る。孫兵衛四十二歳の一六一六（元和二）年、石巻湾に注ぐ江合川を迫川と合流し、さらに北上川も合わせる三川合流を図るという大事業が計画された。

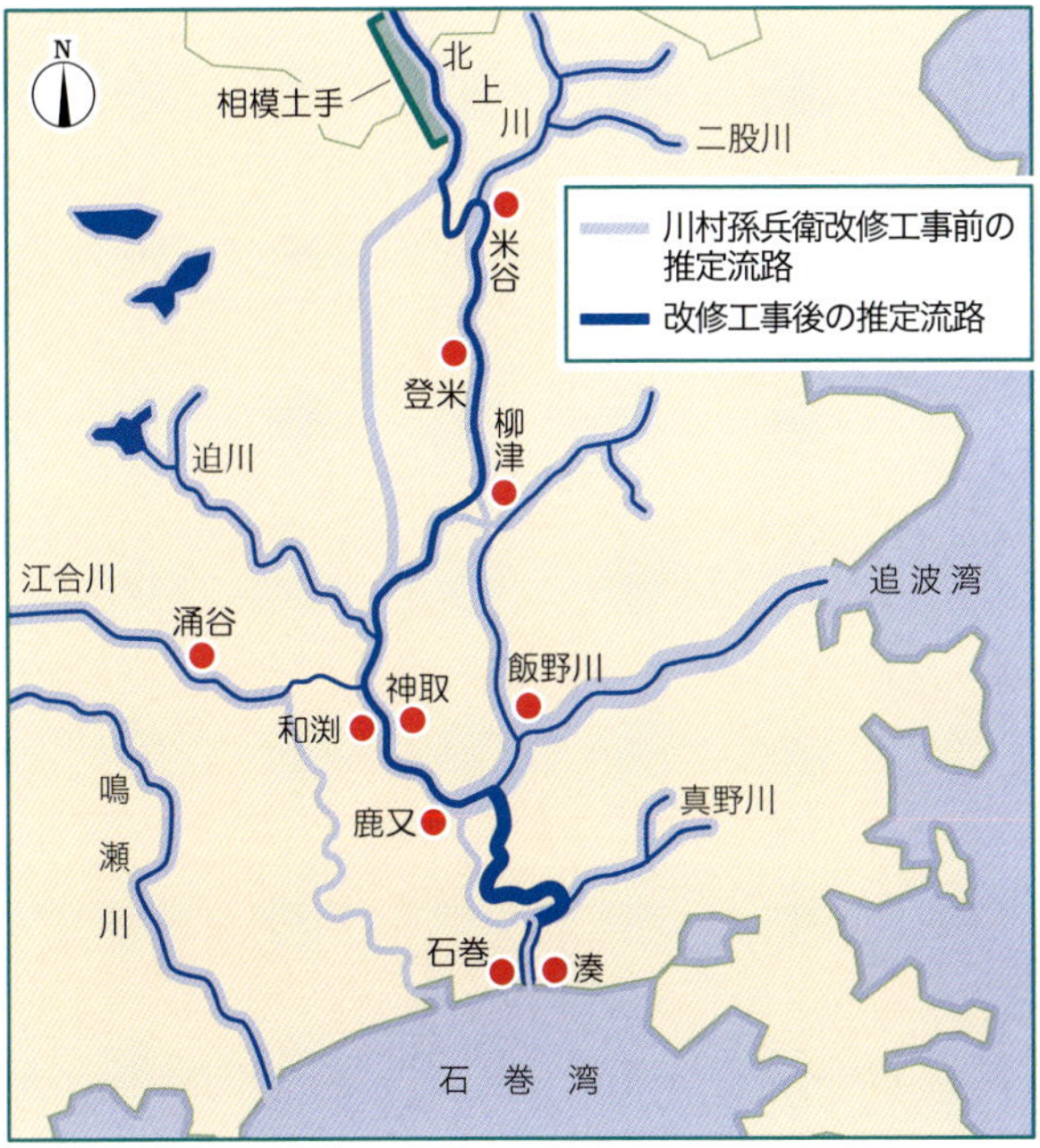

一六二三年から三年間にわたる工事は、追波湾へ東流する北上川本流を、波静かな石巻に導く設計が練られた。

分流地（石巻市鹿又）に石組みを施し、石巻へ七分、追波《おっぱ》湾に三分の割合で水を分けた。

孫兵衛を研究する石垣宏石巻高教諭（59）は「一石数鳥を狙った政宗の眼力と、孫兵衛の技量がかみあった離れ業」と評価する。

■東国最大の港

北上川改修により、仙台米を江戸に輸送、販売する江戸廻《かい》米《まい》構想が動き出す。史料には「寛永九（一六三二）年、仙台の米穀初めて江戸に廻《まわ》る」とあり、このころから舟運は飛躍的な発展を遂げた。

川沿い各地に米積み出し場が置かれ、江戸中期には領内に五十一カ所を数えた。川を下る船は、ひらた船といい、三百俵の米が積めた。陸を行く馬なら百五十頭に相当する。明治期に鉄道が通るまで、大量輸送手段は船しかなかった時代のことだ。

北上川付け替えから五十年、東国最大の港となった石巻の風景はこんなふうになろうか。

藩米を積んだひらた船が続々と集結し、四十四棟（十三万五千俵収納）の米蔵に運び込まれる。日和を見て大型の千石船に積み替え、一路江戸へ。町には役所、宿屋、商家などが軒を連ねた。今ならターミナル駅のにぎわいか。

■祭りでしのぶ

房総半島を回って江戸湾に入る東回り航路を、河村瑞賢が

千石船の往来でにぎわう石巻を描いた1805（文化2）年奉納の奥州石巻湊《みなと》図絵馬。羽黒の森からの眺望が描かれ、中央に中瀬、両岸に米蔵、人家などが見える。河口は右手に当たる（石巻市の鳥屋神社所蔵）

―関連年表―

▼一六〇五年
登米伊達領主、白石宗直が北上川上流で相模土手の築堤工事に着手。

▼一六〇五年十二月
伊達政宗が領内荒れ地の検地令を出す。

▼一六〇八年
相模土手が完成。

▼一六一六年
川村孫兵衛が北上、迫、江合の三川を一本化へ。

▼一六二三年
北上川本流を付け替え。

▼一六二六年
付け替え工事が完成。本流が石巻に流れ出す。

▼一六三二年
仙台藩米が海路、江戸へ運ばれる。

▼一六四八年
孫兵衛死去。

開いたのが一六七一年。それまでは銚子(千葉県)から利根川を上るルートが用いられていた。

本間さんの先祖、武山屋は十八世紀初期に創業し、五隻の千石船を所有した。一隻当たり二千五百俵（一五〇トン）を運んだという。

「江戸まで一週間。一度の航海でしばらく食べていける運賃収入があった」(本間さん)

しかし江戸からの戻り船が運んだ薬、古着、日用品、木綿などは仙台・大町の特権商人に一手に握られており、石巻の商人は入り込めなかった。このため北前船でにぎわった酒田の本間家のような豪商は石巻に現れることはなかった。

その後の孫兵衛は三千石を与えられた。貞山堀、鉱山開発、製塩事業にも働き、一六四八年に没した。

毎年八月第一週、北上川河口で開かれる川開き祭り。孫兵衛と当時の難工事で犠牲になった人々を思い、供養の花火が祭り前夜に打ち上げられる。一九一六年から続く感謝の祈りだ。

メモ　北上川付け替えに当たって川村孫兵衛は領内の篤志家から借金して工事費をねん出。工事現場に寝泊まりしたなど苦労話が伝わる。

一九八三(昭和五十八)年、石巻市の日和山公園に孫兵衛の銅像が河北新報社から寄贈された。

江戸に送られた米は、農民から年貢米を徴収した後の余剰米を藩が買い上げた。北上川流域の河岸には年貢米を貯える本《ほん》石蔵《ごくぐら》と、余剰米を保管する買米蔵《かいまいぐら》が置かれ、ひらた船で石巻へ運んだ。

貞山堀

繁栄支えた物流の動脈

■総延長は三六キロ

今は激しく車が行き交う仙台の街に、明治初めまで船の道と米蔵が見られた。若林区舟丁と、宮城野区苦竹がその地。舟運が物流の主役だった旧藩時代、人口五万の仙台に食糧や物資をどうやって海上から運び入れるか—。政宗以来の歴代藩主が頭を悩ました。

波荒い仙台湾は小舟を寄せ付けない。打開策が、湾沿いに総延長三六キロの運河を開く貞山堀構想。城下を流れる名取川、七北田川と港などを堀で結び、船を安全に城下に導き入れる大事業であった。

貞山堀は長い年月をかけて造られている。貞山堀に詳しい仙台・水の文

塩釜港（上方）から陸を割るよ
して１本の水の道、貞山堀が
いにしえには、米俵を積んだ
がここを通って仙台城下に向
苦竹の米蔵に収めた＝多賀城
代上空から塩釜市方面を撮影
前を南下すると仙台港がある

化史研究会会長の佐藤昭典さん(73)に登場願おう。

まず仙南地方。政宗が手掛けた木曳堀《こびきぼり》が通る。そのターミナルが舟丁。仙台築城が始まった一六〇一(慶長六)年、建設用材が阿武隈山地からここに運ばれた。阿武隈川河口の納屋から名取川河口・閖上まで一五キロ。阿武隈川を下った木材は海に出ることなく、名取川、広瀬川をさかのぼった。施工は川村孫兵衛。後に北上川改修で名をはせる偉才は、併せてかんがい用水の確保と、湿地の排水をも図り、沿岸地域に美田を開いていった。やがて仙台へコメが運ばれ、終点の若林御蔵(旧仙台南署)に年間一万石が納められた。

■胃袋を満たせ

しかし一万石では城下の胃袋を満たすにはまだまだ足りない。コメ主産地の仙北平野から運ぶ必要があった。

そのターミナルが苦竹だった。当時、北上川を下った食糧は、石巻港から塩釜港に運ばれた。ここで牛馬の背に積み替えられたが、塩釜から仙台までの急坂、悪路が障害となった。

二代藩主忠宗は、塩釜と七北田川の間に運河を築くよう土木家・和田房長、佐々木

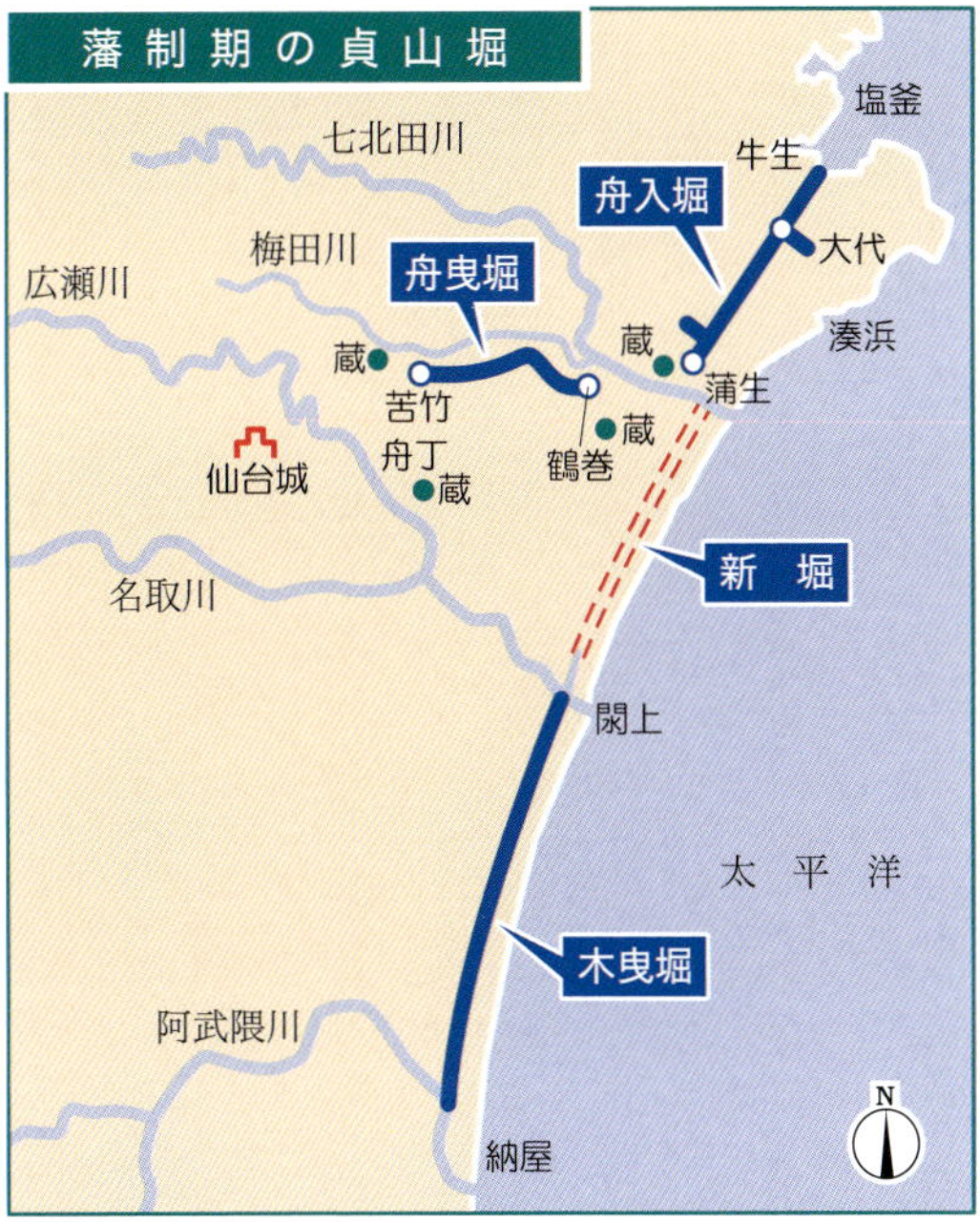

―関連年表―

▼一五九七―一六〇一年
阿武隈川河口・納屋―名取川河口・閖上間の木曳堀を掘削。

▼一六〇一年一月
仙台城の普請を始める。

▼一六五八年
塩釜牛生―多賀城大代間に運河を掘る。

▼一六七三年三月
七北田川を付け替え、蒲生に流す。大代―蒲生間の舟入堀と鶴巻―苦竹間の舟曳堀が完成。

▼一八七二（明治五）年
蒲生―閖上間の新堀が完成。

▼一八七八（明治十一）年七月
明治政府が野蒜港着工。

▼一八八四（明治十七）年九月
野蒜港、台風被害を受け廃港へ。

▼一八八七（明治二十）年十二月
東北線が塩釜まで開通。

伊兵衛らに指示。一六五八年に塩釜から七北田川河口近くの多賀城大代まで一・八キロを貫通させた。

さらに難工事と挫折を経て十五年後に、七北田川の河口を蒲生に付け替え、大代から蒲生まで運河を延ばした。舟入堀《ふないりぼり》（五キロ）と呼ぶ。

緩流七北田川は大量輸送ができる。年間五万石の運搬が見込めた。蒲生から苦竹の米蔵までのルートをたどってみよう。

塩釜からの米は一度、蒲生で積み替えられた。蒲生には米蔵、塩蔵など六棟と役所が置かれ、ここで米俵を高瀬舟に移して鶴巻までさかのぼる。

七北田川を上るのはここまで。また積み替えて舟曳堀《ふねひきぼり》へ。舟曳堀も和田らが開いた、苦竹まで五キロの運河。堀と七北田川は直接つながなかった。それは、大水を想定し、城下への水の侵入を避けるためだった。

堀は直線に掘らず、わざと蛇行させた。敵の侵入や米の横流しを監視する見張り番が、見やすいように設計された。その代わり、三度の積み替えの労を伴ったが、船溜まりの苦竹は蔵十一棟が並ぶにぎわいをみせたという。

■新政府が継承

さて、南と北の堀を結ぶ新堀《しんぼり》ができれば政宗の描いた水のネットワークが成る。しかし飢饉による計画のとん挫などで江戸時代には日の目を見なかった。

日ごろ、仙台市民が親しんでいる新堀（九・五キロ）は一八七二（明治五）年に完

仙南地方の貞山堀は最も早く造られた水路。実りを待つ水田、小さな釣り船、穏やかな水面が昔の光景さながらに、見る人の心を和ませる＝岩沼市押分の二野倉橋から南を望む

成している。実は政宗の構想は新政府に引き継がれていた。

　一八七八（明治十一）年、政府は鳴瀬川河口の野蒜《のびる》に外港を計画、舟運を集めるために北上川と野蒜を新たな運河で結んだ。宮城県も新堀、木曳堀などの大改修を行い、阿武隈川からのルートを準備した。

　誤算が生じる。野蒜港は一八八四（明治十七）年の台風で壊滅した。

　一八八七年に東北線が塩釜まで開通すると、物流の花形は鉄道に移り、貞山堀は次第に役目を終えた。

　近年、舟入堀は仙台港の港域に沈み、舟曳堀はビルや宅地に埋まった。しかし、多くの水辺は残った。今はレジャーボートが行き交い、市民が散策する、いやしの場。壮大な運河は郷土の遺産となった。

メモ　貞山堀とは、塩釜市牛生から多賀城、仙台、名取を通り岩沼市納屋まで五市にまたがる運河の総称。

　明治十年代、新政府によって造られた北上運河（北上川―野蒜）と東名運河（野蒜―松島湾）は貞山堀に含まない。

　貞山堀の名は、明治十六―二十二年の大改修の時、工事を指揮した宮城県の早川智寛土木課長（後の仙台市長）が、政宗の贈り名「貞山公」にちなんで命名した。

　旧藩時代の貞山堀は幅五メートルほど。明治の大改修で現在の姿に拡幅された。

地《じ》方《かた》知行制　保守の気風　土着性生む

■実高百万石に

仙台藩の武士階級は約三万四千人で、諸藩随一の兵力を誇った。そしてその四割が、戦に明け暮れした青年時代の政宗が召し抱えた臣下であったという。攻略した敵の将卒を次々陣営に迎えたからだ。

政宗は秀吉の奥州仕置《しおき》によって肥沃《ひよく》な会津や米沢などの土地を奪われた。代わりに与えられたのが、戦乱で荒廃した大崎、葛西地方（宮城県北、岩手県南）だった。そこには、いまだ人の手の入らない野谷地も広がっていた。

家臣が増える中、石高が減らされた厳しい現実。それをしのぐには自助努力しかなかった。政宗は積極的に新田開発に着手した。

武士の収入には、当時二通りの制度があった。拝領地を家臣や農民に耕させて年貢を徴収する地方《じかた》知行制と、藩から給料として米や現金をもらう蔵米取り制がそれ。戦国時代までは前者だったが、江戸時代になると、次第に後者が増えていった。そんな中で幕末まで、地方知行制を改めなかった仙台藩は少数派であった。

気仙沼市松崎にある「煙雲館」は仙
の重臣鮎貝氏の居館で、今に残る
が往時の姿を伝える。鮎貝氏は
1000石を領し、海防警備や藩の要
歴任した。気仙沼地方に置かれた
の一例。煙雲館は、国文学者落合直
生家としても知られる

「土地と家臣をセットにし、野谷地を開いた分だけ収入が増える地方知行制の方が、人々の新田開墾の意欲が高まり、開発が進むと考えたのでしょう」と宮城県農業短大前学長の斎藤鋭雄さん（62）＝日本近世史＝はみる。

大規模な治水工事と開田により、十七世紀末までに藩の石高は三十七、八万石も増やした。表高の六十二万石にこれを加えると、百万石を超え、まさに大大名と言えた。

■四種類の居館

地方知行制を支えたのが仙台藩独特の「城、要害、所《ところ》、在所」と四種類に分けた居館の配置制度であった。

城には藩主が住む。要害は中世以来の城館に屋敷を構え、町場を合わせた小城下町。所は居館と小規模の町場を合わせたもの。在所は農村の中に屋敷を置き、周囲を農地が囲んだ。

一六一五（元和元）年、幕府により一国一城令が出された。仙台藩は仙台城のほか、例外的に白石城も認められた。

仙台周辺は中軽の家臣団で固め、重要な

―関連年表―

▼一六〇一年
伊達政宗、仙台城の普請を開始する。
▼一六〇二年
片倉景綱、白石城主となる。
▼一六一五年
徳川幕府、諸大名に一国一城令を出す。
▼一六三二年
仙台藩米が、海路で江戸へ運ばれる。
▼一六四〇年
寛永総検地を開始する。
▼一六八二年
田村建顕、岩沼から移り、一関藩が成立する。
▼一六八七年
仙台藩の要害、所、在所の制度がこのころまでに確立する。

藩境には白石・片倉氏、角田・石川氏、亘理・伊達氏、岩出山・伊達氏、水沢・留守氏などの一万石以上の城、要害の主を配置した。涌谷、登米は商業や水運のかなめ、一関は支藩の地位を考慮し、一万石以上の大身に支配をゆだねた。

要害、所、在所は十八世紀半ばで合計約七十カ所に上った。

仙台藩の領域は宮城県と岩手県南、福島県浜通りの一部で、今に至る街道筋の町々や、農村集落の原風景がつくられたのがこの時代だった。

■統治に好都合

地方知行制の功罪について、斎藤さんは以下のように指摘する。

例えば十八世紀後期の天明の飢饉《ききん》の時の話。仙台に住む武士はほとんど年貢米が届かず、自らは在郷に引っ越ししたという。町民も縁故を頼って在郷や他領に移り、難を避けたとか。仙台城下は空き家ばかりが目立った。

「在郷に帰れば、何とか自活できた」と言う。農民一揆

メモ 要害、所、在所を区別して家臣団を配置した制度は、仙台藩の「四十八館」とも呼ばれた。

四十八館は江戸初期、有力門閥が配置された城館の概数。最終的には約九十カ所になった。

知行を持つ領主は在郷屋敷と仙台屋敷に交代で住む。有力家臣は五、六のグループに分けられ、当番制で期間を決め、仙台城下に詰めた。

一種の参勤交代で、仙台藩の統治形態は徳川幕府になぞらえ「小幕府」と呼ばれる。

宮城県丸森町金山にある金山城跡は、知行2000石を領した中島氏の居城跡。城は相馬藩境を固める「要害」であり、中島氏は仙台藩の奉行職を務めるなど、藩政運営の中枢に参画した

も、仙台城下に入る前に、途中の要害や所、在所で食い止めることができた。

支配する側からすれば、地方知行制は、統治しやすいシステムだった。

半面、藩にとっては直轄地が少ないために、慢性的な歳入不足に見舞われた。武士も農民も、土地にしがみつくため、人々は世の中の動きに疎くなる。新しい空気に触れる機会が少ないため、根強い土着性、保守の気風が生まれた。

幕末の仙台藩は「眠れる獅子《しし》」との評で語られることが多い。それは、そんな気風・風土、伊達氏の血縁、有力家臣を一門、一家、一族などに分けた家格制度の厳しさに由来する。

このため、西国諸藩のような人材の流動化が阻害され、藩政改革も後れをとることになった。

伊達騒動　十二年に及んだ権力闘争

■幕府陰謀説も

仙台藩最大のスキャンダルは寛文《かんぶん》事件。世にいう伊達騒動だ。幼君毒殺未遂事件、一門同士の境界争いが相次いで起き、ついには刃傷《にんじょう》事件に発展した。

背景に重臣たちの権力闘争があり、さらには藩分割の幕府陰謀説を唱える説も消えない。刃傷事件の当事者中の当事者、藩家老原田甲斐《かい》は果たして逆臣か忠臣か。藩存亡の危機に見舞われた大事件は、いまだ数多くの謎に包まれている。

一六六〇（万治三）年、三代藩主綱宗は、酒色におぼれ不行跡のかどで幕府から隠居を命ぜられた。藩主在任わずか二年、家督は二歳の実子、亀千代（後の四代藩主綱村）が相続した。幕府は伊達兵部《ひょうぶ》（政宗の十男）と田村宗良（政宗の孫、二代忠宗の三男）の二人を六十二万石から一関、岩沼にそれぞれ三万石を与え、亀千代の後見とした。

後見政治の実権を握ったのが兵部。彼は、反対派の弾圧に走り、十七人に切腹を命じた。官位や領地のはく奪、

2001年4月25日、原田家の菩提寺、
寺では檀家《だんか》の人たちや近郊の僧りょ
約100人が集まって大般若経会が開
た。僧りょが大般若経を転読（略読
の後、焼香して原田家と地元の明治
の戦没者の追善供養が行われた＝登
東和町

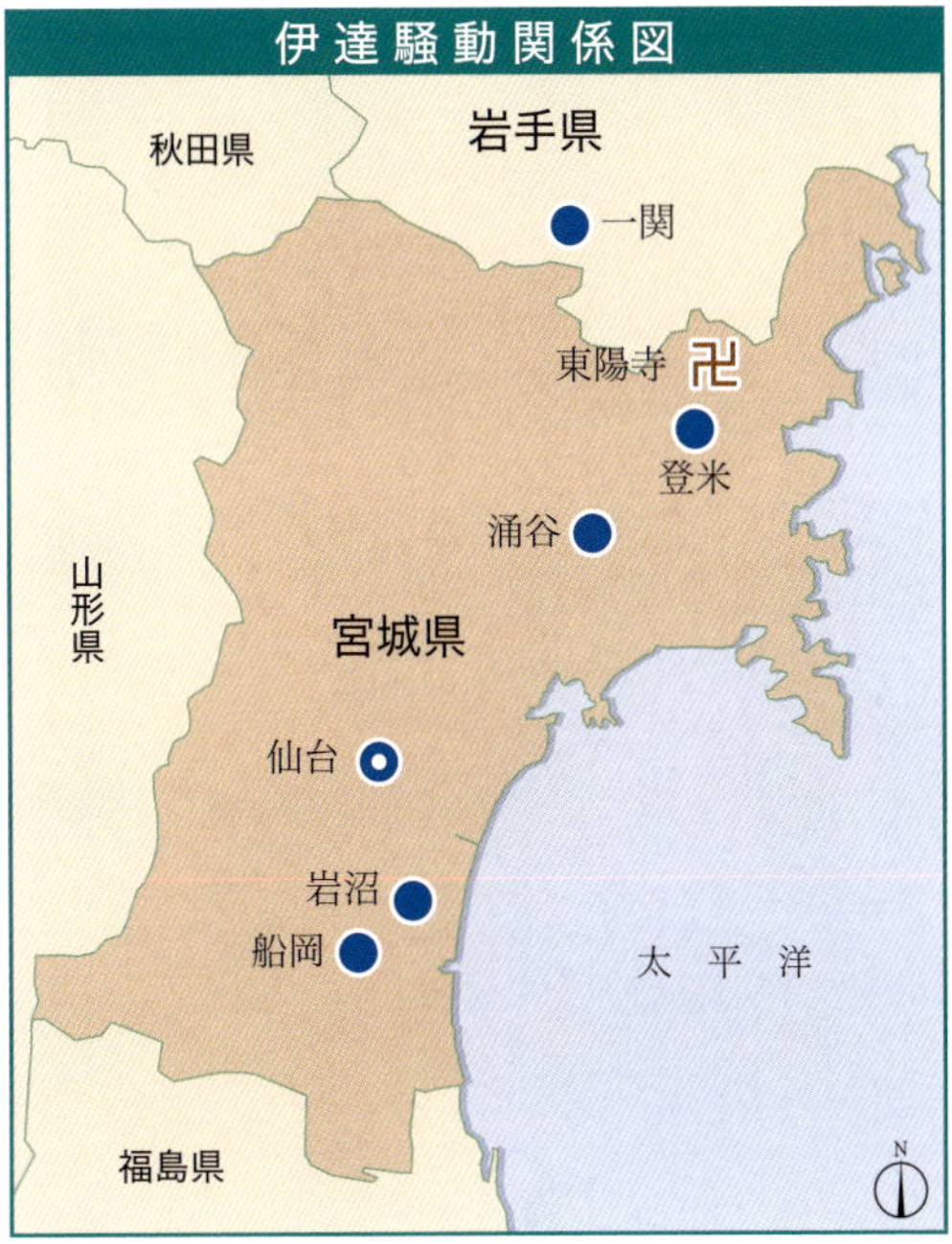

逼塞《ひっそく》などを合わせると百二十人が処分を受けた。

一六七一（寛文十一）年三月二十七日、幕府の大老酒井忠清邸で、後見政治の非を訴えた伊達安芸《あき》、兵部派と見られた家老原田甲斐らに対する審理が行われた。

兵部側不利に取り調べが進むと甲斐は突然、刀を抜き、安芸を惨殺《ざんさつ》し、自身もまた奉行柴田外記《げき》らに斬《き》り殺された。重傷の外記も即日死去。兵部は土佐に流され、原田家は断絶、亀千代は幼少を理由に罪は問われず仙台藩は存続した、というのが事件の結末である。

■逆臣か忠臣か

「勧善懲悪が当時の一般的な道徳論、兵部や甲斐を悪玉にすれば話として分かりやすかった」と東北大の平川新教授(50)＝日本近世史＝。兵部の藩政専横は否定できないが、「資料上、藩の乗っ取りまでたくらんだという裏付けは見つかっていない」と語る。

「大老酒井忠清と兵部との間には六十二万石分割の密約があった」として話を展開したのが、山本

東陽寺の本堂裏手にある原田甲斐の首塚。隣に大きなイチョウの木があり、この地に甲斐を葬った目印にしたと伝える。300年以上経て、イチョウは樹高約50メートル、周囲8メートルの大木になった

メモ　原田家は伊達氏譜代の家臣で、代々藩家老を務めた。甲斐の時代は船岡地区（宮城県柴田町）の領主。寛文事件で甲斐の嫡《ちゃく》子帯刀《たてわき》ら四人（男子）は切腹、帯刀の子二人も殺された。甲斐の母は絶食死、妻は他家へ預かりとなり原田家は断絶した。

伊達兵部は、高知藩預かり、子の宗興は小倉藩預かりとなり、それぞれその地で没した。兵部、宗興の妻や子女、側室も配流となった。

周五郎の小説「樅ノ木は残った」である。刃傷事件を起こした甲斐は、実はその謀略を知り、身を盾にして防いだ忠臣として描かれた。

しかし「甲斐が忠臣だったという資料的裏付けもまたない」（平川教授）そうだ。真相は三百三十年後の現在も、やぶの中である。

事件で原田家は断絶したが、宮城県北にある登米市東和町の東陽寺では毎年春、原田家の追善供養が行われている。二〇〇一年も四月二十五日、県北地区の和尚さんたち約二十人と、寺の檀家《だんか》の人たち約七十人が集まり、読経して原田家の人々の霊を弔った。

事件後、甲斐の遺体は江戸の良源院という寺に葬られたが、首は原田家領地の船岡（宮城県柴田町）にある東陽寺に運ばれた。原田家の領地は没収となり、東陽寺は東和町の現在地に移転された。

―関連年表―

▼一六五八年九月三日
伊達綱宗、三代藩主となる
▼一六六〇年七月十八日
綱宗、幕府より隠居を命ぜられる。
▼一六六〇年八月二十五日
亀千代、家督を相続。伊達兵部、田村宗良が後見を命ぜられる。
▼一六六三年
原田甲斐、藩家老となる。
▼一六六五年
伊達安芸（涌谷）、伊達式部（登米）との間で領地の境界争いが起こる。
▼一六七〇年一月二十五日
安芸、境界争いの問題を藩家老に訴える。
▼一六七一年三月四―二十七日
江戸の大老酒井忠清邸で取り調べ。甲斐が安芸を斬り、甲斐も柴田外記らに斬《き》られる。四月初め、幕府は仙台藩を安堵《あんど》、兵部らの処分を決める。

■ひそかに供養

甲斐の首は鐘の中に入れられ、北上川を舟で上り、寺の裏手に首塚を設けて埋葬された。七回忌に当たる一六七七（延宝五）年、ひそかに旧家臣が集まって供養したといい、その後、東陽寺では原田家の供養を絶やさない。

「樅ノ木は残った」が新聞小説として書かれたのは一九五四年。七〇年にＮＨＫの大河ドラマで放映され話題となった。以来、全国から東陽寺を参りにくる人が増えた。今でも遠方から花を持って訪れるファンは絶えない。

「小説に登場してから、原田甲斐に対する世間の見方が変わった。しかし菩提《ぼだい》寺としては小説とは関係なく、昔通りに原田家の人々を供養するだけです」と住職の湖《こ》英人《すい》さん（49）。

「伊達騒動は、藩主が実質不在という中で起きた十二年間に及ぶ権力闘争だった」と平川教授、善玉悪玉だけの視点では論じられない。

芝居と歴史はそこが異なる。

隠れキリシタン　殉教の心　伝えてやまず

■鉄と信仰の地

鉄の普及は軍事や農業を革新的に変えた。鉄砲、鍬《くわ》、鎌《かま》、鋤《すき》…。鉱山地帯だった宮城、岩手県境の山野は、伊達政宗によって製鉄が奨励され、多くの職人が山に入った。やがてヤマの技術とともにキリスト教が広まり、信仰は次第に人々の心に宿っていった。しかし、時代は異教を拒み、弾圧の嵐《あらし》が吹き荒れる。この地にも殉教の歴史が刻まれた。

製鉄は一五五八(永禄元)年、旧葛西領時代に始まった。備中(岡山県)の技師、千松《せんまつ》大八郎、小八郎兄弟が移り住み、最新の製鉄法を伝えたとされる。招いたのは米川《よねかわ》(登米市東和町)の浪人千葉土佐。かつて千松兄弟を訪ね、教えを請うたことがあった。

熱炉に風を送るふいごを足で踏むのが、たたら吹き。米川、馬籠《まごめ》(気仙沼市本吉町)、大籠《おおかご》(岩手県藤沢町)にこうした西国流の製鉄所が起こされた。

一五九一(天正十九)年、仙台領になると製鉄所は烔屋《どうや》と呼ばれた。烔屋八人衆という指導者が生まれ、辺りは一大製鉄地に発展する。

大籠から西へ1500メートル山中に入ると
サが行われていた洞くつがある。高さ
メートル、奥行き10メートルほど。祭壇
段に築かれ、今はマリア像が置かれる。3
前もろうそくをともしたのだろう。右
ら、ろうそくを立てたくぎも発見された
米市東和町米川大柄沢

信者が隠し持っていた遺物。仏具の位はい箱に納めたキリスト像（右）、苦行の姿を表したキリスト像（中）、木像の聖母子像（左）（米川カトリック教会所蔵）

なぜ、ここにキリスト教が広まったのか。千松兄弟はキリシタンだったとする説があるが、定かでない。東和町郷土史研究会会長の佐藤直喜さん(76)は、政宗の寛容なキリシタン政策がきっかけとみる。

■弾圧せい惨に

一六一三年（慶長十八）、幕府は禁教令を出す。しかし西洋文化、技術に強い関心を抱いていた政宗はむしろ、おおらかに扱った。支倉常長の遺欧使節をローマへ派遣したのもこの年であった。

「北に別天地があるそうだ」。京や西国での弾圧を逃れる信者が仙台領内に流れ込んだ。政宗は製鉄地を直轄領とし、職人を増やそうとしたから、信者には渡りに船。

政宗は、鉄の増産を優先し布教を黙認したのだった。大籠集落の信者が最初に大量虐殺される二十六年前のことである。

遣欧使節が帰国した翌年の一六二一（元和七）年、スペイン人神父、フランシスコ・バラヤスがこの地に入った。常長とともにローマへ旅し、受洗した佐藤十郎左衛門佐渡、佐藤但馬《たじま》を訪ねて。二人は鉄職人となり炯屋の指導者になっていた。

しかし、仙台藩のキリシタン政策が弾圧へと転換すると、神父の布教も命がけとなった。

佐藤屋敷の屋根裏に身を隠しながら、重労働の職人を励まし、病

日曜日の昼下がり、米川カトリック教会でミサが行われる。高橋昌神父（64）は米川に住んで22年。1955年ごろから再び信者が増え、敬けんな祈りが捧げられる＝登米市東和町米川町裏

人に薬を与えた。「神の前では皆平等。階級などない」との教えに頭を垂れる貧しい人々の姿があった。

政宗没後の一六三九（寛永十六）年、仙台藩は強硬手段に出た。踏み絵を抱えた役人が大籠に踏み込んだ。「転《ころ》べ、転べ（転宗せよ）」と役人は怒鳴る。無言でいると逆さづり、薪《まき》に座らされて膝に重石、ぬれた和紙を顔に張るなど拷問《ごうもん》が続いた。転ばなければ死が待っていた。

この日、地蔵の辻で八十四人の首がはねられた。翌年も上野刑場などで二百二十人が処刑された。遺体は見せしめのために、家族に引き取らせなかった。夜中にこっそりと首をそでに入れて運び、土に埋めたと言われる首塚が今なお残る。刑場跡に念仏碑や地蔵尊が無造作に立つ。処刑後、夜になると泣き叫ぶ声が響くので、集落民が供養に建てたと伝わる。

バラヤス神父もとらえられて江戸で火あぶりにされた。

■為政者の恐れ

弾圧は一七二〇（享保五）年ごろにもあった。百二十人が殺され、四十人ずつ埋められた三経塚《さんきょうづか》（登米市東和町米川東綱木）。旧家の古文書に「役人来たり、信者を集め打ち首、張り付けとなす」とある。手足の動脈にくぎを刺し出血死を待つ残忍な刑だった。

殉教の事実は戦後、史料が表に出て初めて知れ渡る。一九五七（昭和三十二）年、三経塚近くに米川カトリック教会が建てられた。毎年六月、塚の前で野外ミサが営まれる。

— 関連年表 —

▼一五四九年七月
ザビエルが鹿児島に上陸。キリスト教伝来。

▼一五五八年
千松兄弟が製鉄指導に招かれる。

▼一六一三年九月十五日
伊達政宗、慶長遣欧使節を派遣。

▼一六一三年十二月十九日
幕府がキリスト教を禁じ、信者追放。

▼一六二〇年八月二十六日
慶長遣欧使節が帰国。

▼一六二一年
バラヤス神父が米川、大籠に潜伏。

▼一六二四年二月
カルバリオ神父らが広瀬川で殉教。

▼一六三六年五月二十四日
政宗死去。

▼一六三九―四〇年
大籠で約三百人が殉教。

▼一七二〇年ごろ
百二十人殉教。三経塚に埋められる。

▼一八七三（明治六）年二月
明治政府、禁教令を解く。

さらに一九七三年九月、信者が三百八十年前にミサを行っていたとみられる洞くつが、米川大柄沢《おおがらさわ》の山中で見つかった。

炯屋の衆が、岩盤を掘り進めるのはお手の物だったろう。が、そこまでしても信仰に従う心の強さ。支配者はそれが怖かったのは間違いない。

メモ　この地の鉄は上質で軍用や築城に重宝された。一五九七年ごろ、大坂城の豊臣秀吉に二千四百貫（九〇〇〇キログラム）、岩出山城の政宗に千六百貫（六〇〇〇キログラム）の粗鉄を送った記録がある。仙台に城を移した政宗は、元鍛冶町（立町辺り）に鍛冶職人を住まわせ、粗鉄を鉄砲、刀に加工させた。元鍛冶町は後に北鍛冶町（柏木）と南鍛冶町に分かれる。一方、炯屋では砂鉄と木炭を炉に入れ、たたらで風を送り、一四五〇度の高熱で溶かした。日産三七五キログラム、最盛期にはその一〇倍の生産量があった。水沢で新田を開いたキリシタンの後藤寿庵が、米川で処刑されたという言い伝えがあり、供養碑も建てられたが、諸説がありはっきりしない。

中興の英主・吉村

財政再建　産業育成に力

■治世は四十年間

寛文事件―伊達騒動のときに幼君だった亀千代は、成長して四代藩主綱村となった。

箱物造りが大好きだったようで、仙台に大年寺、釈迦堂、亀岡八幡宮と次々に寺社を造営した。塩釜神社の大規模改修も綱村の手になる。

しかし、積年の放漫財政に加えて、不作が重なり借金は二十二、三万両に達した。気まぐれな性格も反発を招き、家臣から隠居を強要された。

綱村には一男二女があったものの、いずれも早世した。一七〇三（元禄十六）年、綱村隠居の後、藩主の座に上ったのは吉村。一門の宮床伊達氏（宮城県大和町宮床）から入った。

藩祖政宗から見ればひ孫に当たる。しかし吉村は「養子という立場上、終生、周囲に気を使い、摩擦を起こさないよう努めた人物だった」と宮城県農業短大前学長の斎藤鋭雄さん(62)＝日本近世史＝は語る。

治世は四十年の長きに渡った。藩財政の立て直しと産業

宮床伊達氏のふるさと宮城
和町の宮床地区。鎌倉山（
など、七ツ森の山並みに囲
南川ダムが静かにたたずむ
床伊達氏の館跡は写真右手
の向こう側の、宮床地区中
にある

仙台藩５代藩主・伊達吉村自画像。詩画にたけた吉村、筆を手に和歌を思案する自らを描いた（仙台市博物館所蔵）

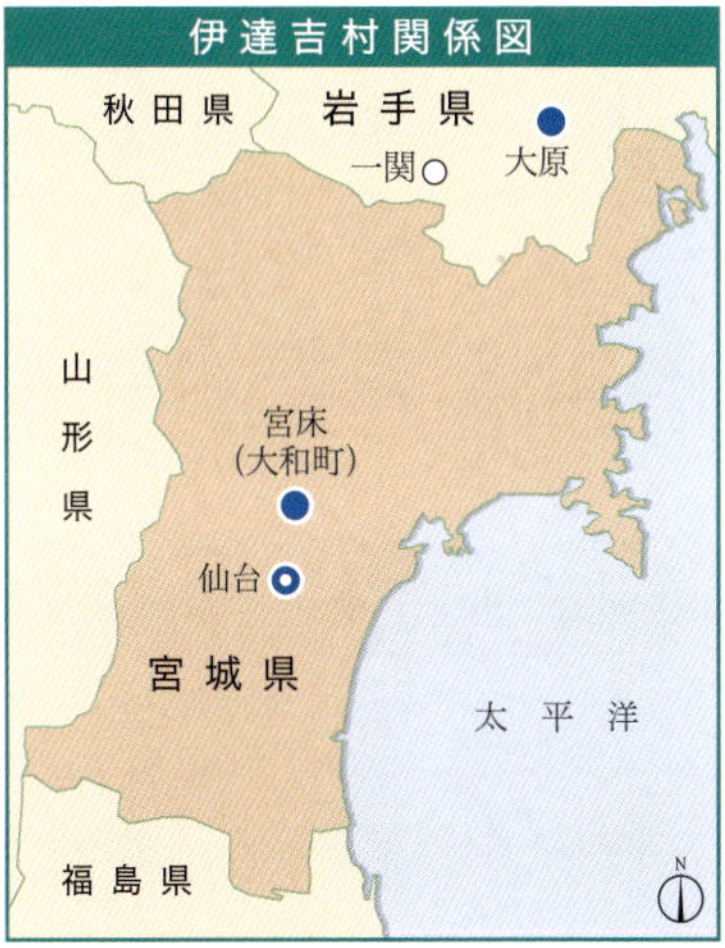

育成に当たり、文武の振興を図った。そのため「仙台藩中興の英主」とうたわれる。折しも紀州から徳川宗家入りした八代将軍吉宗が享《きょう》保《ほ》の改革を推進しており、吉村の藩政改革は仙台版「享保の改革」と呼ばれた。

■総検地は挫折

吉村はまず、倹約令、綱紀粛正令を出して家臣の奢《しゃ》侈《し》を戒めた。役人の削減で支出を抑える一方、塩の専売制を実施し、収入の道を探した。しかし、悪化した財政の再建には程遠いものだった。

再建策の決定版として打ち出したのが「総検地」。農民から年貢を徴収するには、まず土地を正確に把握しなければならない。しかし、相続関係がはっきりしなかったり、質入れされたりというあいまいな土地が少なくなかった。無届けの新田開発による隠田も目に余るものがあった。

他藩では時に応じて総検地を行った。しかし仙台藩では、数十年前に実施した寛永の総検地が最後で、土地台帳と実態は大きく懸け離れていた。

総検地を行えば、藩の収入は確実に上がる。一方で家臣の実収は確実に減る。案の定、総検地を実行に移そうとすると、家臣からは総すかん。「みんなで反対すれば怖くない」式に、藩の重鎮が政策つぶしの先頭に立った。総検地はあえなく挫折した。

仙台藩が生き延びるためにはほかにどんな策があるか—。考えに考えた末、やはり頼るところはコメであった。

■買米制で利益

藩が農民から直接、コメを買い上げて売るのが、買米《かいまい》制度。

吉村は商人から金を借りて資金とし、年貢以外のコメを農民から買い上げた。これを江戸・深川の蔵屋敷に運び入れ、相場を見ながら市場に出した。

買米制はそれ以前も行われたが、吉村の

吉村の父宗房が、子の無事出産を祈願したという大原八幡神社は、今でも近在の人々の信仰を集めている＝一関市大東町

―関連年表―

▼一六八〇年六月二十八日
伊達吉村、生まれる。
▼一七〇三年八月二十六日
吉村、仙台藩五代藩主となる。
▼一七一六―四五年
徳川吉宗、享保の改革を進める。
▼一七三二年
西日本が虫害に襲われ大凶作、米価高騰で仙台藩は五十万両の利益を得る。
▼一七三六年十一月
吉村、仙台に学問所を開設する。
▼一七四三年七月二十五日
吉村隠居し、宗村六代藩主となる。
▼一七五一年十二月十九日
吉村、江戸の伊達邸で死去。七十二歳。

場合、藩が独占して強制的にコメを買い集めたのが特徴だ。

一七三二（享保十七）年は西日本でウンカが大発生し、大飢饉《ききん》となった。米価は高騰した。このとき、仙台藩は五十万両というばく大な利益を上げた。このころから「江戸の三分の一は仙台米」「仙台米が、江戸の相場を左右する」とまで評判が立った。

吉村は銅山開発にも手腕を発揮した。ベニバナ、タバコ、サツマイモなどの生産を奨励し、絹織物や和紙などの特産品も育成した。学問所を開設したのは一七三六（元文元）年で、仙台の北三番丁・細横丁（晩翠通）の西南角がその地。後に藩校養賢堂《ようけんどう》に成長していく。

吉村は箱物造りを好まなかった。それゆえ、仙台に残したものは特にない。その代わり、詩画の才に恵まれ、多数の作品を伝えている。

「藩財政を赤字から黒字に転換させた功労者吉村ですが、私的生活は生涯にわたって非常に質素なものでした。まさに名君でしょう」

斎藤さんの評価は高い。

メモ　吉村の出生地については二つの説がある。

一つは宮床伊達氏の居館のあった現在の宮城県大和町宮床で、ここには居館跡のほか宮床伊達家御廟、生母が吉村の幸福を祈って建てた中野地蔵などがある。

もう一つは一関市大東町大原。宮床に来る前、父親の宗房が居館を構えていた所で、吉村の無事出産を祈って大原の八幡神社に祈願文を奉納した。吉村誕生地の碑や、少年のころ学んだという学問所跡もある。

取材余話

伊達政宗の領国経営を語る上で、十年に及ぶ京都滞在を抜きには考えられない。初めて入京したのが二十四歳のとき、今流に言えば若い時代、海外に十年間留学したようなものだ。

正宗、伊達町、伊達街道と、現在まで京都に政宗ゆかりの地名が残っているのは驚きだ。しかし、地名は残っているが、それをにおわす景色は、何も残っていなかった。さて困った？　写真を何にするか。慌てて取材地に加えたのが奈良の吉野山である。吉野山は秀吉が主宰した大観桜会の舞台。政宗も随行して立派な歌を作り、文化人ぶりを大いにアピールした。

奈良盆地の南、吉野山は深い山並みに囲まれていた。宿坊や土産品店が並ぶ坂道を上ると急に雨になり、民宿に飛び込んだ。

翌朝、宿を出てさらに山道を行く。葉桜の緑のトンネルを抜けると眼下に吉野山の風景が一気に開けた。シャッターをバシャバシャと立て続けに切った。五分もしないうちにまた大雨。一瞬のシャッターチャンスであった。

第四章　まちを開く

白石
角田
亘理
涌谷
岩出山
登米
一関
水沢
宇和島

市中心部を流れる用水路の沢端川。
は町場に無数の用水路を張り巡ら
上流をたどると白石川、蔵王連峰
着く。豊富で清らかな水が、貧し
いられた城下の人々の救いとなっ
＝白石市西益岡町

白石　困窮しのぎ　和紙に活路

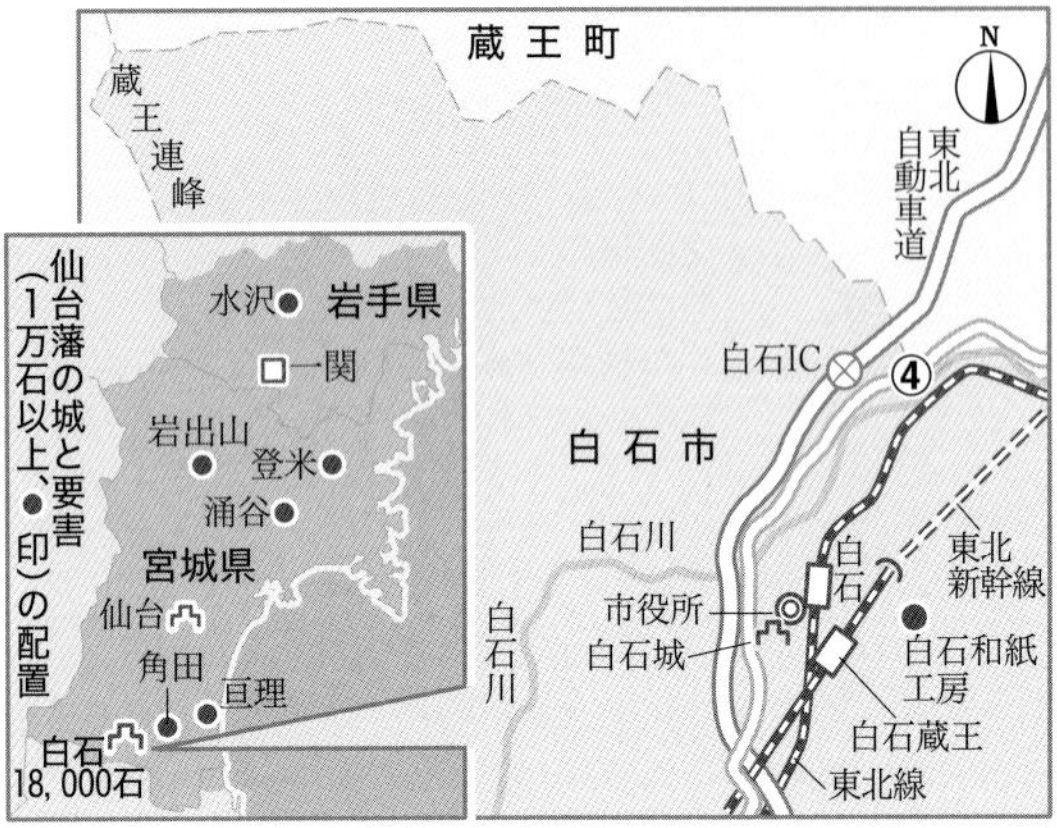

■国体の舞台へ

仙台藩を代表する一つの伝統産業が全国が注目する舞台に立った。それは手すき和紙。二〇〇一年秋に行われた「みやぎ国体」の閉会式で選手たちの栄誉をたたえる役割を担ったのである。和紙で作られた賞状が、天皇杯、皇后杯をはじめ八位までに入賞した都道府県に贈られた。

その賞状を丁寧にすき上げたのは、白石市郊外の「白石和紙工房」。かつて和紙をすく家が三百軒を数えた白石にあって、伝統を受け継ぐ唯一の紙すき農家である。現在の主《あるじ》遠藤ましこさん(77)は「出稼ぎの誘惑に惑わされず、また西洋紙全盛の波に抵抗しながら、昔からの伝統の製法を貫いてきた」と話す。

白石和紙の始まりは、伊達政宗が仙台を開き、政宗側近の片倉小十郎景綱が白石城に入った一六〇〇年代前半にまでさかのぼれる。

「その誕生と発展の跡をたどると、白石の位置付けが浮き彫りになる」と語るのは、白石市文化財保護委員長の中橋彰吾さん(72)。

時代を、小十郎景綱と二代小十郎重綱（後に重長と改名）が白石城主を務めたころまで巻き戻してみよう。

■伏流水生かす

白石を中心にした刈田地方は一万八千石だったが、経済を支える田んぼはわずか。四方は、西に立ちはだかる蔵王連峰をはじめ山しかなかった。

「貧しさを克服するには、山を源とする水に頼るしかない」

二人の小十郎はそう考えざるを得なかったのではなかろうか。

幸い、領内至るところに伏流水がわき出た。城下には初代小十郎とともに移ってきた紙すき職人がいた。一六一五（元和元）年の大坂夏の陣で豊臣方の勇将後藤又兵衛を討ち取り、知将真田幸村勢と戦った二代重綱を慕うように、他国から移り住んだ職人たちもいた。

重綱は政宗が和紙の原料として領内に奨励したコウゾ栽培も積極的に進め、伏流水を生かせる道筋を開いた。紙すきによる、貧しい農家の冬季の収入確保策であった。

―関連年表―

▼一五九一年
豊臣秀吉の奥州仕置《しおき》によって白石など刈田地方以南の伊達領が蒲生領となる。

▼一五九八年一月十日
刈田地方が上杉領となる。

▼一六〇〇年七月二十五日
伊達政宗が白石城を攻め落とす。この時、白石城一番乗りを果たしたのが二代小十郎片倉重綱。

▼一六〇二年十二月
初代小十郎片倉景綱が白石城主となる。

▼一六一五年五月五日
大坂夏の陣始まる。

▼一六一五年十月十四日
景綱が死去。翌月、重綱が白石城主となる。

▼一六二〇年九月一日
仙台藩が藩内にコウゾなどを積極的に栽培するように命じる。

▼一六八八年七月
仙台藩が白石の紙布を徳川家へ献上する。

■家臣の副業に

以上が和紙物語の誕生編。次の発展編の登場人物も、やはり二代小十郎重綱である。

城下を見渡せばまだまだ貧しい。何せ白石は仙台藩最南の前線拠点。大坂の陣で功績を挙げた自慢の家臣団は千四百人余り。所持していた鉄砲は三百丁。その兵力は八万石規模の大名に匹敵するとされる。当然、一万八千石では武士の腹が満たされるはずがない。

「家臣たちが稼げる方法はないものか」

考えあぐねた重綱がたどり着いたのが、和紙の加工という副業の奨励。和紙を裂いて糸にして編んだり織ったりすれば、わらじ代わりにも、立派な着物にもなった。「紙布織り」の始まりだ。

家臣たちの家々では、人々が和紙と向き合う光景が日常的に繰り返され、紙布は伊達家から徳川家や公家への献上品にまで上りつめる特産品に成長した。

山に囲まれた貧しさと身の丈以上の兵力の保持を求められた「前線の拠点」としての白石城の運命が、白石和紙の発展までの足跡に透けて見えるというわけ。

ところで片倉家以外が白石城主であったなら、貧しさと兵力の維持という厳しい現実に耐えられたかどうか。初代小十郎は他の一万石を超えるよ

メモ　近世片倉氏の祖は米沢八幡宮神職だった景重。その子が小十郎景綱で異父姉の喜多子が伊達政宗の養育係だったことから、政宗の父輝宗の小姓に抜てきされ、政宗の守り役になるなど近侍した。知勇に優れ終生政宗を助けた。一六〇二年白石城主に。以来、片倉家は白石城主を務め、歴代が小十郎を名乗った。

　白石市は人口約四万一千人。和紙と温麺《うーめん》、くず粉生産が旧藩時代から盛んで、この三つは色の特徴から「白石三白」といわれ、現在も白石の伝統特産品となっている。白石城は明治維新によって解体されたが、市は一九九五年、天守閣に相当する三階櫓《やぐら》を復元した。

うな家臣とは異なり、政宗と親族関係にはない。にもかかわらず、側近となり城の主にまで取りたてられた。「感謝と忠誠の志が厚かったからこそ、苦労を喜んで引き受けられた」と中橋さんはみる。

　そういえば、政宗は亘理城（宮城県亘理町）にいた初代小十郎に白石行きを命じた書状で「深い考えがあってお前を白石に配置するのだから、不審に思うな」とつづっている。仮に片倉家が将来にわたって苦労を引き受けることを読み切った上でのこととすれば、伝統産業をつくったものこそ、政宗の一通の書状だったと言えるかもしれない。

かつて300軒を数えた紙すき農家は、ただ1軒、白石和紙工房を残すだけとなった。白石和紙の評価は高く、工房には全国から注文が舞い込んでいる＝白石市鷹巣

角田 繁栄支えた治水の歴史

■支流の水排出

角田市の北部、阿武隈川沿いの堤防に江尻排水機場がある。一秒間に六二立方メートルの排水能力を誇るポンプ群で、かつて東洋一の能力を誇った。

阿武隈川が増水し、警戒水位に近づくと稼働する。本流に入れず、押し返されて嵩《かさ》を増す支流の水を周囲の遊水池に強制的にかき出す。角田の耕土と人々の暮らしを今も守り続ける。

大河が流れ去る北方向を除く三方を山に囲まれる角田。山野に降った雨はいくつもの支流を伝い、江尻で阿武隈川に合流する。ひとたび大雨に見舞われれば、たちまち耕土と町は水浸しになる。一五九八（慶長三）年、新しい館主として石川昭光が角田入りした当時、一帯はアシやハギの群生する氾濫《はんらん》原だった。

江尻排水機場を管理する角田土地改良区の佐藤武敏理事長(64)は言う。

「現在でも、角田は地形的に治水対策が難しい場所として知られる。旧藩時代の治水対策は、今以上格段に難し

阿武隈川沿いにある現代の江尻排水機
角田・石川氏の時代から治水の要所
支流への逆流を防ぐ閘門が置かれて
そして秋の収穫、人々の暮らしを見
続けてきた＝角田市江尻地区

かった」

昭光以降、角田・石川氏の系譜は、そのまま治水の歴史を背負う。約二百七十年に及ぶ治世の中で水害は五十二回を数える。一六三七（寛永十四）年の洪水では、水は小高い丘にある角田城の城門まで迫り、領民二十六人、馬三十頭が濁流にのみ込まれた。

■野谷地を開田

大水害に危機感を募らせたのが三代宗敬で一六三九年、阿武隈川左岸に総延長五キロを超す土手の整備に着手した。家中の足軽を含め計一万七千人を動員した築堤は三年を要した。

この際、江尻地区の支流と阿武隈川との合流地点に江尻閘《えじりこう》門《もん》を造った。これが、明治時代に木造から石造りへ変わり、現在はコンクリートで造られている江尻排水機場の前身である。

土手の決壊と修復を繰り返しながら、氾濫原の野谷地にくわを入れて、新田開発に本格的に取り組む。表高は二万一千石余りだったのが、暴れ川を制して実高は三万石以上にも増

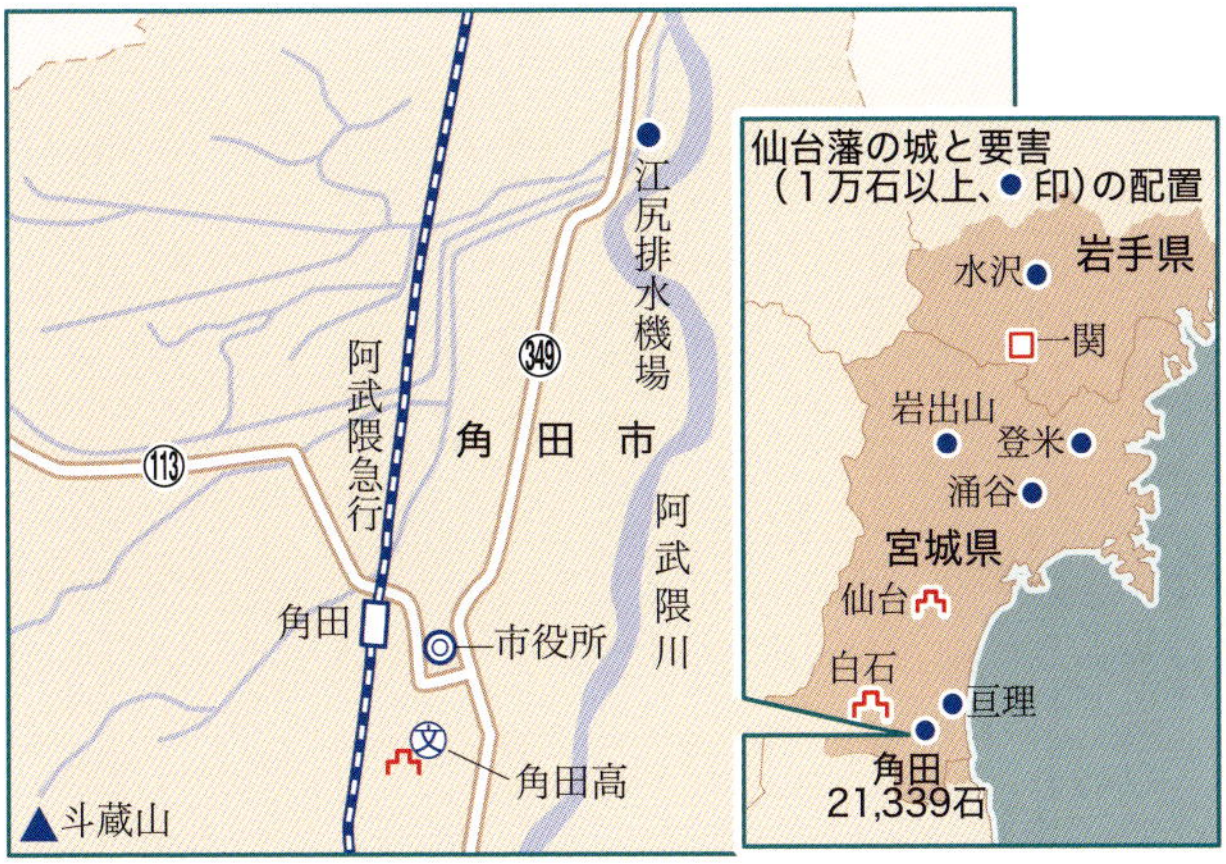

えた。

　その豊かな生産力が領地を潤す。川面には江戸に運ぶ福島や米沢地方のコメを満載した舟が行き交った。南隣の丸森が舟運の中継基地。阿武隈川が経済動脈の役割を果たし、流域に交易の利と、活気をもたらした。

■一門筆頭担う

　ここで角田の町場の様子を見てみよう。

　昭光が入ったころの角田は、数少ない農家が点在するだけだった。石川氏はここに水路や道路を開いて町の建設を進め、旧領の石川地方（福島県中通り）から領民を呼んで住まわせた。

　盆地の中心部に浮島のように見える所がかつての角田城。現在は宮城県角田高校がある。丘の形から、臥牛《がぎゅう》城の

メモ　角田・石川氏初代の昭光は伊達政宗の祖父晴宗の四男として生まれ、福島の石川氏の養子となる。

　石川氏二十五代当主だった一五九〇（天正十八）年小田原に参陣しなかったため豊臣秀吉の奥州仕置で所領を失った。その後、伊達成実の出奔で政宗に接収された角田城に移り、石川氏再興を遂げた。

　角田・石川氏の知行地はおおむね現在の角田市の阿武隈川西部一帯と、宮城県七ケ宿町に当たる地域。石川氏の治世は十四代邦光まで続いた。

角田高校の校門手前に角田城跡の碑が立つ。背景の高さ20メートルの丘の上にかつて角田・石川氏の居館が、現在は角田高校の校舎がある

名も持つ。昭光が政宗の叔父に当たるという家柄で、伊達一門の筆頭を担う。その自負心に裏打ちされた城は、館下の繁栄を映すかのように、二の丸、三の丸に相当する館郭を持ち、大名城郭のようだった。

元角田市文化財保護委員長の大友今朝治さん(80)は「人が集まることで商業が盛んになり、土塀を回した屋敷が建つなどして館下の生活が充実した。町場には謡曲などの文化も根付いたようだ」と話す。

それから三百年余り、角田市は人口約三万五千人の町に発展した。一帯には田園が広がり、有数の米どころとして知られる。

しかし、河川に洗われた土壌は実は水稲作には向いていないとされる。安定した作柄を得るためには土壌改良が不可欠。県平均を大きく上回る圃場整備率が、農民のたゆまぬ努力を物語っている。

閘門からポンプ群、盛り土の土手から頑強な堤防へ—。水害の脅威は低下したとはいうものの、時として水難は迫る。一九八六(昭和六十一)年の「八・五水害」がその例だ。

角田の人々は阿武隈川の恵みに感謝しつつも、水との闘いは今なお続く。

—関連年表—

▼**一五九八年十月**
角田・石川氏初代の昭光が角田に入部する。

▼**一六二〇年十二月**
角田で三町を火災で焼失する。町場の割り直しに着手。

▼**一六三七年六月**
阿武隈川の濁流が角田の城門に迫る。領民二十六人、馬三十頭が犠牲になる。

▼**一六三九年**
幕府から一万八千両の給付を受け、阿武隈川に総延長五キロの土手、江尻閘門整備に着手する。

▼**一六八〇年**
夏場に五回の洪水が発生し、土手が破損する。

▼**一七二三年八月**
土手十二カ所が決壊し町場が一メートル近く浸水する。

▼**一八五四年**
保水力を高めるため造林を計画。角田の南西部にある斗蔵山などに杉苗を移植する。

亘理　成実の功績が危機救う

■水路開発に力

厚いサケの切り身に、イクラの彩り―はらこめし。宮城県亘理町の荒浜漁港で毎秋十月上旬「伊達なわたり活き生きフェスタ　荒浜漁港水産祭り」が催される。秋の風物詩のもてなしが評判となり、二万人もの観光客が訪れる。

イチゴと並んで町の特産となったはらこめし。源をたどると、仙台藩祖伊達政宗絡みのエピソードに行き当たる。荒浜の貞山堀工事を視察に訪れた政宗。そこで一人の漁民が勧めたのがはらこめし。政宗はことのほか喜んだという。

亘理伊達氏の祖、伊達成実《しげざね》が亘理に入ったのは一六〇二（慶長七）年。その前は亘理氏が長く、片倉氏も一時この地方を治めた。南隣の山元町、福島県境を越えた新地町も領内だった。

本格的な町割りを行った成実。往時の町筋は今も一部に名残をとどめる。かぎ形の細い路地が特徴の武家屋敷は沢小路、桜小路に代表される。名前からして時代をしのばせる。

商人町だった上町に通じる、かつて
家屋敷街・沢小路の町並み。城下町
残をわずかにとどめている

水害、そして干ばつへの備えとして成実は水路を開くことに力を入れた。亘理伊達氏の石高は伊達家中随一の約二万三千石。この一事をもってしても伊達家中での厚遇ぶりがうかがえる。なぜか。実は、成実は政宗のいとこ、しかも勇猛をもって知られる武将だったからだ。芦名（会津）・佐竹（常陸）の連合軍を迎えた人取橋の合戦（一五八五年、福島県中通り）で窮地に陥った政宗を救うなど、戦功は数知れない。

■嘆願運動実る

一六八二（天和二）年に持ち上がった「天和《てんな》の訴願」を助けたのも成実の遺徳のたまものであった。

当時の四代基実が二十歳の若さで急逝し、お家の存続が危ぶまれた。藩の決まりでは跡継ぎがなければ領地没収、養子相続が認められても削封は免れ得なかった。しかし、基実の母清霄院《せいしょういん》はじめ、家臣らが嘆願運動を起こし、危機を救ったのだった。

町文化財保護委員長の鈴木稔さん（72）は「普通はあり得ないこと。嘆願書の亘理訴状には成実がどれほど仙台藩に貢献したか、功績が綿々とつづられていた。亘理伊達氏は特別な存在だった」と解説する。

成実の声名はまた、明治維新の後の北海道移住まで影響を

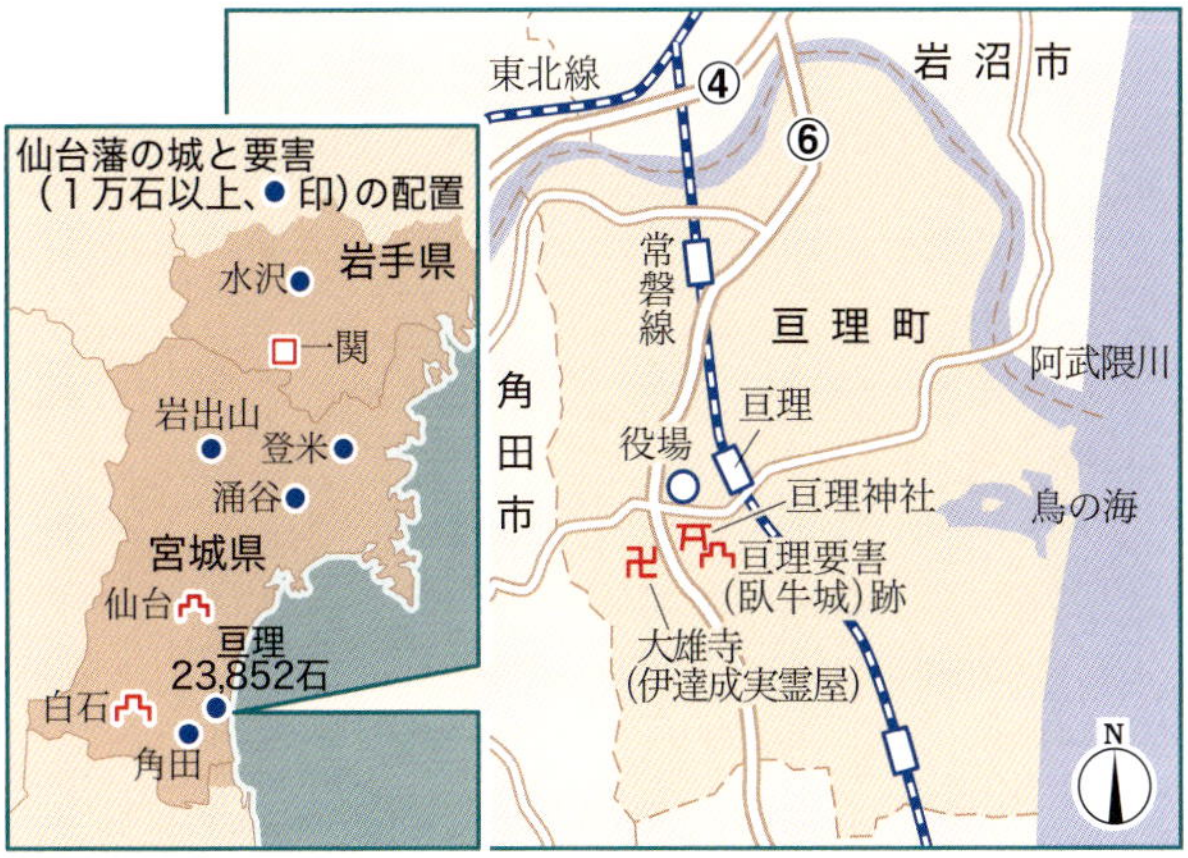

大雄寺境内にある亘理伊達家初代の伊達成実霊屋《おたまや》。安置されている成実の木像を含め、宮城県文化財に指定されている

与えた。

戊辰戦争に敗れた仙台藩は、ばっさり石高を削られた。亘理伊達氏は全領没収の処分となった。そして選んだのが北海道開拓。一八七〇（明治三）年に当主邦成も海を渡った。九次にわたる渡道は三千人に上った。

旧藩では、亘理と同様北海道へ渡った主従も少なくなかった。しかし、亘理と違って、ほかはほとんど家中が分裂した。

「成実公の栄光を消すわけにいかない」

そんな気持ちが亘理の人々にあったのだろう。

西洋の農具を積極的に取り入れ、小麦や麻などの商品作物を栽培した。それは北海道開拓の成功

メモ　伊達成実は大森城（現福島市）生まれ。政宗臣下の勇将として知られ、二本松、角田、亘理と転じた。御霊《みたま》は亘理町内の大雄寺に葬られた。

亘理伊達氏に属した宮城県の亘理、山元の両町、福島県の新地町と、北海道開拓に従事した伊達市、さらに開拓に同行した柴田氏（一部）の故地である宮城県柴田町を加えた五市町が持ち回りで「伊達開拓　ふるさと従兄弟（いーとこ）まちづくりサミット」を開催している。

例として長く語り継がれる。亘理主従が開いた伊達市は今日、人口三万六千の都市に発展した。

■姉妹都市結ぶ

北海道に移住していった人々の後裔《こうえい》が、大挙して亘理を訪れたのは一九六〇年代のこと。伊達市からの墓参団訪問であった。以来、両市町の交流が始まり、八一年に両者は「ふるさと姉妹都市」の縁を結んだ。

二〇〇二年は成実の亘理入り四百周年に当たる。そこで浮上している案が武者行列の復活。明治初年、成実をまつって建てた亘理神社の春の例祭として行列が練り歩いた。祭りは一九六五年ごろまで続いた。それを何とか往時の姿に帰せたら、というのが関係者の胸の内だ。

亘理郷土史研究会の渡辺治男副会長(77)は「亘理町が今あるのは成実公のおかげ。新住民も増える中、町の歴史を伝えていきたい」と話す。

氏祖成実との深いきずな、亘理伊達氏の歴史への誇りは、町民の心に脈々と流れている。

―関連年表―

▼一五八五年
人取橋の合戦で、伊達軍が芦名・佐竹の連合軍を迎え撃つ。伊達成実が活躍する。

▼一六〇二年
成実が、亘理に入る。

▼一六四六年
成実死去。大雄寺に成実の霊屋を建立する。

▼一六八二年
四代基実死去。天和の訴願で家中の願いが受け入れられ、知行高変わらず、岩出山から五代実氏が入り跡目を相続する。

▼一八六八年
戊辰戦争で仙台藩が降伏。降伏調印式が亘理要害で行われる。

▼一八七〇年
伊達邦成以下の第一回北海道開拓移民団が北海道へ渡る。

▼一九八一年
亘理町と北海道伊達市が、ふるさと姉妹都市を締結する。

天明の飢饉供養碑（右）と久道魯因の句碑（左）。こけむした供養碑には、久惣３代目惣五郎の名が刻まれている。本町の栄枯盛衰を２世紀の間、見つめてきた＝宮城県涌谷町長柄丁の光明院

涌谷　コメの集積地　豪商隆盛

■句集残る粋人

紫雲山光明院《しうんざんこうみょういん》。宮城県涌谷町の本町《もとまち》通り南端にあるこの寺は、一五九一（天正十九）年、涌谷伊達氏初代となる亘理元宗《もとむね》の移封に伴い、宮城県南・亘理から移ってきた。

山門に句碑が立つ。

せみなくや　ほやりほやりと　田のにほひ

作者は江戸時代の人、久道魯因《ひさみちろいん》。本名を保兵衛《やすべえ》という。御用商人で屋号・久保《ひさやす》の初代。一七九七年に生まれ、五十八歳で没した。平成になって建立された句碑は、千五句を収めた著書「四季句集」からの一句。

光明院から本町を北に

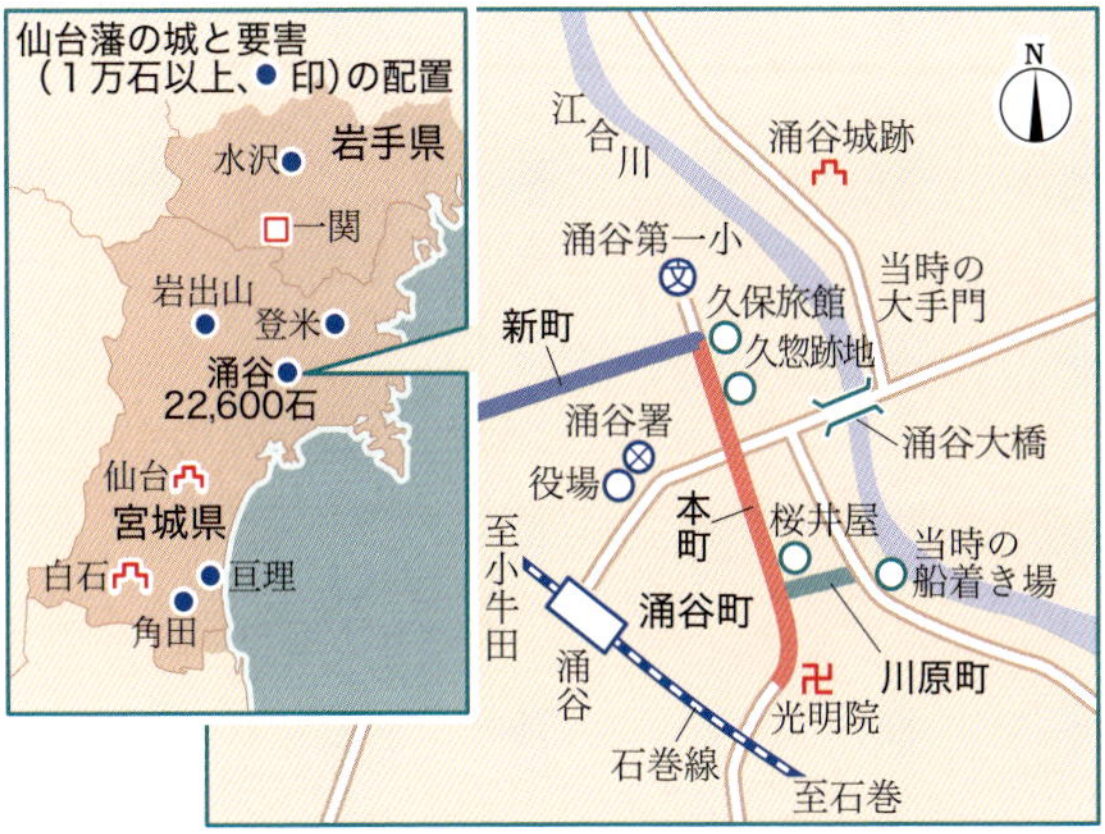

歩く。約五〇〇メートルの通りを歩き切った北端に、二〇〇一年三月でのれんを下ろした久保旅館がある。

魯因はここで米問屋、あるいは呉服屋を営んだとされる。一八三六年の天保の飢饉《ききん》の際、十三代義基《よしもと》の命を受け、庄内藩に米の買い付けに走った。豪商である。

さらに四季句集から。

今朝うたふ　法《のり》の實法《みのり》の　葡萄《ぶどう》さけ

粋人らしく、句は回文になっている。逆さに読んでみるといい。

飢饉続きの天保年間でも、魯因はリッチだった。句集では湯治や句会に興じる魯因の姿がのぞける。町文化財保護委員の桜井伸孝さん(63)は「相当の財があり家業を使用人に任せる余裕があった」と推察する。

■移封後に開発

涌谷は伊達氏の支配に入る前、大崎氏勢力下にあった。当時、今の町場はただの野谷地。大崎氏滅亡後に入った亘理（後涌谷伊達）氏は、城下の町割りを急がねばならなかった。なにせ、ほぼ現在の遠田郡、八千八百石の中心部が必要だった。

本格的な着工は、関ケ原合戦に伴う会津若松・上杉氏攻めの戦功で伊達姓を許された三代定宗に

かつてコメを運ぶ舟の往来でにぎわった江合川。写真手前側の岸に船着き場があった。奥に涌谷城跡が見える＝涌谷町

メモ

涌谷商人は江合川舟運により、明治維新後いっそう財力を蓄えていく。多くの分家を抱えた久惣《ひさそう》一族は、それぞれが呉服や米穀、雑貨、文房具、書籍、荒物、煙草、酒造などの商売を営んで繁盛した。久保《ひさやす》は明治二十年代、旅館業を始めた。現在のＪＲ東北線となる鉄道を敷設した日本鉄道会社（明治十四年創立）への出資者の中にも「砂金」「横山」などの涌谷商人の名が見えるほどだ。だが、現東北線から外れ、舟運も廃れるなか、涌谷は昭和中期以降、衰退していく。

なってから。一六〇五年、開発が始まった。
四代宗重になると、新田開発などで二万二千六百石の大身に。宗重は一六七一年、伊達騒動で落命した人物だが、まちづくりに熱心だった。仙台街道へ延びる新町や、江合川へ通じる川原町が整備されたのも宗重以降の時代である。

折しも、石巻から江戸へ運ぶ江戸廻米《かいまい》盛りのころ。石巻に注ぐ江合川が流れる涌谷には米が集まり、蔵が建ち、船着き場が栄えた。

本町を南に戻ろう。途中に魯因の本家があった。屋号・久惣《ひさそう》。初代は久道（我妻）惣五郎、十八世紀の人だ。みそ・しょうゆ醸造に始まり、太物・呉服へと商いを広げた。

久惣も御用商人であり、町政を司る検断でもあった。今風に言えば、商事会社社長、かつ区長といったところ。本家ということもあり、分家・久保よりさらに羽振りは良かった。

ただの金持ちではない。

光明院山門には、十八世紀末の天明の飢饉の供養

─関連年表─

▼**一五九一年七月**
大崎・葛西一揆鎮圧。
▼**一五九一年九月**
伊達政宗、米沢から岩出山に移る。
▼**一五九一年秋**
亘理元宗・重宗親子、亘理から一旦、百々城へ。後、涌谷へ移る。
▼**一六〇五年**
涌谷本町開発。
▼**一六〇六年**
三代定宗、政宗より伊達姓を許される。
▼**一六五九年八月**
四代宗重、二万二千六百石の知行となる。
▼**一六七一年三月二十七日**
伊達騒動。宗重、藩家老原田甲斐に斬られ落命。
▼**一七八三―八七年**
天明の飢饉。
▼**一七九七年**
久道保兵衛（魯因）、涌谷本町に生まれる。
▼**一八三三―三七年**
天保の飢饉。
▼**一八五五年**
保兵衛、五十八歳で没。

碑が三基ある。うち二基の功徳主には久惣三代目の名。のち天保の飢饉でも、久惣と久保は、路傍に倒れる人に粥《かゆ》を施した。町教育委員長の森俊彦さん(78)は「碑から、近世商人の台頭ぶりが見える」と語る。

■豆腐を特産化

商人の隆盛を伝えるエピソードをもう一つ。

光明院近くまで戻ると「桜井屋」の看板が見えてくる。ここも供養碑に名を残す御用商人で、一八〇〇年ごろ、当主が城下の龍淵寺の総代長を務めた。当時、寺は京都から和尚を招き入れた。その和尚が総代長の桜井屋に伝えたのが、豆腐作り。今や涌谷の名産となった「おぼろとうふ」の誕生である。

光明院から再び、北へ。涌谷城跡から続く涌谷大橋の通りと、本町通りの交差点にたどり着く。

仙台で言えば芭蕉の辻。現在、四つ角にあるのは、二軒の空き店舗。辻からは本町に連なるシャッター群が見える。偉容を誇った久惣の大店も、今はない。

三たび、四季句集。

蔵たてる　地場に集る　相撲哉

岩出山　京の風情　随所に息づく

■冷泉家の影響

竹細工、酒まんじゅう、凍《し》み豆腐…。
京都を中心とした上方から伝わった文化が、大崎市岩出山の産業や生活の中に、今も息づいている。

岩出山伊達家初代は政宗四男の宗泰。家格は最上位の一門で、大名並みの一万五千石を領していた。

町に京の風情が残るのは、歌人、藤原俊成・定家親子に連なる冷泉家の影響と言われる。冷泉家は今でも京にあり、歌道学をもって家を立ててきた。その家から一七〇〇年前後に二人の女性が岩出山に輿《こし》入れした。三代敏親、四代村泰の元に。

それは、岩出山に残る学問所・有備館が創設された時期と重なる。館は現存する学問所と

城の防御と城下の利水のために
られた内川。流れに沿って「
道」も整備され、小京都の風情
しみながらゆっくりと散策でき

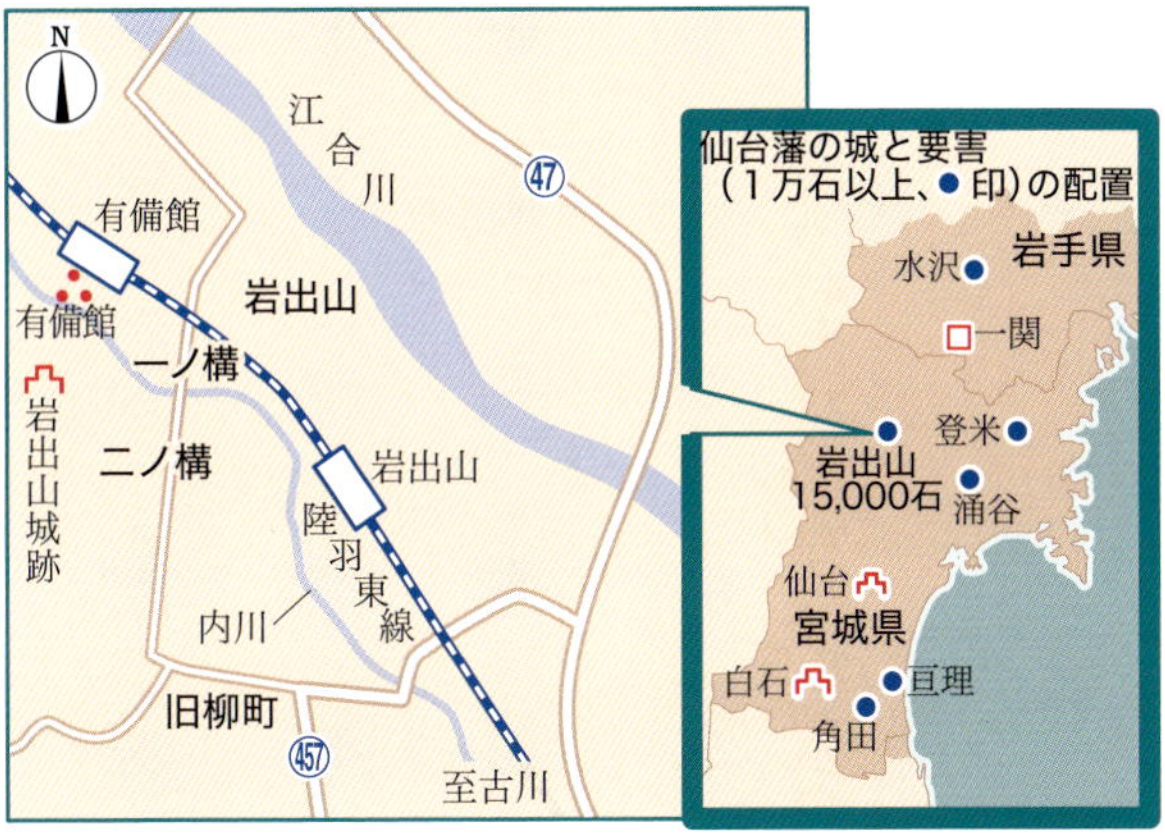

しては国内最古。ここで重視されたのが、京文化の礼の修得だった。

旧家臣の子孫でつくる「岩出山尚古会」（会員六十四人）の阿部雄一郎会長（72）がこう語る。「有備館では、礼儀作法が厳しくしつけられた。今でも岩出山では長幼の序を重んじる気風が見られる。これは旧藩時代の影響でしょう」

冷泉家との付き合いは明治初年まで続いた。当然、物も行き来した。例えば岩出山から歳暮に塩漬けのキジの肉や魚のサケが送られれば、京からは扇子などの工芸品が年賀として届いた。

岩出山の特産品を語るとき必ず挙げられるのが竹細工。これも都に源を尋ねることができる。京は竹工芸の逸品を生む土地だ。上方からは食文化も移入された。その代表が凍み豆腐で、高野豆腐と同じ手法で作られる。が、岩出山は向こうに比べれば、寒さは厳しくより上等な品ができた。酒まんじゅうも京の都が古里だ。

こうして見れば、阿部さんが「岩出山の発展は冷泉家なくして語れない」と話すのもうなずける。

■失意の国替え

ところで、岩出山と政宗のかかわりは…。

一五九一年九月、政宗二十四歳。

大崎・葛西一揆平定の後、伊達、信夫（現在の福島県）、長井（山形県）など先祖伝来の肥沃《ひよく》な土地は、豊臣秀吉によって没収され、代わりに戦争で荒廃した大崎・葛西領（岩手県南、宮城県北）が与えられた。

政宗は一揆を扇動した疑いをかけられていた。何とか命拾いをしたものの、秀吉から野心を警戒されていたのだった。

失意のうちに米沢を離れた政宗。五万の士民とともに岩手沢城に移り、岩出山と改めた。

実は、秀吉の命を受けた徳川家康が検地、築城の縄張りを行い、政宗に引き渡している。家康は政宗に慰めの言葉をかけ、二人は親近感を増す。

■捨て切れぬ夢

政宗によるまちづくりが始まった。

まず、城防備と利水のために江合川をせき止め、外堀兼かんがい用水路となる内川を造った。内川にも数カ所の堰《せき》を設け、城下町の道沿いに水路を通し、生活用水とした。

堀の内側には高い土塁の二ノ構《かまえ》を、町の外縁には一ノ構を築いた。侍屋敷は城に近い二ノ構の内側に、一般の家臣は一ノ構と二ノ構の間に住まわせた。

メモ 政宗が豊臣秀吉の奥州再仕置《しおき》によって米沢城から岩出山城に移ったのは、一五九一年九月。一六〇一年、仙台城に移るまで領国の中心に据えた。

標高一〇八メートルの丘陵地に築かれた岩出山城は、山や沢に囲まれた要害だった。遠くから見ると、牛が寝ている姿にも似ていることから「臥《が》牛《ぎゅう》城」とも呼ばれていた。

本丸、二の丸、三の丸はあるが、城内には高層天守などは建てられなかった。

城跡（城山公園）に立つ政宗立像は、かつて仙台城跡にあったものだ。

御譜代町の町名

	御譜代町						足軽町	
米沢市	立町	粡《あら》町	大町	柳町	東町	大学町	／	／
岩出山	立町	荒町	本町	柳町	肴町	大学町	通丁	御名掛
仙台市	立町	荒町	大町	柳町	肴町	南町	通丁	名掛丁

※岩出山の立町は後に六十人町と改めた

国指定史跡・名勝になっている有備館及び庭園。有備館では寺子屋を修了した家臣の子弟に教育を行った＝大崎市岩出山上川原町

―関連年表―

▼一五九一年
伊達政宗、米沢から岩出山に移る。
▼一五九二年
政宗、朝鮮出兵のため千五百の兵を率いて岩出山を出発。
▼一六〇一年
政宗、岩出山から仙台に移る。
▼一六〇三年
岩出山城主として政宗の四男宗泰を置く。
▼一六六三年
岩出山の二の丸居館から出火、仮居館を急造。
▼一六九一年
岩出山伊達家三代敏親、学問所「春学館」を創設。
▼一六九二年
春学館を移し、有備館に改称。
▼一七一五年
四代村泰、有備館の庭園を整備。

一ノ構と二ノ構の中間を通る出羽街道沿いには、御譜代町と呼ばれる御用商人の町を形成した。

米沢、岩出山、仙台と移り住んだ政宗。まちのつくり方には共通点が多く、御譜代町の町名には、ほぼ同じ名称が引き継がれていった＝別表「御譜代町の町名」参照＝。

政宗は朝鮮に出兵したり、京都に屋敷を与えられたりしたこともあって、国で過ごしたのは実質六カ月半だけ。主の留守の間も事業は着々と進んだ。

だが、天下への望みをまだ完全には捨て切れぬ政宗にとって、岩出山は北に片寄り、江戸や京から遠すぎた。現在の宮城県から岩手県南にかけての領国経営にも仙台が理にかなっていた。一六〇〇年、政宗は飛躍を期して自分で開いた町を出る決意をした。

登米　領主の徳が豊かさ生む

■数多い英雄話

仙台藩の一門・登米伊達家にまつわる史話が二〇〇二年三月、地元有志によって演劇化された。一七五一（宝暦元）年の飢饉《ききん》などで家を失い、北隣の盛岡領から流れてきた百姓夫婦と仲間が領主の厚い保護を受け、赤生津村二ツ屋（登米市豊里町）を安住の地とする物語である。

登米伊達家十一代領主宗充《むねみつ》が一八一〇（文化七）年に鹿角、花巻方面からの二次にわたる流民四十戸を、三六（天保七）年には和賀領などの六十人をそれぞれ足軽に登用した史実に基づいている。

新天地は二ツ屋と小島村（登米市登米町）。中でも和賀の流民らは二ツ屋に水害時の避難場所を設けてもらい、荒れ地の開墾を許された。

宗充の徳は人々の心に染みわたった。宗充の死後、二ツ屋の民衆は恩義に報いようと宗充の送り名「喚山《かんざん》」を取った神社を建てた。

現在の登米町寺池を本拠とし、十三代三百年の歴史を

登米伊達家の初代宗直が北上川の
に築いた「相模土手」。その後の河
の流れに、確かなくさびを打ち込
登米市中田町浅水

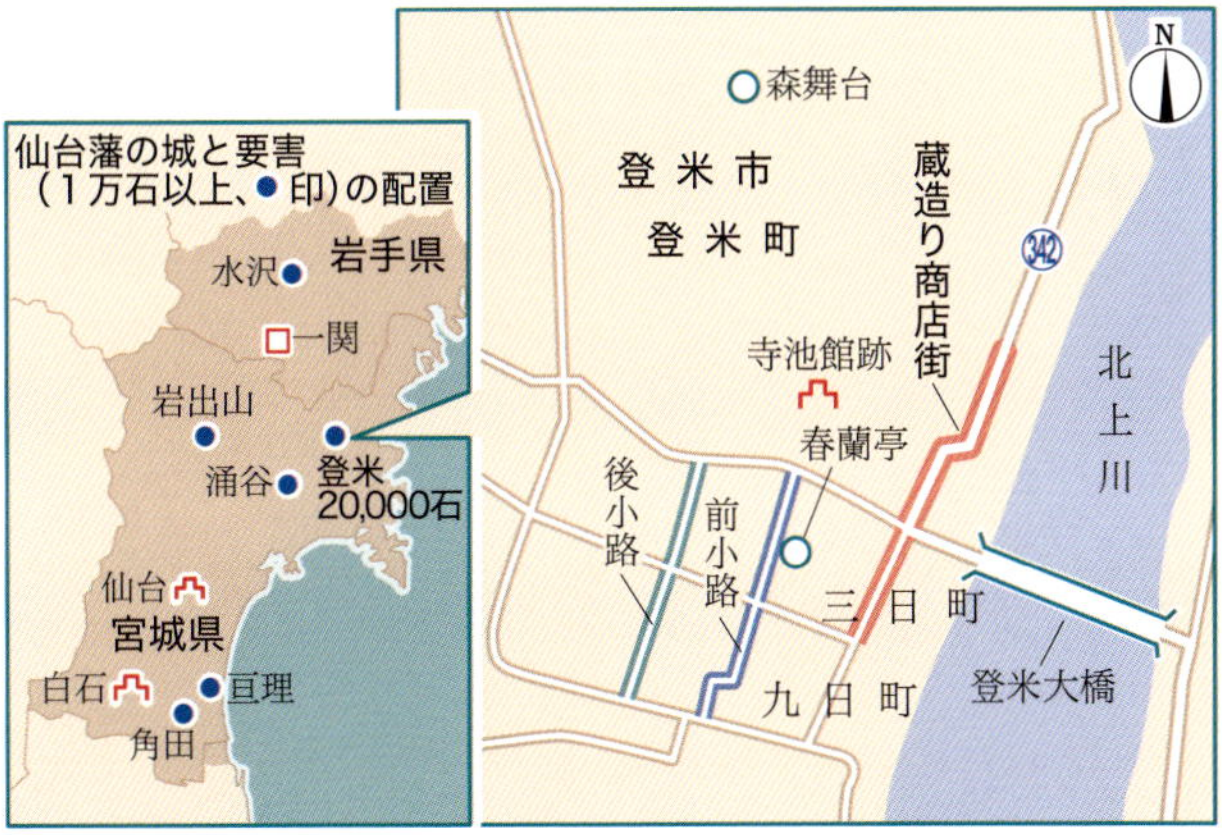

誇った登米伊達家には、宗充のほかにも数々の英雄伝説が伝わっている。

初代宗直。「近世北上川改修の祖」とされ、石巻開港で名高い川村孫兵衛重吉より約二十年も前に事業を手掛けた。河川改修の話は後述するとして、そもそも登米伊達家はどこから来たのか。

■もとは白石姓

宗直はもと刈田・白石両氏の流れをくむ白石姓で、仙台藩水沢城主だった。転機は一六〇〇（慶長五）年の関ケ原の戦いの最中、今の花巻市付近で起きた和賀一揆《いっき》だ。

政宗に身を寄せていた和賀領主・和賀忠親は盛岡領になった旧領地を取り戻そうと、南部利直と激突した。水沢に在った宗直も援軍を出したが、劣勢に陥り兵を撤退させた。

盛岡側の告発でその後、徳川家康から伊達の関与が疑われ、政宗自身もじきじき詰問を受けた。

政宗は騒ぎの元となった和賀忠親の命を絶った。援軍も宗直の一存によるものと主張し、その責めを負わせて一六〇四年、宗直を水沢から登米に移した。幕府に示しを付けるための転封といえた。

政宗はこのことが気になったのか、時をおいて一六一六（元和二）年、宗直に伊達姓を与えてわび

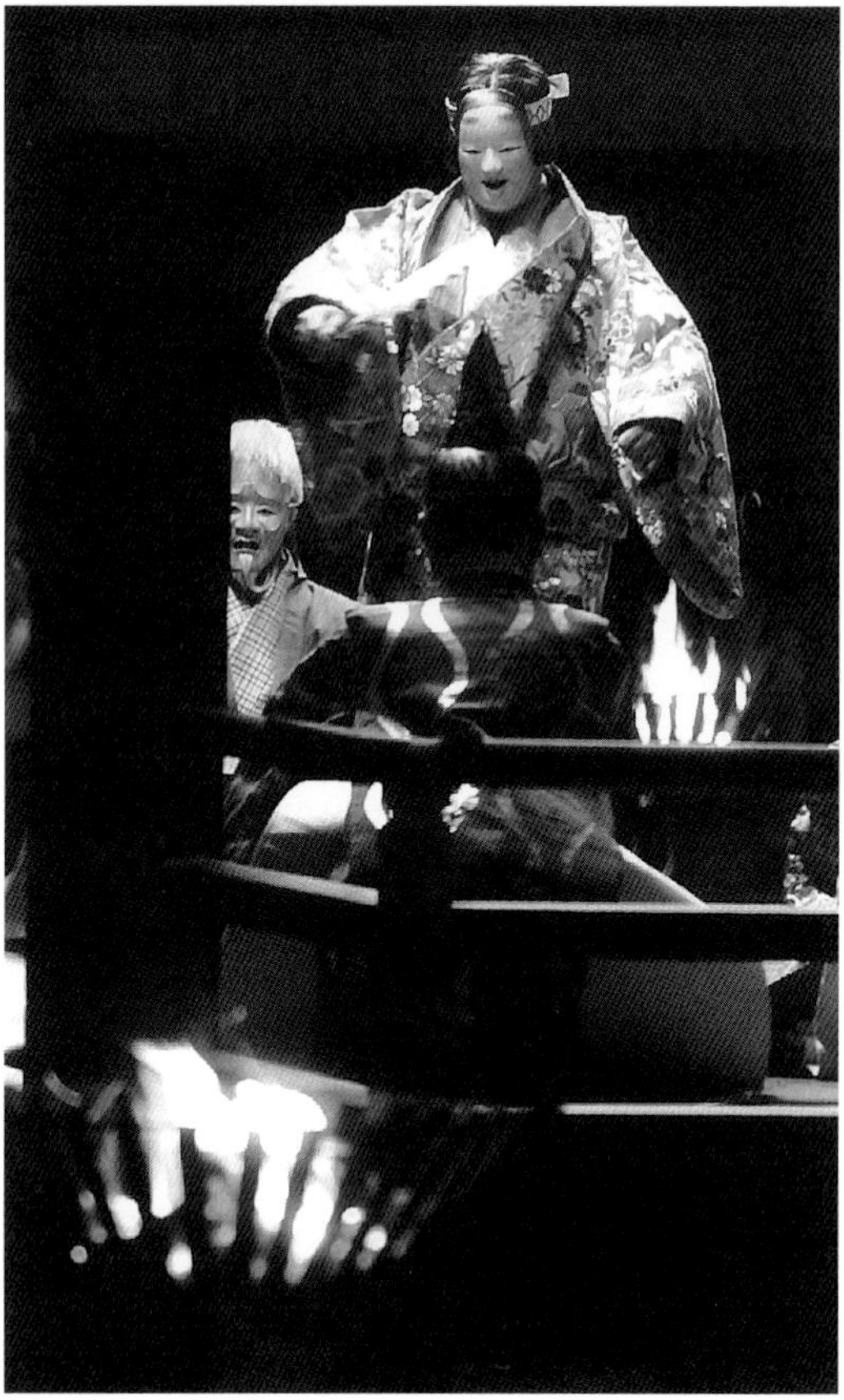

9月の登米秋まつりで上演される薪能は、すっかり季節の風物詩。1908年に発足した登米謡曲会が伝承に努めている＝登米市登米町寺池の伝統芸能伝承館「森舞台」

たようだ。

■領民と心一つ

さて、河川改修の話である。北上川中流にある登米一帯は、もとは葛西領。豊臣秀吉の奥州仕置《しおき》で葛西氏が滅び、直後の大崎・葛西一揆を経て伊達領となった。だが、野谷地だらけで川も度々はんらんを繰り返した。

宗直の河川改修は一六〇五年から三年間に及んだ。今の登米市中田町川面に六・六キロメートルの堤防を設けて河道を東に変更。同市東和町米谷に湾曲させて二股川につないだ。

堤防は「伊達相模守《かみ》宗直」の名を取って今も「相模土手」と呼ばれる。湿地帯だった佐沼、森（登米市迫町）、吉田（同市米山町）で開墾が可能になった。湿原は新田となり、石高は当初の一万石から、一七〇〇年には二万石に増えた。

繁栄の姿を今の登米の町並みに見つけられる。石垣が残る寺池館跡。宗直の重臣が住んだ武家屋敷は観光客の休憩所「春蘭《しゅんらん》亭」として開放されている。

―関連年表―

▼**一五九一年**
葛西・大崎一揆が鎮定。登米一帯が伊達氏支配に。

▼**一六〇一年四月**
和賀一揆が終わる。

▼**一六〇四年**
白石宗直、登米領主に任じられる。

▼**一六〇五年**
宗直、北上川上流で相模土手の築堤工事に着手。

▼**一六〇八年**
相模土手が完成。

▼**一六二六年**
川村孫兵衛重吉の北上川付け替え工事が完成。本流が石巻に流れる。

▼**一六三二年**
仙台藩米が江戸に運ばれる。

▼**一七五一年**
宝暦のききん。盛岡領の被害が甚大。

▼**一八〇三年**
伊達宗充、登米伊達家十一代領主に。

▼**一八一〇年**
宗充、入植者を含めた四十戸を足軽に取り立てる。

▼**一八四三年**
宗充が死去。

武家屋敷は前小路、後小路など寺池地区に点在し、十軒以上が往時をしのばせる。

明治以降に舟運が栄え、「蔵造り商店街」と称される三日町や九日町などには五十以上の土蔵が残る。

伝統芸能伝承館「森舞台」で年二回演じられる登米能は二百三十年の伝統を刻む。伊達一門の城下町で唯一残った能だ。帰農した武士が町民に広めていった。

豊かな文化を咲かせた登米伊達家。十六代当主で宮城県職員伊達宗弘さん(56)は先達に思いをはせる。

「歴代領主は、私心を捨てて公の立場をわきまえていた。それが領民と心を一つにしたのだろう」

その豊かさが町並みや文化に表れている。

メモ　登米伊達家の「最後の殿様」、十三代領主邦教《くにのり》は、戊辰《ぼしん》戦争で奥羽越列藩同盟軍が敗れ、明治維新の激動が続くなか、八千石余の領地を家臣に開放し、多くの武士を帰農させた。

農地を持たぬ家臣にも年貢の対象にならない自分の蔵入れ地を残らず分与した。

他の領主が領地没収に遭うなか、こうした施策により登米の暮らしと文化は守られることになった。

一関 支藩の誇り 自立心生む

■交通要衝の地

舟運を担う北上川と磐井川、さらに陸運の奥州街道がここ一関で合流した。古くから交通要衝の地。現在も岩手県南、宮城県北の文化、流通の拠点で、人口約六万三千を数える。裁判所支部や県の出先機関などが置かれ、存在は重い。

旧藩時代、一関は支藩として扱われた。町中心を北流する磐井川の右岸（東側）が一関分、左岸（西側）が仙台分だった。

一関藩主邸は、町の南に寄った小高い釣山を背にしていた。街道筋の大町、地主町が商家街で、橋を渡った仙台分に問屋街があった。人々は互いに往来し、双方の結びつきは強かった。だが、一関人は、仙台藩にも負けない独特の自負を持っていた。

一関を長く領した田村氏は、伊達政宗の正室愛姫《めごひめ》の実家ゆえのこと。後継ぎが絶え、一度家名断絶となった田村氏。しかし、愛姫の遺言により、二代仙台藩主忠宗の三男、宗良《むねよし》が田村の名を取り戻した。岩ケ崎（栗原市）に七千石余を得、後に一関に移ることになる。

七夕飾りの商店街を練り歩く
の太鼓」巡行。郷土の誇りを
勇壮な太鼓の音が鳴り響く＝
年８月４日、一関市大町

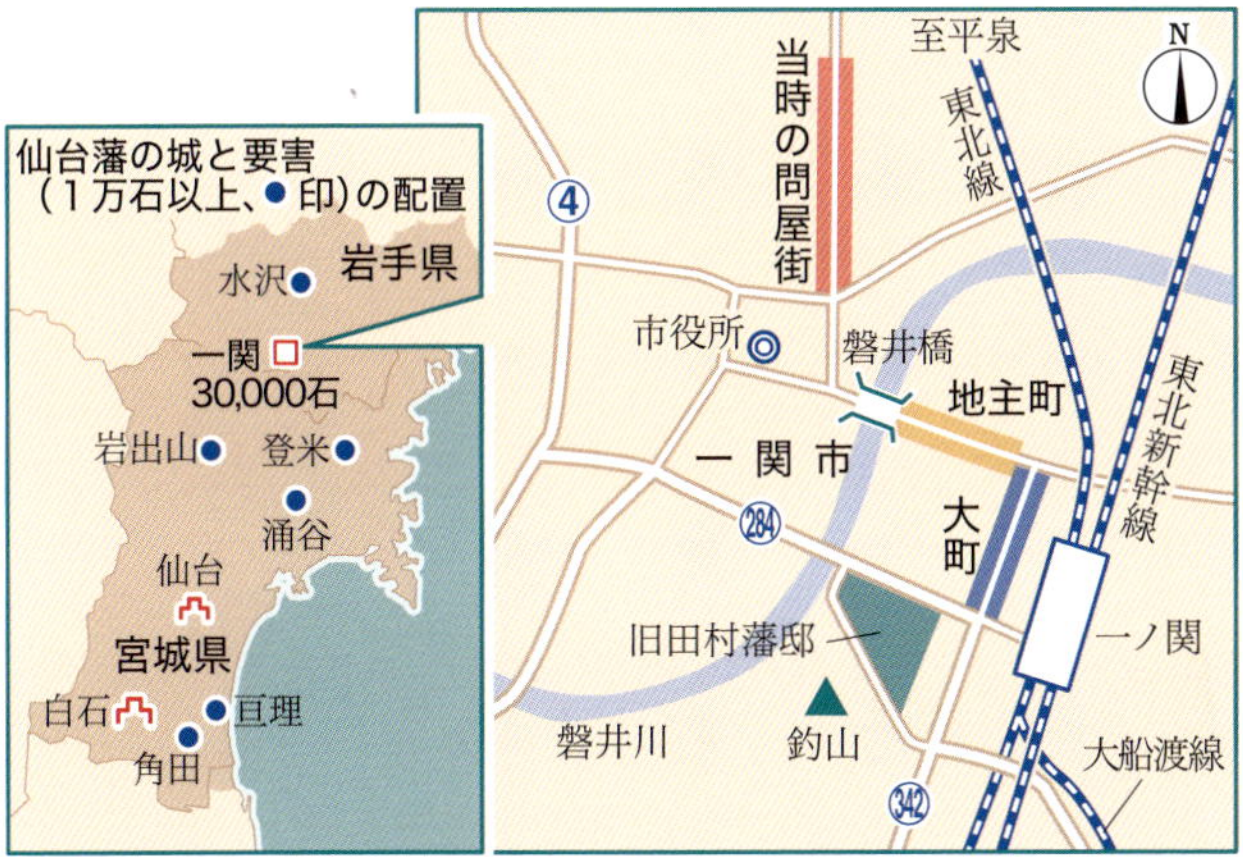

それは伊達騒動に絡んでの歴史の進行だった。

■内政充実に力

二歳で藩主になった亀千代（四代綱村）に、幕府の命令で二人の後見役が指名された。一人は田村宗良、もう一人が政宗の十男伊達兵部である。

仙台六十二万石から宗良が岩沼に、兵部が一関にそれぞれ三万石を分与され、大名扱いとなった。

伊達騒動で兵部の失脚から十年後、宗良の子の建顕《たけあき》が岩沼から一関へ領地替えとなった。ここに支藩・田村一関藩が成立する。建顕は城下町の町割りを広げ、内政の充実に力を注いだ。

伊達騒動で悪役のイメージが強い兵部だが、実は、田村氏以前に一関の町の基礎を造ったのは彼だった。一関市花泉町金沢にある広さ三・五ヘクタールのため池・大堤が兵部設計と伝えられる。今も農業用水として機能する照井堰《せき》の整備と一帯の新田開発もそうだという。治政三十年間に寺社を移し町の体裁を整えてもいる。

建顕は温厚篤実、しかも文武両道に通じていた。書画や和歌をよくし、槍《やり》や馬術も得意とした。それが評価されたのか、将軍家の儀礼をつかさどる奏者番を十年以上務めた。

将軍綱吉の信任を受け、建顕はとんとん拍子に出世した。しかし、役割が重くなるほど出費もかさむ。必然、本藩への借金も増えた。支藩とはいえ一大名としての格式を守らなくてはならず、財政的に仙台藩の支援なしにはやっていけない苦しい状況が続いた。

■気苦労絶えず

建顕にまつわるエピソードとして有名なのが、忠臣蔵で知られる松の廊下の刃傷事件だ。

江戸城に居合わせて浅野長矩《ながのり》の身柄を預かったのが建顕で、長矩は田村邸で切腹した。大役を果たした建顕だったが、「大名の浅野長矩を座敷ではなく、中庭で切腹させたのはけしからん」と本藩から異議が届いた。何かにつけて本藩に対する気苦労は絶えなかった。

「本藩への従属を強いられながら、なお独立した藩として誇りを保ち続けようとする反発心が、和算や蘭学などの土壌をはぐくんだ」と元一関市博物館学芸調査主幹の鈴木幸彦さん(65)は語る。

―関連年表―

▼一六〇四年
留守政景が一関城主となる。奥州街道を整備し、大町を開設する。

▼一六四一年
伊達兵部が一関に入る。

▼一六五三年
伊達忠宗の三男宗良が田村家を継ぐ。

▼一六六〇年八月
幼君亀千代が仙台藩の四代藩主となる。後見役となった伊達兵部は一関三万石、田村宗良は岩沼三万石の分家大名になる。

▼一六七一年
伊達騒動で伊達兵部が土佐に配流となる。

▼一六八二年
田村建顕が岩沼から一関へ移り、一関藩が成立する。

▼一七〇二年
赤穂事件で浅野長矩を江戸の田村邸で預かる。

▼一七五七年
蘭学者大槻玄沢、一関に生まれる。

政宗が寄進、後に再建された白山社能楽堂。かやぶき屋根と周囲の杉木立、紅葉が相まって趣を増す＝岩手県平泉町の中尊寺

毎年夏の一日、一関の中心部大町通りは活気にあふれる。夏祭りの一大行事「時の太鼓」巡行が行われる。

時の太鼓は一時《いっとき》（二時間）ごとに太鼓で時を告げた。これは徳川御三家や全国の雄藩だけに認められていたもので、一関のような支藩では難しく、建顕の働きによるものであった。居館のわきに櫓《やぐら》を建てて、城下に太鼓を響かせたという。城下のシンボルが誕生した。

度重なる洪水や明治時代の大火、戦時中の空襲などにより、現在の一関市に往時の城下をしのぶ建物はほとんど残っていない。しかし、「時の太鼓」の響きは、市民の誇り、アイデンティティーとして今に受け継がれている。

メモ　一関藩は現在の一関市から藤沢町、宮城県側の栗原市の一部を領地とした。明治維新まで田村氏は十一代。北隣が平泉で、中尊寺に伊達兵部邸の門構え、毛越寺に田村・一関藩邸の門構えが、移築されている。

平泉は仙台領で、中尊寺に伊達政宗が寄進した白山社能楽堂がある。一八四九年に火災に遭ったが、四年後に再建。八月の月遅れ盆に恒例の「薪能」が催され、かがり火に照らされた能舞台で喜多流の幽玄な舞が繰り広げられる。

水沢　不屈の気概で産学振興

■減封受け奮起

仙台藩の北隣は盛岡藩。双方の領地を分けたのは藩境塚だった。江戸時代初期、時折藩境をめぐって争いになり、幕府の裁定を待って塚が築かれた。奥羽山脈の駒ケ岳（北上市）から太平洋側の唐丹湾（釜石市）まで、東西約一三〇キロにわたる。計四百六十基があったと言われ、現在も約三百五十基が確認される。

合併で奥州市となった水沢地方は仙台藩の北の要衝で、豊かな耕土は一万六千石を誇った。北に胆沢川、東に北上川が流れ、舟運でも栄えた。この地域を、十二代二百四十年間治めたのが、伊達氏一門の水沢伊達（留守）氏である。

留守氏は陸奥国留守職を務めた京都出身の名門。戦国時代に伊達氏の臣となり、十八代政景

水沢を治めた留守家重臣が住んだ武家屋敷。らは小禄に甘んじながらも、中世以来の名族りを胸に「尚武、勤勉、殖産」という独自の気はぐくんだ＝水沢区吉小路の内田家旧宅

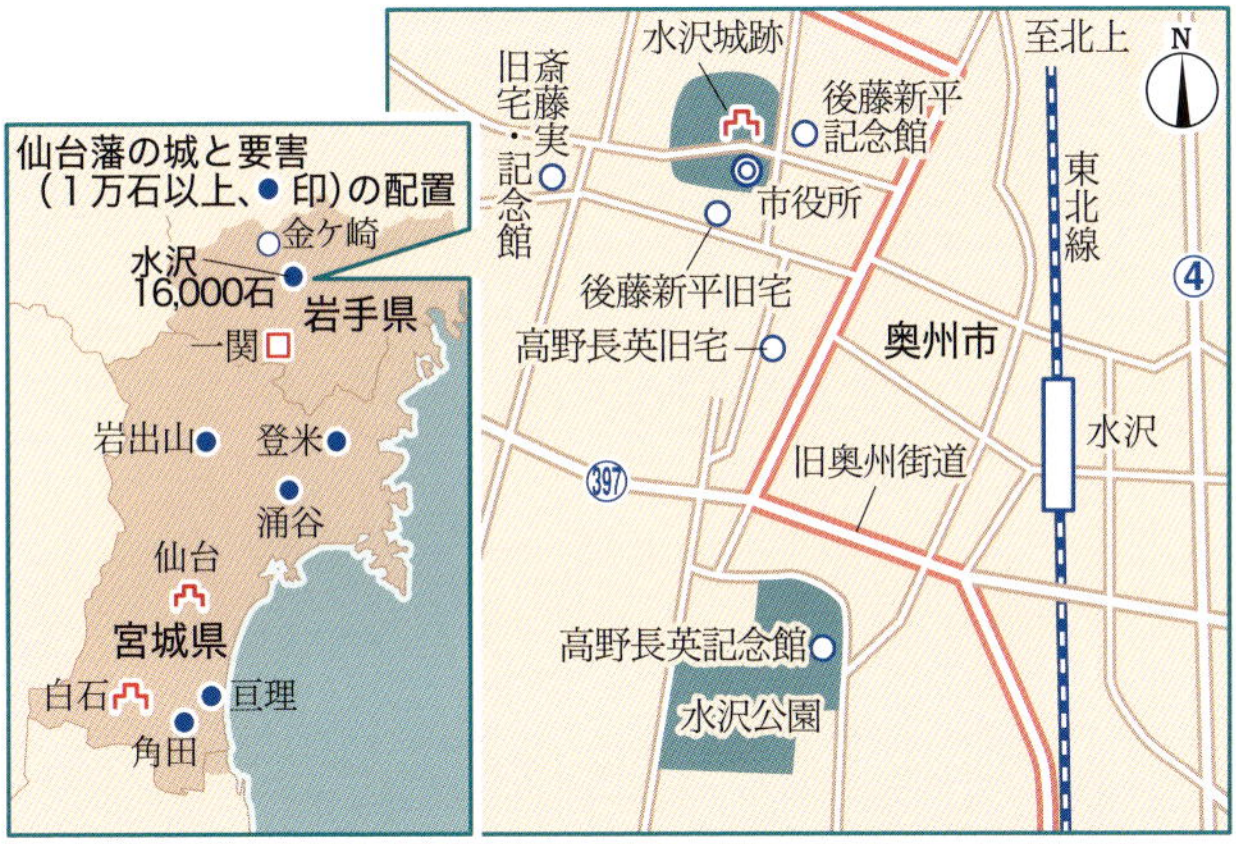

の時代に伊達姓を授かった。政景は仙台藩初代の政宗のおじに当たる。政景の子・宗利が水沢初代で、一六二九（寛永六）年に水沢城（要害）に入った。

宗利はそれ以前の一六一五（元和元）年、政宗の命令で藩境の最前線、金ケ崎に置かれた。一関一万八千石を十八歳の若さで継いだ宗利だが、一万石に減封され、金ケ崎、水沢と藩北辺を移り歩いた。一説に、大坂の陣に上った際、あまりにも少数だったため勘気に触れたといわれる。

だが別の見方もある。政宗は北の要衝に信頼できる親類筋を配置して、若き領主の開拓に奮起を促したのだとか。宗利は政宗のいとこであり当時二十六歳、周囲に未開の地は広かった。いずれにせよ、この石高削減は、後の水沢の歴史に大きく影響する。

市内に残る武家小路。人口6万の都市となった今でも「小路」の付く侍町、「町」の付く町人町など、かつての屋敷割りがみられる＝水沢区日高小路

■士農商が一体

水沢の城下を見てみよう。

市役所のある場所が水沢城跡で、周囲に武家小路、城の東側奥州街道沿いに現在の商店街となる町人町があった。城はいつだれが築いたかは不明だが、城下の建設は宗利の時代に大きく進んだという。

宗利は知行一万石のまま水沢へやってきた。が、名族であっただけに前任者に比べ、家臣が多かった。

少ない石高、比べて家臣の多さ。家臣たちは小禄に甘んじざるを得なかった。彼らは屋敷内に桑畑や菜園を造り、自給自足に近い生活を営み、内職に励んだのだという。「尚武、勤勉、殖産」という独自の気風はここから生まれる。

水沢の主要産業の一つに漁網生産がある。これといった産業がないことを憂えた宗利は、伊勢から職人を招いて、武士に内職を奨励した。内陸の地で漁網づくりとは奇異だが、留守氏が仙台近くの漁村、現在の七ケ浜町を治めていたころの名残だという。

「原料の麻を農民が栽培し、武士が網を作り、商人が売り歩いた。まさに士農商一体の総合産業。品質が良く藩の特許も得たので、幕末には商圏は北は千島列島から、南は房総半島にまで及ん

―関連年表―

▼一五九一年
水沢城主に白石宗実。白石氏は一六〇四年、登米に転封するまで居城。以後、柴田、石母田氏領に。

▼一六一五年
伊達(留守)宗利、一関から金ケ崎に転封。

▼一六二九年
宗利、金ケ崎から水沢に転封、初代水沢伊達氏に。

▼一六三三年
宗利、家臣の内職に漁網を奨励。

▼一六四一年
幕府の裁定で仙台、盛岡藩境が画定。翌年藩境塚が築かれる。

▼一六六二年
二代宗直の新田開発により四千石余を加増。三代宗景の時代に一万六千石となる。

▼一八〇四年
高野長英、生まれる。

▼一八三五年
郷学「立生館」創設される。

仙台藩と盛岡藩の領地を分けた藩境塚。大塚や小塚、2つが対になった挟み塚などが、かつての藩境に沿って点在する＝北上市相去町

メモ　コメどころ胆沢平野の基礎を築いた人物に、キリシタン武士後藤寿庵がいる。伊達政宗に任用され、水沢・福原（見分村）千二百石の領主となった寿庵は、南蛮渡来の土木技術を駆使して胆沢川上流に堰《せき》の築造を始めた。

しかし幕府のキリスト教禁令で追われ工事は一時中断、後継者らが一六三一年に約二〇キロに及ぶ堰を完成させる。その後の新田開発で、この地は仙台藩買米の主力生産地となり藩財政を潤した。用水堰は「寿安（庵）堰」と呼ばれ、現在も胆沢平野中南部の高台を潤し、コメ作りを支えている。

だ」

先祖が留守家家老だったという小幡茂さん(67)＝水沢区＝はそう解説する。

■人づくり実践

学問にも力を入れた。新田開発に功のあった二代宗直の時代から、早くも僧侶《そうりょ》による寺子屋が開かれ、子弟の教育が行われた。江戸後期の一八三五（天保六）年に、郷学の学問所立生《りゅうせい》館が創設された。

思想家高野長英、東京市長を務めた後藤新平、首相になった斎藤実。「水沢の三偉人」としてたたえられるこの三人をはじめ、水沢は多数の人材を生んでいる。三偉人の顕彰に、それぞれ記念館が設置されており、観光客の姿は絶えない。

国家を動かすほどの人物を生んだ偉人の里。その背景には、旧藩時代に仙台から遠い藩北辺で養った、不とう不屈の精神が作用しているといわれる。

宇和島 父子の確執消え心通う

■家康との妥協

「竹に雀」の家紋が街の随所に見られる四国、愛媛県宇和島市は、伊達の風韻が漂う。政宗の庶子、秀宗が入部したのが一六一五(慶長二十)年三月。秀宗二十三歳の時だった。

前年の大坂冬の陣。政宗は一万八千人を率いて徳川家康の元に駆け付けた。その働きにより、秀宗が宇和島十万石を賜った。

伏線があった。十四年前、関ケ原合戦の論功行賞。西軍上杉氏を会津若松にくぎ付けにした政宗は、家康お墨付きの百万石を確実にしたと思った。が、南部領で起きた和賀一揆を扇動したとして約束はほごに。

政宗は約束履行をしつこく迫ったから、秀宗の大名取り立ては、政宗と家康の手打ちの意味があった。

■浪費を戒める

京から海路、宇和島入りした秀宗は目を疑う。群雄割拠で領主がくるくる交代し、残党による略奪は人心を疲弊さ

伊達秀宗が仙台領内からもたらしたとされ
ツ鹿踊り」。隠された雌鹿を７頭の雄鹿が探
つけて喜ぶ話。鹿の面、七草をあしらった
姿の小学生が、胸の小太鼓を打ちながら哀
ぷりと歌う＝2001年10月29日、宇和島市
外、宇和津彦神社

せていた。見渡せば急峻《きょうしゅん》な山が三方から海に迫り、耕地はわずかばかりであった。

秀宗は幼くして豊臣秀吉の元に送られた。人質として暮らす中、京の桃山文化に触れた。その豊臣の影が、徳川の世では用済みなのだと秀宗は悟る。「なぜ、こんな所に」

政宗は財政通の守役、山家《やんべ》清兵衛公頼を総奉行とし藩政を預けた。政宗の信を背に山家は改革を進める。減俸、厳しい倹約…。一方で領民には手厚い策。家中に不満分子が生まれた。

遠国の息子に政宗が送った手紙が、宇和島市立伊達博物館に残る。浪費を戒めたり、怠学を諭したりしている。秀宗の行状は、政宗に逐一報告された。

「口うるさいおやじ殿だ、と煙たがっていたようです」と同館学芸員の二宮一郎さん(43)は話す。

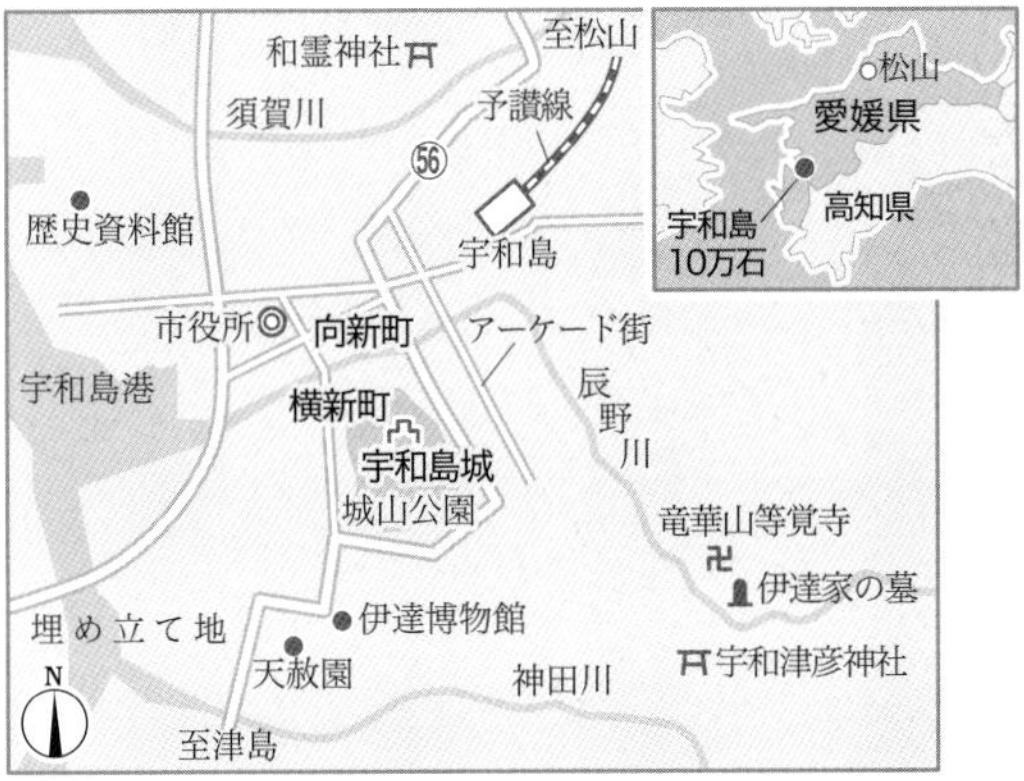

秀宗は、小高い山中の竜華山等覚寺に葬られている。臨終の時に脳裏をよぎったのは、宇和島藩の未来か、それとも時代にほんろうされた生涯の記憶だったか＝宇和島市野川甲

海抜80メートルの山の上に立つ宇和島城天守閣。1601年に前領主、藤堂高虎が築城。今の天守閣は伊達２代藩主宗利の大改修によって完成した。三重三層の姿から「鶴島城」と呼ばれる＝宇和島市丸之内

メモ 宇和島市は人口六万三千人の港町。宇和島城、伊達博物館のほか、伊達家の庭園「天赦園」、伊達家墓地、歴史資料館、幕末の蘭学者・高野長英住居跡など名所旧跡が多い。一九七五年に仙台市と歴史姉妹都市となった。

市北部に、非業の死を遂げた山家清兵衛公頼をまつる和霊《われい》神社がある。事件後、首謀者の怪死、海難、落雷、大地震、秀宗の子の夭逝《ようせつ》など厄災が続いた。たたりと恐れられたため一六五三年に建立された。命をかけて藩の礎を築いた功績から、市民の守り神とあがめられている。

宇和島入りの際に政宗から借用した六万両の返済問題が藩内対立を決定付けた。山家は十万石のうち毎年三万石分を政宗の隠居料として送り続けた。宇和島の台所は苦しかった。

一六二〇年六月、山家斬殺。秀宗の命であった。

政宗は手紙で怒りを表し、秀宗を勘当した。

「身の所へ届けもなく、成敗に及び候《そうろう》こと、前代未聞」

■争いの再燃も

しかし政宗は秀宗をふびんに思うようになる。

「四歳で人質に出し、親らしいことも十分してやれなかった」

宇和島市立歴史資料館の水口健康館長(75)は「政宗は、秀宗が京で何不自由なく育ったと考えた。だからこそ、秀宗に厳しさを求めた」という。が、秀宗にはわだかまりがあった。

「長子なのに家も継げず、宇和島に遠ざけられた」

その悲哀を政宗は初めて知った。

やがて勘当は解かれ、干渉はやんだ。親子が和歌で交

―関連年表―

▼**一五九一年九月二十五日**
伊達政宗と側室新造ノ方の間に兵五郎（後の秀宗）生まれる。
▼**一五九四年**
兵五郎、豊臣秀吉の人質になる。
▼**一五九六年四月**
京都で元服、秀吉の一字をもらい秀宗と名乗る。
▼**一五九九年十二月八日**
政宗と正室愛姫の間に忠宗生まれる。
▼**一六〇〇年**
関ケ原合戦後、秀宗が徳川家康の人質になる。
▼**一六〇一年**
政宗、岩出山から仙台に移る。
▼**一六一四年十月**
大坂冬の陣。秀宗、政宗に付いて参戦。
▼**一六一五年三月**
秀宗、宇和島藩主となり入城。
▼**一六一五年五月**
大坂夏の陣。
▼**一六二〇年六月二十九日**
宇和島藩総奉行、山家清兵衛公頼が政敵に殺害される。
▼**一六三六年五月二十四日**
政宗、七十歳で死去。
▼**一六五八年六月八日**
秀宗、六十六歳で死去。


歓する穏やかな付き合いが政宗晩年まで続いた。

政宗の死後、仙台藩を継いだ嫡子忠宗は、八歳年長の秀宗に何かと気遣ったので、宇和島の分家意識は薄まった。

秀宗も仙台藩の経営手法に学び、城北側の海岸を埋め立てて横新町、向新町など町人町を開き、今の市街地の基盤をつくった。秀宗以降、埋め立てによる開墾、町づくりが一層進み、江戸後期には人口一万六千人に膨れ上がった。

血が濃いだけに、両藩の間に家格の高低をめぐる争いが再燃した時もあった。

宇和島藩にしてみれば、秀宗、忠宗以来対等なはずなのに、仙台藩は何かと見下すとの不満がある。だが、政宗を源とする身内同士、ピンチとなれば幕末まで助け合った逸話も多い。

宇和島市の伝統芸能に、秀宗が仙台領内の踊りを伝えたとされる「八ツ鹿踊り」がある。十月末、神社の秋の例祭で、かつての町人町の子供たちが奉納する。

雌鹿を探す筋立て、歌詞「なんぼ尋ねても…」に出てくる方言なんぼ（いくらの意味）、宮城県、岩手県南部の鹿踊りを思わせる踊り。「古里を思う殿様を慰めた」（八ツ鹿保存会）哀愁の調べに、秀宗主従の苦難の歴史が重なり合う。

コラム

政宗の長男、秀宗が入部した四国・愛媛の港町、宇和島。取材に訪れて、思いのほか山深い国であることに驚いた。

市街地の過半は秀宗以降に埋め立て、開かれた。それまでは搾取と暴動史。夜盗がかっ歩し、女は息をひそめるような所だった。「ここが十万石の地か」と秀宗は頭を抱えただろう。

仙台から伝わった「八ツ鹿踊り」を見たいと思い、晩秋の日を取材に選んだ。重い鹿面をかぶった子供たちが早朝、神社に奉納し、町中を練り歩く。

夕暮れ、足が棒になり、くたくたになっても、保存会のお父さん方は「もっと顔を上げて」と容赦ない。

「毎晩、けいこしたんだよ」と子供たちは結構楽しそう。郷愁に駆られた秀宗を慰めた歌と踊りは、本当に素晴らしかった。

市内には、旧伊達家の庭園、ゆかりのお宮も美しく整えてある。遺産を残す努力は仙台より上だと感じた。幕末に坂本竜馬、大村益次郎ら多くの革命児を逗留させた吸引力とでも言おうか。

第五章　文化と暮らし

藩校・養賢堂
大槻家の人々
堤　焼
商人町の盛衰
絵師・東東洋
茶道と能
飢　饉

藩校・養賢堂

教育改革に守旧派の壁

■精神論に重点

「養賢」とは「賢才を養う」の意味。中国の古典・易経を出典にする。仙台藩校、養賢堂が藩士子弟の教育を担った。

江戸時代中期から次々と各藩に藩校が開設され、幕末まで全国に約二百八十を数えた。養賢堂は五代藩主吉村が一七三六（元文元）年、仙台城下の北三番丁・細横丁（現晩翠通）西南角に学問所を開設したことに始まる。奥羽では会津日新館に次いで古い。

学問所開設には士風刷新に大きな目的があった。

「戦乱の時代から百数十年が過ぎ天下は泰平、『近ごろ士風が衰えた』と儒学者は嘆いた。カツを入れなければと考えたのでしょう」と仙台市博物館学芸員の鵜飼

「宮城県教育百年史」資料に基づき作製

養賢堂の表御門は現在、仙台市若林
鍛治町にある泰心院の山門として
れている。明治初年、同寺に移築
戦災を免れ、養賢堂の唯一の遺構と
当時の偉容を今に伝える

明治の洋画家高橋由一が描いた「宮城県庁門前図」(1881年)。左後方に、養賢堂の旧講堂が描かれている。表御門は既に移築され、洋式の門に衣替えしている（宮城県美術館所蔵）

幸子さん(54)は解説する。

諸藩の目的は一様ではないものの、家臣に徳や忠義を説く儒学はどこでも学問の中核とされた。仙台藩は、儒学各派の中でも特に道徳、精神論を重んじる山崎闇斎の学を採用したのが特徴。

学問所は後、北一番丁・勾当台通角に移転、名を養賢堂と改めた。講堂は現在の宮城県議会棟に位置し、馬場や剣槍《けんそう》術所が勾当台公園に、学頭屋敷は仙台市役所前の市民広場にあった。ほかに宿舎、米蔵などの建物群があり、最盛期には教職員約二百人、生徒は約千人に上った。

■外国語を導入

養賢堂は全国有数の規模を誇った。育てたのは二代学頭大槻平泉《へいせん》の力による。平泉は一関出身の蘭《らん》学者大槻玄沢と近い親戚で、江戸の昌平黌《しょうへいこう》で学んだ秀才だった。

平泉は、学頭に就くと学制改革十八カ条を提出した。(1)実用の学問を取り入れる(2)敷地を拡大し武芸のけいこ場を設ける（3）考査を行い優秀者に賞を与える（4）病院を建て医学館を独立させる―など。

また藩校の財政基盤固めに、荒れ地を開き一万三千石の学田を得た。

従来の漢学に加えて、算術や蘭学を取り入れた。蘭学にはオランダ語があり、幕末にはロシア語まで採用した。外国語や算術を教科にしたのは全国的に見ても異色。生徒は八歳から入学を許され、およそ十年間学んだ。三回落第すると退学の決まり。優秀な生徒は昌平黌に進むことができた。

しかし平泉の改革に対して、旧来の儒学者は道徳論を重んじ「オランダ文字など一字も知らなくても済む」と激しく批判した。若くして学頭になった平泉に対するねたみもあった。「養賢堂の運営は、実際には進歩派と守旧派のつばぜり合い。藩幹部まで巻き込み、政治的派閥争いを展開した」と東北大大学院文学研究科講師の高橋章則さん(44)＝日本近世思想史＝は見る。

幕府は朱子学を正学としたが、平泉の学んだ昌平黌では実際は、全国からの俊才がさまざまな学問を学んでいた。「平泉は、江戸で学んだ先駆的な学問を仙台に根付かせようとしたのだろう」と高橋さんは言う。

―関連年表―

▼一六九〇年
江戸・湯島に昌平黌（昌平坂学問所）開設される。

▼一七三六年
五代藩主伊達吉村、仙台の北三番丁・細横丁の西南角に学問所を開設する。

▼一七六〇年
学問所を北一番丁・勾当台通の角に移転する。

▼一七七二年
学問所を養賢堂と改称する。

▼一八一〇年
大槻平泉、養賢堂学頭となり、改革に着手する。

▼一八一五年
医学館を百騎丁（現東二番丁）に創設する。

▼一八五六年
開成丸の起工式が行われる。翌年、完成。

▼一八六八年
戊辰戦争で新政府軍、養賢堂を本営に使用。後、宮城県庁に使用する。

▼一九四五年
太平洋戦争の仙台空襲で、建物を焼失する。

メモ　開成丸は一八五六年着工、一年半で完成した。艦長三三メートルで、六つの砲門を備えた。船名は、人知を開発し、事業を成し遂げる意味の「開物成務」による。
　異国船の来航に刺激された幕府は一八五三年、大船建造の禁を解いた。仙台藩はオランダ人に造艦技術を学んだ江戸の陶工・三浦乾也を招き、松島湾の寒風沢島に造船所を置いて建造した。しかし、江戸湾への航海途中に座礁したとも、石巻で解体したとも伝える。同じ時期、水戸藩では軍艦を建造したが、装備不備で運送船に転用。薩摩藩では成功している。

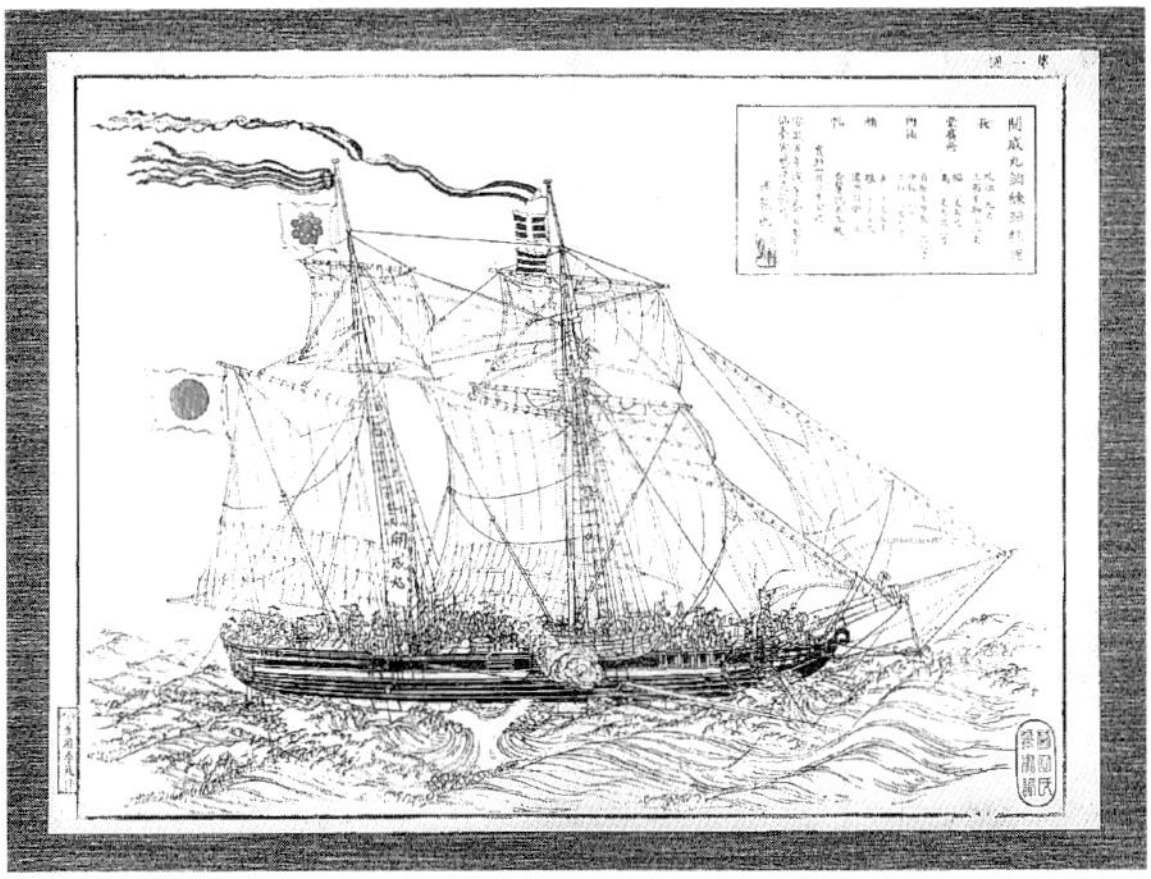

仙台市博物館が所蔵する「開成丸訓練帰帆図」。威風堂々たる姿だが、詳しい航海記録は残っていない

■民に講座開放

養賢堂から分離して現在の東二番丁通、定禅寺通と広瀬通の間に医学館を開設、オランダ医学が講じられた。そこに開かれたのが青柳文庫である。商人青柳文蔵が蔵書二万冊と運営費を藩に寄付した。町人にも書物を貸し出す画期的な施設で、わが国初の公共図書館とされる。

　四十年間、学頭にあった平泉は七十七歳で死去し、子の習斎が後を継いだ。習斎は洋式軍艦・開成丸の建造を藩主に進言したり、洋式大砲を鋳造したりした。また、構内に日講所を設けて町人にも聴講させた。今でいう市民開放講座である。

　実用の学問を目指し、庶民教育に道を開いた大槻父子だったが、果たしてそれが結実したかといえば疑問は残る。高橋さんは「厚い守旧派の壁に阻まれ、学問が経済の振興や、社会の変革に結びつくまでは至らなかった」と分析している。

大槻家の人々

和洋の学問で近代へ道

■知識人を輩出

「西に頼氏、東に大槻氏あり」

江戸時代を代表する学者一家を表した言葉として伝わる。頼氏は、漢詩人、歴史家で知られる広島の頼山陽の家系。大槻氏は一関の出で、玄沢《げんたく》、磐渓《ばんけい》、文彦の父子三代に代表される。三人の顔を刻んだ賢人像がＪＲ一ノ関駅前に立っている。

玄沢は杉田玄白ら蘭《らん》学の先駆者に学び、これを開花させた。磐渓は儒学者で開国論を主張した。文彦は明治初年に国語辞書の草分け「言海」を著した。文彦は宮城県尋常中学校（現仙台一高）の初代校長も務めている。

大槻氏は伊達政宗により滅んだ葛西氏の遺臣に当たる。一関を中心にした西磐井郡の大肝いり（郡長）を務めた。三賢人のほか、略系図に示した養賢堂学頭の平泉《へいせん》、習斎父子、蘭医の玄幹、和漢洋学に秀でた修二（如電）らがいる。それ以外にも一族から数多くの学者、医師、教育家を輩出した。

顕彰活動に取り組んでいるのが大島英介さん（84）＝元盛

大槻家を生んだ一関。市街地の中
流れるのが磐井川で、奥が束稲山
る。大槻家の宗家は写真の左や
森の中に現在も続いてある＝一関
山公園から

岡一高校長・一関市＝で、「地域の人物を知るのは、自分たちの今を確かめることにつながる。若い人たちにこそ先人の足跡を知ってほしい」と言う。

■国際通の学者

玄沢は当時の蘭学界の第一人者だが、奥羽に生まれた玄沢が、蘭学とどこで出合ったのか。それは一関藩医建部清庵の影響を抜きにしては語れない。

清庵は若いころ江戸で学び、オランダ医学に興味を持った。杉田玄白に手紙を送り、オランダ医学について疑問をぶつける。玄白は清庵の質問に敬服し、手紙を通じて交流を続けた。

清庵門下で学んでいたのが玄沢。江戸に出て玄白の学塾に入門したのが二十一歳の時。次いで同じ蘭学の先駆者前野良沢《りょうたく》の下でオランダ語を修めた。玄白や良沢らが初めて西洋の解剖書を訳した「解体新書」を刊行して間もないころだった。

江戸や長崎で学んだ玄沢は、オランダ語学習の入門書「蘭学階梯《かいてい》」をはじめ、解体

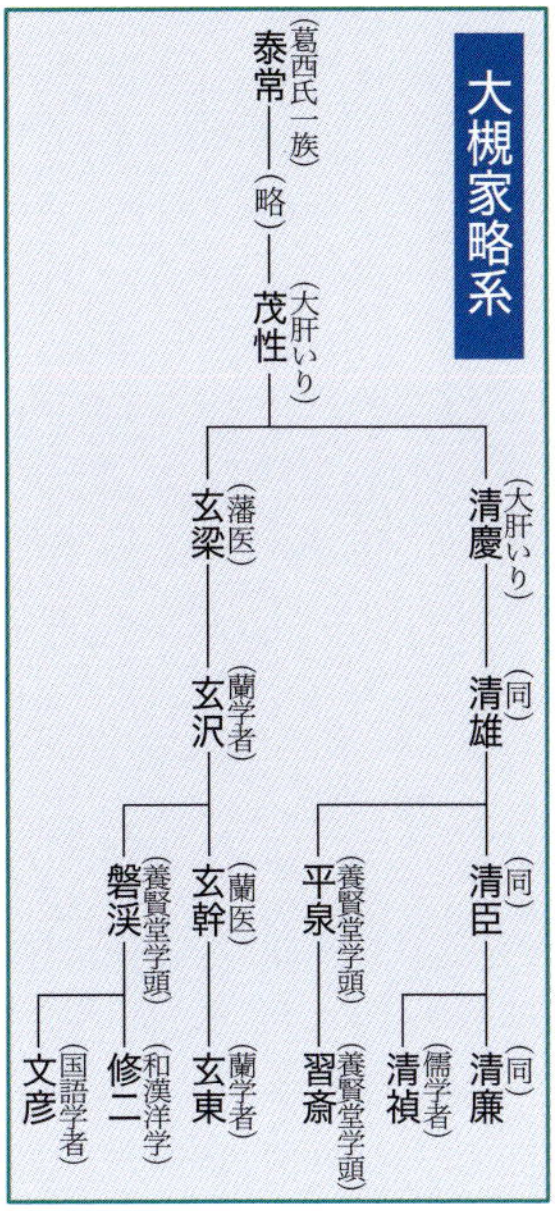

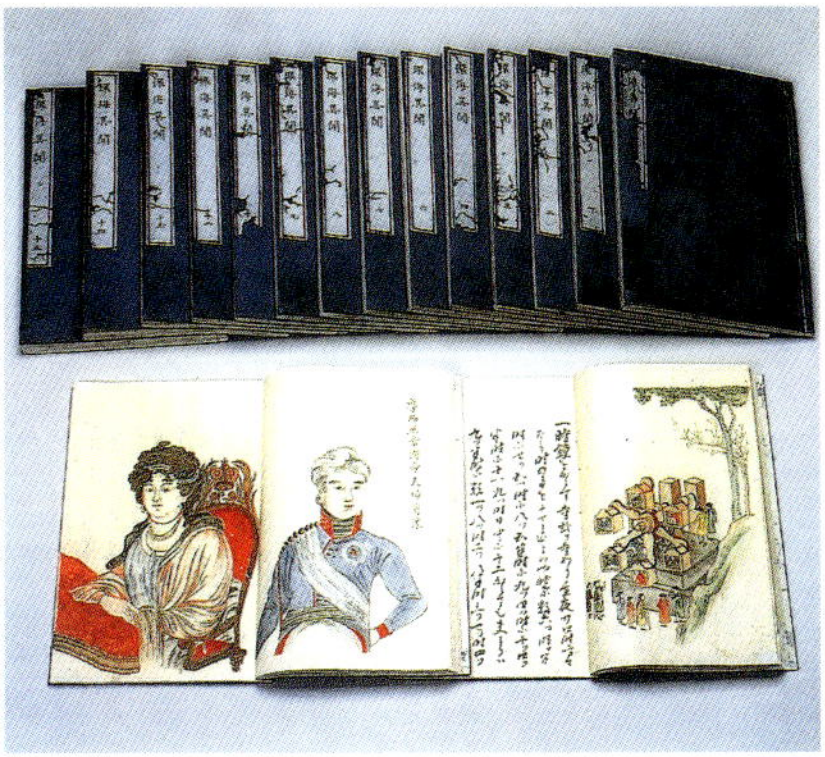

大槻玄沢著「環海異聞」。石巻の漂流民の記録をまとめた。写真下の左側の絵の説明には、ロシア皇帝夫婦肖像、とある（一関市博物館所蔵）

ＪＲ一ノ関駅前にある大槻三賢人像は1984年6月、東北新幹線開業2周年記念に一関青年会議所が企画して作られた。正面が玄沢、左が磐渓、右が文彦

新書を正確に訳し直した「重訂解体新書」などを次々と刊行した。

　ロシアに漂流、十二年後に帰還した仙台藩領民の若宮丸の船乗りから事情を聞いてまとめたのが「環海異聞」である。後、幕府の「蛮書和解御用《ばんしょわげごよう》（蘭書翻訳局）」係を命ぜられ、フランスの百科事典「厚生新編」（蘭訳）の翻訳に取り組むなど、国際通の学者として知られた。

　「実地を踏まざればなすことなく（中略）、すべて浮きたることを好まず」

　これは玄白による玄沢の人物評だ。実証的で勤勉家、徹底した学者肌の人。西洋の科学を取り入れ日本にないものを補う、というのが玄沢の姿勢だった。

メモ　大槻氏は戦国大名・葛西氏の重臣で、もとは寺崎の姓を名乗った。寺崎氏十二代信泰の時、弟の泰常が現在の一関市花泉町に館を構えた。館内にツキノキの巨木があり、領民に「大槻殿」と呼ばれた。泰常が大槻氏の始祖である。

　葛西氏は豊臣秀吉の小田原参陣の際、遅参の罪を問われ領地没収。旧臣が再起を図って兵を挙げたが、伊達政宗によって滅ぼされた。泰常の嫡男は逃れ、その子孫が仙台領西磐井地方の大肝いりに登用された。

　大肝いりの大槻家は、明治まで十代百八十年余続いた。

■死かける覚悟

玄沢は一関藩から本藩仙台藩に籍を移した。百科事典「厚生新編」の一部を幕府に知られないように題名を「生計纂要《さんよう》」と変え、仙台藩校の養賢堂に内密に送っている。仙台藩の蘭学研究を盛んにしたいという考えがあったようだ。「生計纂要」八十六冊が現在、宮城県図書館に伝存する。

磐渓は蘭学者の父親とは対照的に、政治感覚に富む儒者、漢学者だった。幕末、ペリー来航時に開国論を主張して日本の進路を示し、戊辰戦争では佐幕論を展開した。

国語辞書「言海」を編集した文彦は、玄沢に似て学究の人。辞書づくりによる国語の統一は、明治維新後の「日本の独立」に不可欠だった。

大槻家の人々は和洋それぞれの分野で、日本の近代化への道を開こうと格闘した人々であった。

「言海」の奥書に「遂げずば、やまじ」という言葉がある。「人の一生は苦難の連続だが、いったん決めたならば死をかけてもやり遂げる覚悟でやる」の意味で、大島さんが大槻家を紹介するときに使う言葉だ。先人が今の若者たちに贈るエールのようにも聞こえる。

―関連年表―

▼一七五七年
大槻玄沢、一関に生まれる（―一八二七年）。

▼一七七四年
杉田玄白、前野良沢らが「解体新書」を刊行する。

▼一七七八年
玄沢、江戸に出て杉田玄白に、次いで前野良沢に師事する。

▼一七八八年
玄沢、「蘭学階梯」を刊行する。

▼一八〇一年
大槻磐渓、生まれる（―一八七八年）。

▼一八〇四年
若宮丸の漂流民、ロシア使節レザノフ一行と長崎に入港、帰国する。

▼一八一一年
玄沢、幕府の蛮書和解御用係となる。

▼一八四七年
大槻文彦、生まれる（―一九二八年）。

▼一八六二年
磐渓、養賢堂学頭となる。

▼一八九一（明治二十四）年
文彦、「言海」を刊行する。

重量感あふれる堤焼の水瓶《みずがめ》。つややかな肌、土のぬくもりが時を超えて人々の心を引きつける＝仙台市青葉区堤町２丁目、堤焼佐大ギャラリー

堤焼 「用の美」芸術へと昇華

■始まりは内職

「農」「商」に比べて、仙台藩は「工」を苦手にしたように見える。米の生産、流通に精力を傾けざるを得なかった藩政の裏面とも言えようか。だが、物づくりに見るべきものがなかったわけではない。仙台を代表する職人業の一つが戦後まで盛んだった堤焼。

城下一の繁華街、芭蕉の辻から奥州街道を北へ。通町、梅田川を過ぎると堤町（青葉区）の坂。城下北方を守備する番所があり、足軽が住まいしていた。

乱世は終わった。薄給をしのぐため、内職に焼き物が始まる。四代藩主伊達綱村のころ。すり鉢、徳利、水瓶《みずがめ》など素焼きの品々を作った。

一六九四（元禄七）年、工芸好きの綱村は江戸の陶工、

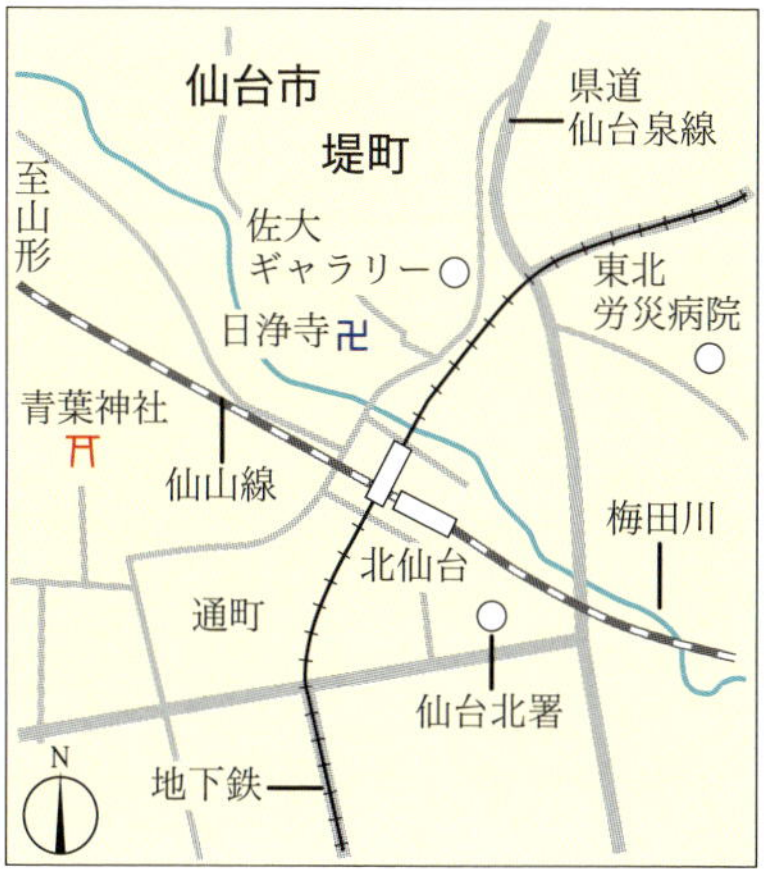

優雅な姿に美しい彩りの堤人形。堤焼は堤町から消えたが、人形作りの伝統は続いている＝仙台市青葉区堤町３丁目、芳賀強さん(60)の製造所

上村万右エ門を招く。今も陶祖と敬われる上村はこの地で没するまで、釉薬《ゆうやく》をかけて登り窯で焼く新しい技法を広めた。

釉薬を使った花瓶や茶器に人々の驚きは大きかった。後世に「東北の深緑と雪から生まれた荒さと温かみ」「鉄釉に海鼠《なまこ》の色が流れて多彩」と評される焼き物の誕生だ。

庶民が使う生活雑器が多かった。他国産よりは地場産業を、と藩の手が差し伸べられた。堤町は十五軒が窯を並べる陶郷に成長していった。

■地元に良い土

陶郷には共通する地勢の利がある。何と言っても材料が近くになくてはならない。消費地もそう。

良質な土は、堤町や台原の段丘に出た。ガラス質の硬い粘土が露出し、小物を作るなら家々の庭からでも調達できた。特に現在の東北労災病院付近の土は好まれた。釉薬となる岩石類は、やや北の鷺ケ森、虹の丘辺りに求められた。燃料の薪《まき》はその隣山の黒松が産地。火力の強

かつて登り窯が並んだ堤町。都市開発の波は、江戸期の飢饉《ききん》でも生き永らえた命をのみ込んだ。左下の寺院が陶祖上村万右エ門の眠る日浄寺＝仙台市青葉区堤町１丁目のマンションから北を望む

い松が森を成していた。

地場の原料に、江戸の技法を融合したことで堤焼はその質を一気に高めた。幕末、一人の偉才が現れる。庄子源七郎義忠。仙台に招かれた江戸の造船技師三浦乾也との出会いがきっかけになった。西洋式の軍艦開成丸建造を命じられた男である。

軍艦と陶芸とは妙な取り合わせだが、乾也は一世を風靡《ふうび》した陶工でもあった。乾也は一つ年下の義忠の腕に確かさを感じ、技よりも心を教えた。

乾也は義忠の上達を見て「乾」の一字を与え乾馬とし、「秘伝書」を残して帰国した。初代乾馬は、用の美を芸術に昇華させた堤焼の中興の祖となった。

メモ　仙台藩の工芸に、高級な絹袴地の「仙台平《ひら》」がある。五代藩主吉村が郷土産業振興に京の織工を招き、精巧に織らせた。京から買っていた織物経費が省け、将軍家などへの献上品に重宝された。

このほか「仙台箪笥《たんす》」も旧藩時代に生まれ、ケヤキ材に鉄飾りを施す豪華さ、嫁入り箪笥で知られる。

「松川達磨《だるま》」は江戸後期に制作が始まったとされる。華麗な彩りで宝船、福の神などを描き、縁起物として年の市で売られた。

―関連年表―

▼一六一八年
堤町が置かれる。
▼一六九四年
上村万右エ門が窯場を築く。
▼一七一五年十二月
万右エ門死去。堤町・日浄寺に葬られる。
▼一八五六年五月
三浦乾也、仙台藩に招かれる。
▼一八五七年十一月
軍艦開成丸が完成する。
▼一八五八年十一月
庄子源七郎義忠、乾馬を名乗る。
▼一九二〇年代
主力を陶器から土管に切り替える。
▼一九六四年
三代目乾馬こと、針生嘉孝氏が泉へ移る。
▼一九七八年三月
堤町最後の窯、佐藤達夫氏が生産をやめる。

■戦後廃業続く

さて、全盛期は明治・大正期。もはや二足の草鞋《わらじ》でなく職人芸として。ろくろを回し薪を割る音が響き、窯から火煙が立ち上った。東北線に載せて岩手、青森方面に出荷した。

大正末期、東海の瀬戸焼、常滑焼に押された堤焼は、土管に活路を求める。だが、復活の喜びも長くは続かず、戦後は次第に、ヒューム管に市場を奪われていった。

さらに都市化による宅地開発の波をまともにかぶった。窯が吐き出すばい煙は「窓も開けられない」と新住民の目の敵にされた。一九六〇年代に廃業が続く。最後の窯元は「佐大商店」の佐藤達夫さん(75)。七八年三月まで頑張ったが、登り窯に二度と火が入ることはなかった。

失って初めて人々は、窯の存在の大きさに気付いた。二〇〇一年六月、主婦、学生たちが手弁当で佐藤さんの作業所に「堤焼佐大ギャラリー」を開いた。四百点の陶器、登り窯を残そうという手作り博物館ができた。

堤焼三百年の伝統は、今陶工芸として、仙台・泉区に移った四代乾馬、針生嘉昭さん(74)と息子たちによって受け継がれる。一家は今なお、台原に土を求め、家伝「秘伝書」をひもときながら創造を重ねる。

堤焼の故地堤町には、窯を休める冬の仕事だったオヒナッコ様―堤人形だけが残り、かつての窯業の町の面影を物静かに伝える。

5月中旬に行われる仙台・青葉まつりの主役は、趣向を凝らした山鉾の巡行。350年前に始まったとされ、歴代藩主も桟敷席で楽しんだ＝2001年5月20日、仙台市青葉区一番町3丁目

商人町の盛衰　統制が崩れ自由競争へ

■商業育成図る

商都としての仙台がその顔を持ち始めたのも藩の時代。卸中心の流通、今でいう全国チェーン店の進出など、その歩みは今日の仙台経済界の姿に通じる。

一六〇一(慶長六)年、仙台を開いた政宗は、米沢以来の六つの商人町を道筋に配した。

六町は御譜代町と呼ばれ、特定商品の独占販売権を授かった。大町は呉服、古着、肴《さかな》町は魚類…。商業育成を図る都市づくりだった。

藩は扱う商品の重要度によって、職人町を含む全町を「町列」と称して格付けし、御譜代町六町を上位にランキングした

仙台城下の屋敷割り

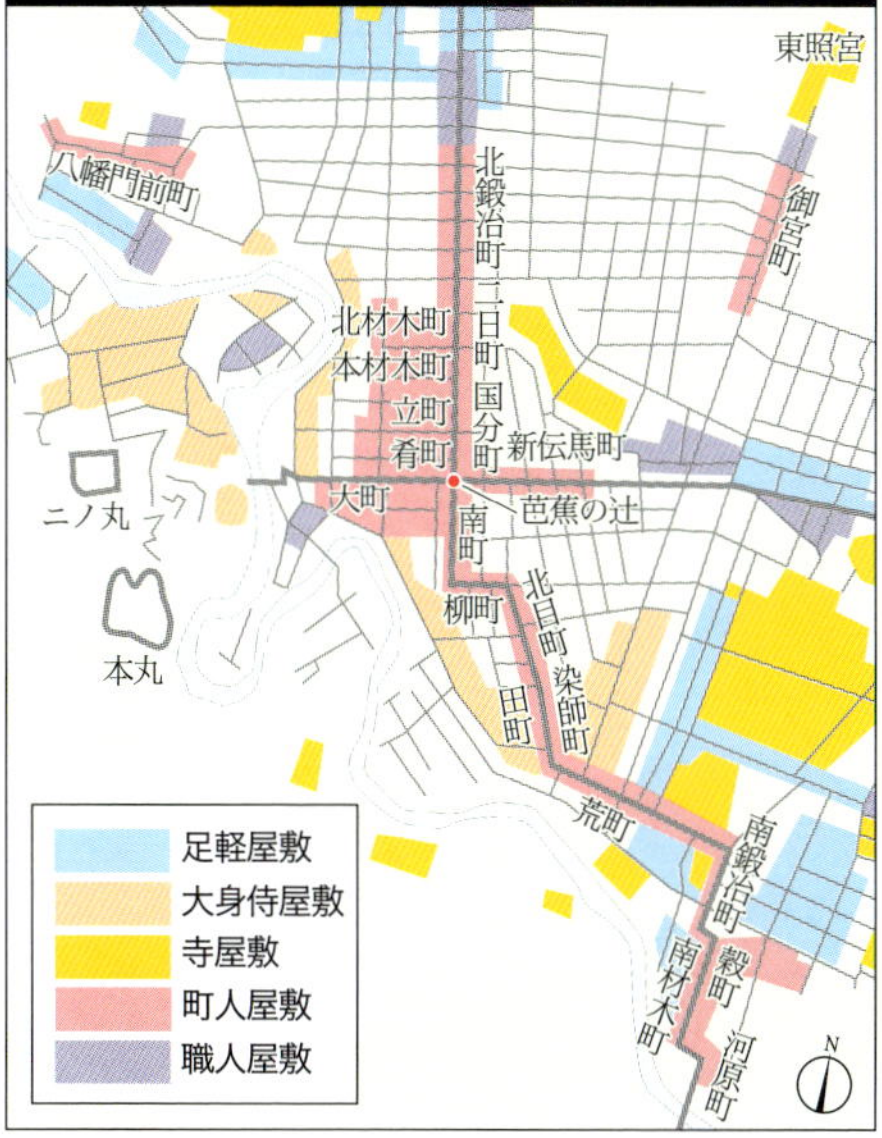

藩指定の仙台の町人町番付と取扱品目

町列	町　　名	主な商品
①	大町三－五丁目	呉服 絹布 木綿
②	肴　　町	魚　介　類
③	南　　町	八　百　屋　物
④	立　　町	穀　　物
⑤	柳　　町	茶
⑥	荒　　町	麹（こうじ）
7	国　分　町	各　　種
8	本　材　木　町	材　　木
9	北　材　木　町	たばこ　材木
10	北　目　町	各　　種
11	二　日　町	穀　　物
12	染　師　町	染　め　物
13	田　　町	紙
14	新　伝　馬　町	穀　　物
15	穀　　町	穀　　物
16	南　材　木　町	たばこ　材木
17	河　原　町	各　　種
⑱	大町一－二丁目	古　　着
19	上　御　宮　町	各　　種
20	下　御　宮　町	各　　種

（1807年、民間資料）
○数字は御譜代町でその商品は専売

＝表参照＝。町の長は検断といい、重い役目を担った。これらの町々は江戸などからの品々を卸す問屋衆。小売商が足を運んだ。

もう一つの特権が定期市の開催。譜代の町々は持ち回りで六年に一度、九月に市を立てた。期間中は他町の商いは禁止。例えば荒町の番だと、他の町は店銭《たなせん》を荒町に払って店を借りた。

「不公平だ」と、次第に不満の声が上がる。藩は一六五一年に市の権利、一六七五年に専売権を廃止した。商売は自由になった。しかし、黙っていられなかったのが六町。店銭を失った六町は、その相当額を全町人町に割り当て、取り立てる権利を藩に認めさせた。特権の延長。他町には、いわば営業税に映った。

■急場の資金源

ここまで優遇するのには藩の事情があった。六町はいざという時の資金源。城の改修にも人足を出した。

城下の縛りは緩んだ。だが、地方の商人は相変わらず、仙台の問屋を通す不便を強いられた。ただ、統制

旧藩時代の仙台城下一の繁華街、芭蕉の辻のにぎわいを伝える後年の絵。高札に見入る男女（左下）、魚の行商やかご屋（十字路の辺り）、山伏（中央下）らの姿が描かれている（仙台市博物館所蔵）

が崩れ始めたことを示す話が残る。

一八一三年、領内沿岸部に密荷情報あり、大町検断が町人衆に摘発を命じる。が、「石巻で鉄砲を打ちかけられ、気仙沼で石をぶつけられ、仙台へ戻る」（大町六仲間取締覚帳）と追い返される。

一八〇四年の大町商人の日記。「女古着売り数十人が商品を横流し、至極迷惑。追っ払ってもまた現れる」とぼやいている。

女古着売りは鑑札（営業許可証）なしの商売。堤町、河原町など城下四カ所にあった番所の内側で商った。仙台で品物を仕入れて帰る地方商人が番所で取引税を払う前に、女古着売りがこれを安く引き取り、仙台の町々を行商した。自由競争に向かう市場の力を無視できなくなっていた。

■近江から進出

このころ、近江商人が進出する。一七六九

メモ　町列一位の大町三、四、五丁目の検断（区長）を代々務めた青山家は全町人町を代表する惣《そう》町検断の地位にあった。密荷や横流しを監視、取り締まる権限を持っていた。

豪華な福袋で知られる仙台初売りも、旧藩時代からの伝統行事。文化、文政のころ（一八〇〇年代前半）の史料に「正月二日の朝早くから店の格子戸をたたいて初売り初買い…」とある。

仙台商人の心意気を表す商習慣として根付いているが、ここ数年、恒例の二日開催にこだわる地元経済界と、元日営業を主張する大手スーパーとの間で綱引きが続いている。

―関連年表―

▼一六〇一年一月
仙台城下の屋敷割りを行う。
▼一六五一年
御譜代町の市の権利を廃止。
▼一六五五年九月
東照宮の例祭、仙台祭りが始まる。
▼一六七五年
専売権を廃止。
▼一七五二年
仙台で大火、千五百二十戸を焼失。
▼一七五五年
宝暦の大飢饉。
▼一七六九年
近江・中井家が仙台店を開店。
▼一七七六年
仙台で大火、千五百五十戸を焼失。
▼一七八三年
天明の大飢饉、米屋打ち壊し騒動起こる。
▼一八三六年
天保の大飢饉。

年に中井家が大町に古着店など三店、呉服の壷屋、薬の小谷屋も続いた。伝統を守る藩も、江戸の町に劣らぬ品ぞろえをするには領外資本の助けを必要とした。

中井家は天童、相馬に支店網を広げた。店員は二、三年で近江に戻る転勤族。大町の店には番頭以下五十六人の店員がいたという。江戸後期の城下は大型店の攻勢に加えて飢饉《ききん》、大火に見舞われた。夜逃げが頻発し、空き屋が目立ったと伝わる。

中井家は藩の蔵元を務めた後、幕末の混乱の中で撤退するが、仙台の商業史を語るには欠かせない店だ。

普通の商家は間口六間（約一〇・八メートル）、奥行き二十五間（約四五メートル）。広さ百五十坪（約五〇〇平方メートル）の店舗兼屋敷は、間口が狭く奥行きが深い。今の商店街の原型となった。

城下一の楽しみは宮町・東照宮の秋の例祭、仙台祭り。山鉾《やまぼこ》のきらびやかさを競って繁華街に繰り出した。この時だけはぜいたく差し支えなし。見物人に酒が振る舞われた。

一六五五年起源の祭りは明治時代に消滅した。が、政宗没後三百五十年の一九八五（昭和六十）年五月、仙台・青葉まつりとして復活した。

青葉まつりは転勤、就職などで春に越してきた新仙台住民が、仙台城下を実感する祭典となっている。

1809年制作の「松に山鳥図」。仙台城二の丸の表御門対面所・松の間の障壁にかかれた。本来は22面あったが、1882年に火災に遭い、現存の４面が救い出されたと伝わる（仙台市博物館所蔵）

絵師・東東洋　京都で自由な画風吸収

■仙台四大画家

仙台市若林区荒町にある禅寺・昌伝庵《しょうでんあん》は、伊達氏の菩提《ぼだい》寺《じ》の一つとして米沢で約五百年前に創建された。政宗とともに岩出山を経て仙台の現在地に移転、御譜代町・荒町の人たちの信仰を集めた。

その本堂裏手の墓地に、旧藩時代を代表する絵師・東東洋《あずまとうよう》の墓がある。

「温かみのある画風がいい」と近所で書店を経営する菅野邦男さん(65)。自らも東洋の絵を数十点持っている。菅野さんは三年前から、東洋の命日に当たる十一月二十三日に昌伝庵の本堂を会場にコレクションを展示、地元商店街の「まちおこし」に一役買っている。

東東洋、小池曲江《きょくこう》、菅井梅関《ばいかん》、菊田伊洲《いしゅう》―江戸時代後期に活躍した仙台地方出身の四人の画家を「仙台四大画家」と呼んでいる。

四人の中でもナンバーワンの地位にあるのが京都画壇で活躍した東洋である。

■「法眼」の称号

東洋は現在の宮城県北の石越で生まれ、金成で育った。父親も狩野派の絵をよくした人物だった。画才を見込まれた東洋は一七七二（安永元）年、狩野派画家の養子になり江戸へ出る。翌年、京都に遊学。時に十九歳だった。ここで絵師としての一大転機を迎える。

将軍のおひざ元、当時の江戸画壇は狩野派の御用絵師が絶大な勢力を持っていた。これに対して京都は与謝蕪村の南画、円山応挙の写実画など多種多様な画風が競い合っていた。

東洋の命日に墓参する末えいの東量三さんと眞《まき》夫人。仙台に来るたびに、菩提寺に立ち寄るという＝2001年11月23日、仙台市若林区荒町の昌伝庵

―関連年表―

▼一七五五年
東東洋、仙台領の石越に生まれる。
▼一七七二年
狩野派画家の養子となり、江戸に出る。
▼一七七三年
京都に遊学する。
▼一七八〇―八六年
北越、長崎を旅し、京都に戻る。狩野家を辞し、東東洋の名で活躍する。
▼一七九五年
このころ「法眼」に叙せられる。翌年、仙台藩のお抱え絵師となる。
▼一八〇九年
焼失した仙台城の二の丸が完成。表御門対面所・松の間に障壁画をかく。
▼一八一七年
養賢堂・講堂の障壁画をかく。
▼一八二五年
京都をたち、仙台に戻る。
▼一八三九年
東洋、死去。

「狩野派は筆遣いが硬く、武家向けだった。上方の蕪村の南画や応挙の写生画は、温和で写実的で分かりやすい。町人層を顧客にした」

仙台市博物館学芸員の内山淳一さん(43)は、背景に土地柄の違いがあることを指摘する。

京都で東洋を引きつけたのは、京都生まれの絵師・呉春が創始した四条派だった。呉春は蕪村や応挙に学び、先輩絵師の画風に詩情を加え人気を博した。呉春やその門弟の多くが京都の四条通に住んだことから四条派と呼ばれる。

東洋の実家はもとは中農で、父は町医者。町人文化中心の都の空気が肌に合ったようだ。

四条派の技法を磨く一方、呉春とともに都の文化サロンに出入りした。あるいは長崎や北越を、絵をかきながら旅して諸国の文人と交わった。やがて朝廷から「法眼」の称号を贈られた。

絵師の最高位は「法印」で、法眼はこれに次ぐ。同じころ仙台藩のお抱え絵師となり、以後、都と仙台を行き来する。

■硬軟かき分け

代表作「松に山鳥図」は、仙台城二の丸表御門対面所・松の間に置かれた障壁画で、力のこもった厳格な筆致でかかれている。一方、「観音・龍虎《りゅうこ》図」にある観音の絵は、観音さまが岩にひじをつき、顔は近所のおばさんのような表情をしている。

1839年制作の「観音・龍虎図」（部分）。観音の表情に、東洋のユーモラスな感覚が表れている（仙台市博物館所蔵）

メモ　仙台四大画家とは、明治時代に仙台に在任した裁判官で南画家としても知られる川村雨谷が命名した。
　東東洋のほか、小池曲江は塩釜出身で中国の渡来画家に画風を学んだ。南蘋《なんぴん》派の画家といわれ、写生的な花鳥画を残した。菅井梅関は仙台出身の南画家で、梅の絵を得意とした。菊田伊洲も仙台出身。狩野派の画家で優れた山水、花鳥画を残している。四人は没年はほぼ同じ時期だが、絵画の系統はそれぞれ異にし、諸派が混在した江戸時代後期の状況をそのまま反映している。

硬軟かき分ける幅の広さが持ち味。藩の仕事では厳格な画風を保ちながら、庶民相手にユーモアあふれる人物や動物の絵を数多く残している。

　武家政権から離れた京都で自由な画風を吸収、温かみのある東洋独自の絵の世界を切り開いた。地方画壇も江戸時代前期は狩野派一辺倒だったが、後期には庶民が絵を楽しむ時代になり、画風が多様化した。

「東洋の生き方そのものが、文化の広がりを例証している」と、内山さんは言う。

　京都滞在は五十年余に及び、仙台に戻ったのは七十一歳の時だった。以後、仙台の豪商から注文を受けたり、領内の角田や気仙沼に出掛けて絵をかいたりして、八十五歳の天寿を全うした。

　昌伝庵の東洋の墓には「法眼東洋居士之墓」とある。郷里に戻っても京都時代に得た法眼の地位を誇りにしているようだ。東洋から数えて六代目の子孫が東量三さん(76)＝元東京農業大教授、東京都国分寺市＝で、命日には夫婦で墓参に訪れる。「家に東洋筆の漢詩の掛け軸がある。筆遣いは勢いよく、気宇壮大な人だったのでしょう」と語る。

茶道と能　みやびの礎　政宗が築く

■奥州人の威風

仙台藩が大藩と一目置かれた理由に、六十二万石の経済力のほか、茶道、能楽などの文化水準の高さがあった。

それに由来する数字が現在も続く。二〇〇〇年の仙台市民の和生菓子代は、一世帯当たり一万三千二百円。全国平均を三千七百円余り上回る（総務省家計調査）。一九九八年まで県都の中で七年連続一位。茶菓代の多さは、茶に親しんだ往時の名残と言える。

仙台藩は能に年間三万石分を充てた。政宗以来の歴代は政治、外交手段としてだけでなく、芸術文化の豊かさを愛した。

一五九〇（天正十八）年、小田原。北条攻めの秀吉のひざ元に屈した青年政宗は、秀吉から茶をもてなされた。

「いなか武将に京の作法を教えてやる」

天下人は見くびった。が、政宗の作法は堂に入ったもの。

「ただ者ではない」

二人の距離は一気に縮まった。

仙台城縄張り始めで演じた「養老」が、「伊達交流サミット」で再現さ
シテは金春流の金春安明氏。古風な
伸びやかな動きが、観客を酔わせ
2001年5月18日、仙台市青葉区の仙
民会館

十年後、関ケ原の合戦で家康が天下を握った。以後、戦の心配は薄らいだが、大名にとって情報戦の重要性は変わらない。人脈を得ようと茶会が競われた。以前から政宗は大坂・堺発の経済情報に着目した。堺出身の第一人者、千利休に知己を得たものの、間もなく利休は切腹となった。その後は、弟子、古田織部に師事する。南蛮貿易や大砲の話などが耳をくすぐった。

さらに家康の側近、茶匠今井宗薫に近づいた。関ケ原の前年、政宗は宗薫の労で、長女五郎八姫《いろはひめ》を、家康六男、松平忠輝に嫁がせた。

一六〇一年、仙台城下が開かれ、茶道ももたらされた。古田門下の清水道閑を京から招いた。子の動閑は幕府と同じ石州流の点前。四代藩主綱村の晩年、一六九三年から十二年間に江戸や仙台で藩が催した茶会は、千百回を超える。

当時の茶室は三人入ればいっぱいの狭さ。多数を招こうとすれば数をこなさなければならなかった。それにしても実に多大である。

■太鼓は名人級

仙台の能は一六〇〇年を起源とする。暮れ、仙台城普請の縄張り始めに、政宗は祝言能「養老」など五番を舞わせた。以降、城内だけでなく、家臣の屋敷にも能舞台が設けられるほど。能役者の桜井八右衛門安澄を奈良に遣わし、奥義を学ばせたのもこのころ。

桜井が十年間修業したのは金春流。縄張り始めの舞も金春。勇壮な芸風が政宗好みだったようだ。政宗と能にまつわる逸話は実に多い。一六三四年、将軍家光に蟄居《ちっきょ》させられていた喜多流の喜多七太夫のことをとりなし、復帰させている。これが縁で仙台藩は金春、喜多の二大流派を抱えた。

二十歳で能の道に入った政宗は五十年の芸。太鼓の腕は名人級だった。欧州に能を紹介したのは彼とする説もある。

支倉常長の遣欧使節とともに海を渡ったスペイン人大使、ビスカイノは「金銀島探検報告」で仙台で見た能のことを記している。

「劇は戦争と一人の王の女の物語で…」

仙台藩は二百を超す演目を持ち、政宗は平将門や平家物語を特に好み、涙したという。乱世を生き抜いた武将の精神性がのぞく。

■現代に脈々と

さて、明治の世となり武士社会が終わると、武士の芸、茶道と能も廃れた。茶道具は散逸し、能舞台は壊された。が、記憶を呼び覚ますかのように戦後、市民によって再興が図られる。

茶道十二流派が集う「杜《もり》の都大茶会」は五月恒例の野点《のだて》。仙台市所有の「六幽庵」（青葉区木町通）、「緑水庵」（同区片平）など四茶室は市民に開放、往時をしのばせる茶会が開かれる。

当代一流の役者が演じる仙台青葉能、伝統ある登米市登米町の薪能にはファンのため息が漏れる。何百年にわたって織り込まれた風雅さ、高い技に触れて思う。永く伝えていかなくては、と。

メモ　明治維新後に衰退した仙台の茶道は、裏千家十三代家元円能斎が仙台の茶人、伊藤宗幾《そうき》のはからいで東北を巡業したことから、再び普及する。

大正になって、宗幾の養女嘉代子さんと十四代家元淡々斎が結婚し、仙台と裏千家の結び付きが深まった。

一九三五（昭和十）年、政宗の菩提《ぼだい》寺、瑞鳳寺（青葉区霊屋下）に、裏千家から茶室「瑞新軒」が贈られた。千嘉代子さんは六九年に仙台市の名誉市民に推された。

仙台では多くの流派の活動が盛ん。石州清水流は現在、十三代清水道関氏(73)が継ぐ。

―関連年表―

▼一五九〇年六月十日
政宗、小田原で秀吉に謁見《えっけん》後、茶の席に招かれる。

▼一五九六年冬
京の伊達屋敷で能演。政宗が太鼓を打ち、秀吉が「老松」を舞う。

▼一五九九年一月二十日
今井宗薫の仲介で、政宗の長女五郎八《いろは》姫《ひめ》と、家康の六男松平忠輝が婚約。

▼一六〇〇年十二月二十四日
仙台城の縄張り始めを祝い「養老」「高砂」など五番の能を舞う。

▼一六一〇年
能役者、桜井八右衛門安澄を金春流家元に学ばせる。

▼一六〇〇年代前半
京の茶人、清水道閑を仙台に招く。

▼一六一一年十月
政宗、来日中のスペイン人大使、ビスカイノに仙台で能を見せる。

▼一六三四年冬
政宗、幕府に蟄居《ちっきょ》させられていた能・喜多流の家元を救う。

▼一六三五年
六十九歳の政宗、江戸城で太鼓を披露。

▼一六九三―一七〇五年
仙台藩が千百回の茶会を催す。

政宗の菩提《ぼだい》寺、瑞鳳寺で毎月、裏千家社中による茶会「月釜《つきがま》」が開かれる。年末を除いて、政宗命日前日の23日に行うのが恒例＝2001年12月19日、仙台市青葉区霊屋下

飢饉　地獄絵　二十万人越す死者

■人の肉を口に

飢饉《ききん》の記憶は、幾星霜を経ても東北の人たちの心の底に奥深く刻まれている。原因は冷たい東風と長雨。

凶作の年、人々は「山に登った」と古文書にある。山に入り、木の実や草の根を食べた。雪が降ると田んぼに戻り、稲の根を掘る。が、雪が深くなるとそれもできない。食料は絶え、老人や子供たちが次々と餓死した。

「今のアフガニスタンの戦争と同じですよ。弱い者から順に死んでいく。栄養失調で体がもたない子供たちが、バタバタと道端に倒れていったのでしょう」と石巻市門脇町の西光寺住職樋口隆信さん(69)は語る。

樋口さんは一九七三年、地区の青年学級の若者たちと一緒に江戸時代の天保の飢饉の調査をした。一八三七（天保八）年の過去帳を見ると、死人が特に多いのは食料の不足する一―二月で、この間に三十一人が死んでいる。当時の門脇村の人口は約二千人、二日に一人の割合で人が死んだ。武士は少なく、多くは貧しい農民や町人の子供たちだった。

寺には「人の肉を口にした話も伝わっている」という。凶作の

栗原、登米市周辺を上空から見る。
な恵みをもたらす宮城の耕土。し
時には凶作が襲い人々を苦しめた
難の歴史を無言の大地が刻む。写
右が内沼、左が伊豆沼、奥が長沼

天明飢死図集。飢饉で亡くなった子供や老人の死体をムシロでくるんで運ぶ様子を描く。場所は宮城県北の佐沼地方と伝える（仙台市博物館所蔵）

翌年の梅雨の時期、栄養失調で体力が弱っているところにチフスや赤痢など疫病がはやり、多数の死者が出た。一度飢饉が起きれば、一年間は確実に地獄絵が展開する。

浅間山の噴火が天明年間の一七八三年で、火山灰が日光を遮り、世界的な不作の一因となった。奥羽の地では江戸時代中期から後期に発生した宝暦、天明、天保の飢饉を三大飢饉と言い、仙台藩では二十万人以上の人々が死んでいる。

■人為的要因も

ところで、凶作は天候異変が第一の原因だが、「人為的要因も被害を大きくしている」というのが飢饉史に詳しい宮城学院女子大の菊池勇夫教授(51)＝日本近世史＝の見方だ。

例えば天明の飢饉の時、仙台城下で起きた「安倍清騒動」というのがある。

安倍清右衛門という人物がい

仙台城下における米価の変動

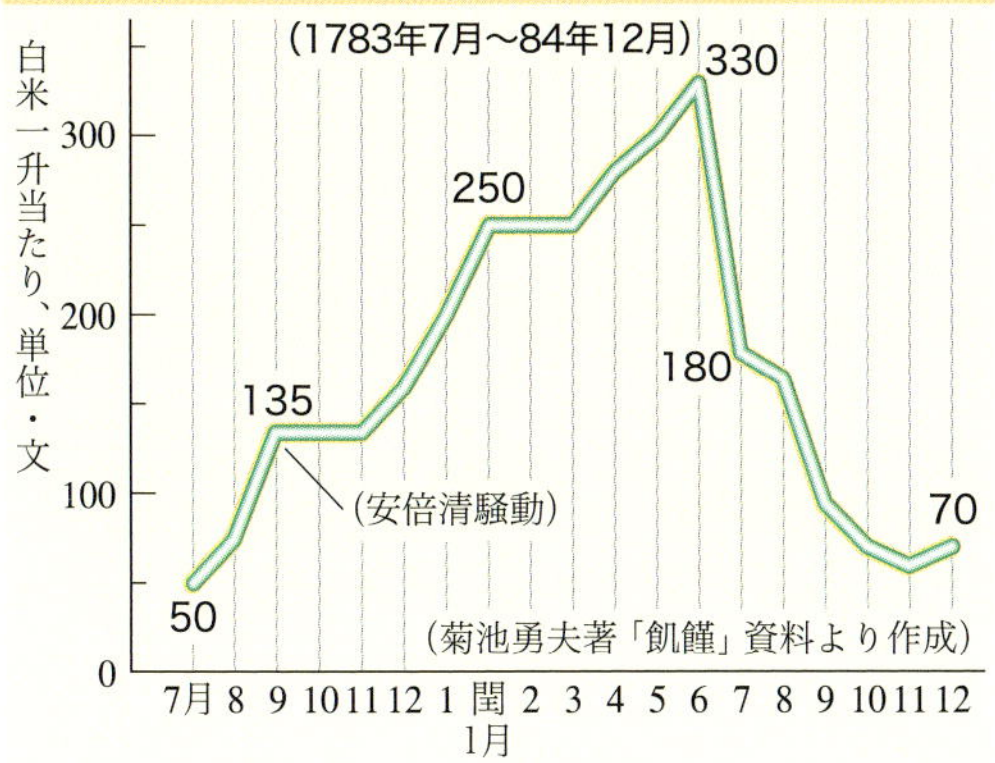

て、もと木綿商人だが、献金して武士となり藩の財政を担当した。一七八二(天明二)年、西日本が凶作になり米価が高騰すると、安倍は領内を回ってコメを買い集め、翌八三年の春から夏にかけて、西国大名にコメを売りさばいた。

ところがその年九月、天候不順で凶作になることがはっきりすると、米価は急激に高騰した。

「安倍清が買い占めたからコメがなくなったんだ」と、広瀬川の現在の仲の瀬橋付近の河原に数千人が集結し、鬨《とき》の声を上げて木町通にあった安倍の屋敷を襲って打ち壊した。次いで二日町にあった安倍のコメを扱う店を襲った。安倍は事件で失脚、世に安倍清騒動と呼ばれる。

■救済策は後手

翌八四年冬、藩は城下の松原地蔵尊(現若林区若林二丁目)に小屋を設け、粥《かゆ》を支給した。

ここでは領内の農村、盛岡からも人が押し寄せ一日数千人が並んだ。その傍らで一日六十人もの人々が死んでいったという。

伊達政宗は仙台開府以来、北上川流域を中心に積極的に新田を開発、そして江戸にコメを売ることを思いついた。コメを農民から独占的に買い上げ、西日本の凶作に乗じてコメを売り、藩財政を立て直したのが、中興の

メモ 江戸時代に東北地方であった大きな飢饉の概要、死者の概数は次のようになる。
・宝暦＝太平洋側を中心に被害を出した。八戸藩五万六千人。盛岡藩五万人。仙台藩は北部を中心に二万人。
・天明＝江戸時代で最大級の被害を出した。弘前藩八万人。八戸藩三万人。盛岡藩六万人以上。仙台藩十五万—二十万人。相馬藩一万—二万人。
・天保＝七年間にわたって飢饉が断続的に続いたのが特徴。弘前藩三万五千人。その他はよく分かっていないが、仙台藩では石巻地方の被害が大きく一万七千人のうち八千人が死亡したとされる。

天保の飢饉を供養するために立てられた地蔵尊。「夏、冬問わず、近所の人たちがいつも供養に花を持ってくる」と西光寺の樋口隆信住職は話す＝石巻市門脇町

英主とうたわれた五代藩主吉村である。その流れの中で、飢饉が起きた。

参勤交代や幕命による日光普請などで、とにかく金がかかった。「藩は『コメを金に換えたい』という考えが先に立ち、領民救済が後手になった」と菊池教授は分析する。

江戸、大坂、京都の大消費地にコメを送るネットワークがつくられ、封建体制下の農村が、市場経済に巻き込まれた。しかし、いざ飢饉となれば各藩は「穀止め」といって、自領のコメを他藩に出さない。しかし、これは救済策の決め手にはならなかった。

仙台藩では酒造やそば、うどんなどの穀物加工を禁止して節約令を出したり、早稲《わせ》などの品種改良、食料を備蓄する社倉制度の整備に取り組んだりした。

しかし、それだけで根本的な解決策にはならない。徳川幕府は諸藩をコントロールできず、それ自身、問題解決の力を失っていた。

関連年表

▼**一六〇一年**
伊達政宗、仙台城に入城。以後、新田開発に力を注ぐ。

▼**一六三二年**
仙台藩のコメが海路、江戸へ運ばれる。

▼**一七三二年**
西日本が虫害で大凶作となり、米価が高騰する。仙台藩五代藩主伊達吉村、コメを売り五十万両の巨利を得る。

▼**一七五五、六年**
宝暦の飢饉が起きる。

▼**一七八二年**
西日本で凶作。仙台藩財政担当の安倍清右衛門が領内のコメを買い集める。

▼**一七八三年九月**
仙台城下で、安倍清騒動が起きる。

▼**一七八三、四年**
天明の飢饉が起きる。

▼**一八三三—三九年**
天保の飢饉が起きる。

コラム

仙台の商人町の資料を探っていたら、各町の序列を示す「町列」というランキング表があった。大町三―五丁目を一位とし、肴町、南町、立町、柳町、荒町の順に並んでいる。米沢以来、政宗に従ってきた御譜代町が上位を占める。

町列は、商品の専売権や市の開催、藩主に拝謁する際の座る場所までを左右した。上位の町の長は検断という、世襲制の区長のようなものを任された。

不思議なことに、同じ大町でも一―二丁目は十八位と下位にいる。ここでは検断を置かず、有力商家が月交替で町内を治める慣習があったことが、影響したようだ。

距離的にお城に近いのは一―二丁目の方。納得がいかなかったのだろう。「町列を上げて」と幕末まで嘆願運動をしている。

ところで、他県の方から「仙台商人は威張っている。商売っ気がない」とよく言われる。この時の格付け、特権意識が何らかの形で尾を引いているのかもしれない。

第六章　近代の夜明け

林　子平
蝦夷地警備
奥羽越列藩同盟
戊辰の戦火
北へ渡る・伊達市
北へ渡る・当別町
千葉卓三郎

林　子平　国情憂い決死の海防論

■北の脅威訴え

林子平が生きたころの日本は鎖国の惰眠をむさぼっていた。仙台藩もそう。子平は、その危険を説き、開国を主張した。だが、周りから奇人扱いされ、孤立無援に陥った。

子平は一七三八（元文三）年、江戸の幕臣の家に生まれ、町医者の叔父に養われた。仙台藩士となったのは、六代藩主宗村の側室に上がった姉なおの縁。藩士となった兄嘉善とともに初めて仙台へ。無禄《むろく》厄介という自由な身分だった。

気ままな旅が始まる。「江戸へゆく」とげた履きで兄宅を出ると、何年も帰らなかった。路銀が足りず、神社で寝たり夜通し歩いたり。興の向くまま行動する直情の人。しかし、好奇の目は常に外を向いていた。

江戸で感化された人物が仙台藩邸医の工藤平助。工藤は著書「赤蝦夷《えぞ》風説考」でロシアの脅威をいち早く発表。北海道の鉱山を開発し、進んでロシアと交易すべきだ、と幕府に献言した。

時の権力者、老中田沼意次に採用されたが、田沼の失脚で構想はお蔵入り。

工藤は「提案型」。対して権力との「対決型」で、北の脅威論を

林子平は、蝦夷（北海道）警備を固
と説いた。予見通り、道内の湾は口
の脅威にさらされた＝北海道小樽市
台より小樽港ふ頭を望む

引き継いだのが子平だった。江戸で蘭学《らんがく》に触れた子平は、唯一の貿易港長崎へ。一七七五年を最初に三度も遊学した。

長崎の晩餐《ばんさん》会の様子を子平が描いた絵がある。子平を囲み、五人のオランダ人が洋酒を飲む憩いのひとときだ。

■言わぬは不忠

このころ、子平は旧知のオランダ商館長に告げられる。

「日本を狙ってロシアが南下中」

子平は仙台に取って返し、太平楽の夢を覚ますべく執筆に没頭した。木鐸《ぼくたく》をたたく気持ちだったろう。

その話の前に子平が仙台藩を憂い、提案した改革案を見たい。一七六五年から三度の「上書」がそれ。第一上書でまず制度疲労の問題を突きつけた。「第二」で二年後の天明の飢饉《ききん》を予測しての構造改革を迫った。「第三」で富国策を提唱した。

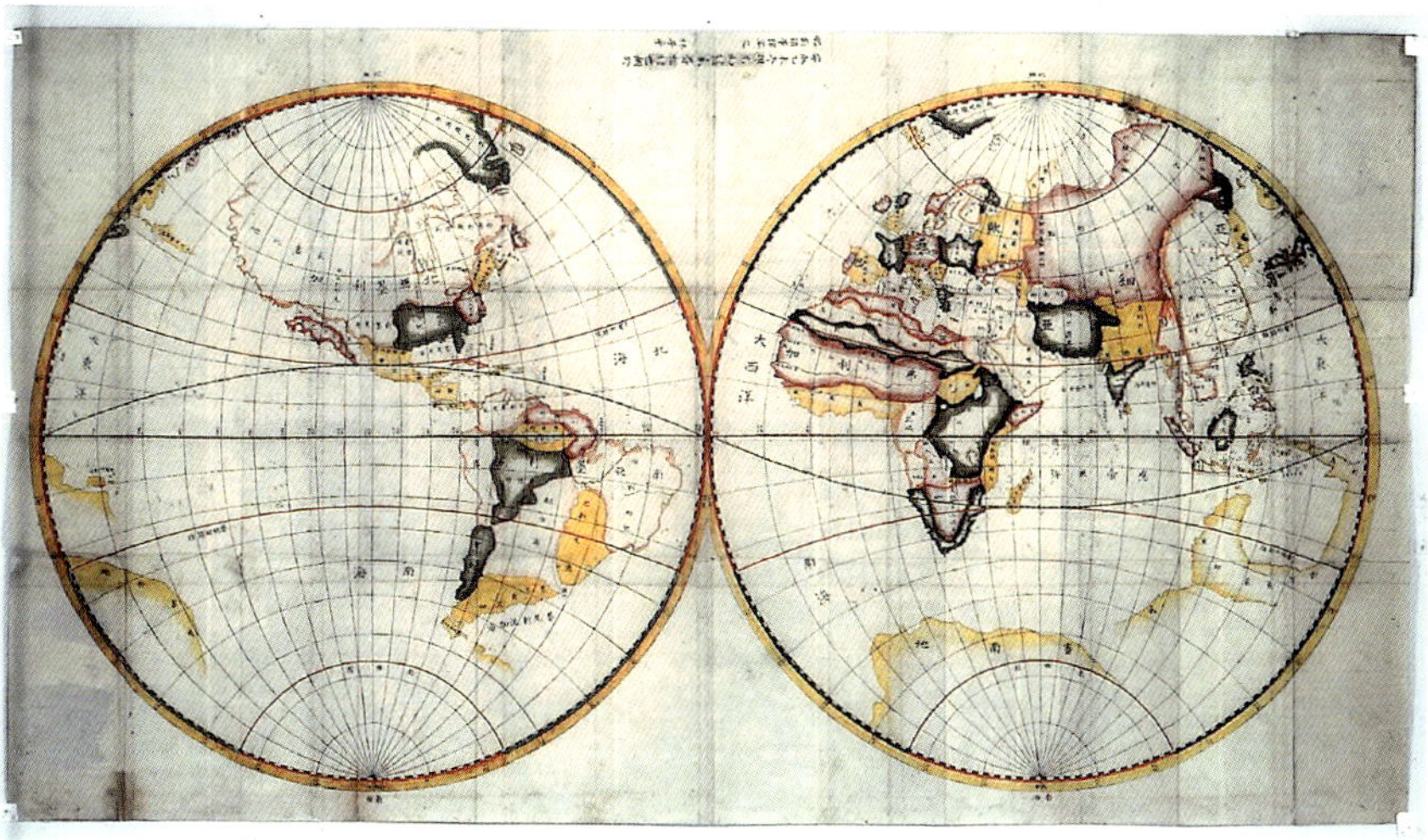

子平が長崎遊学中に筆写した「世界之図」。大国せめぎ合う最新図を見て、日本の危うさを知った（仙台市博物館所蔵）

が、藩役人は危険思想と見なし、藩主はもとより首脳部にも見せなかったとされる。

話を元に戻そう。一七八六年、子平は「三国通覧図説」を出した。日本を地球尺度で位置づけ、蝦夷、朝鮮、琉球、小笠原諸島の絵図を付けた。ロシアの近さ、蝦夷侵略の危険性を警告したのである。

この年、子平は「海国兵談」も脱稿した。列強から島国を守るのは海防、と断じた全十六巻の大書。「江戸日本橋より唐《から》、オランダまで境なしの水路なり」と喝破、兵法戦術に論及した。

「兵談」は資金難で出版が遅れた。工藤平助はこのまま出版を見合わせるよう説いた。過激な内容と厳罰を恐れての助言であった。

子平は頑固者。「考えを言わぬは不忠の臣。死罪かもしれないが、後世に役立つ」。五年後の一七九一年、「兵談」は刊行された。

■策生かされず

時の老中、松平定信は子平を江戸に呼びつけた。九二年五月、仙台での蟄居《ちっきょ》を命じ、版木を没収した。「風聞で異国が日本を襲うと奇怪な説を著した」と罪状を示した。その四カ月後、ロシア軍船が根室沖に現れ、開国を迫った。以後、次々にロシア船は南下する。

子平は幽閉生活の中で患ったまま、翌一七九三(寛政五)年、五十六歳の生涯を閉じた。この間、藩は素知らぬ顔で力になることはなかった。

高橋富雄東北大名誉教授(80)は「仙台藩は、事なかれ主義と門閥政治がはびこり、進取の気性を失っていた。近代化を建議した子平を使いこなせず、むざむざ策を腐らせ

メモ 子平は、幽閉生活を歌詠みや彫刻づくりをして過ごした。「親もなし妻なし子なし板木(版木)なし金もなければ死にたくもなし」と詠んで六無斎と号した。やさしい表現の名歌を数多く残している。

子平は教育論者でもあった。四十九歳の時に著した「父兄訓」は「孝悌忠信勇義廉恥」を八徳とした。一家の不和、社会の罪悪の根本は、親が子供の教育を怠り、また親も勉学せず模範を見せないから、と強調した。

た」と悔やむ。

子平は死んでから名を残した。幕末、英米両国が小笠原諸島の領有権を主張した。しかし、「三国通覧図説」の絵図が有力証拠となり、両国は引き下がった。

海防に目覚めた幕府は、死後四十八年後に罪を許し、仙台・龍雲院（青葉区子平町）に墓碑が建つ。

寺に残る筆記具などの遺品は何を語る。命がけで筋を通した郷土の偉才を、私たちはもっと誇っていい。

1943 年、彫刻家翁朝盛氏が肖像画から作った旅姿の子平像。げたとかさ、筆を伴侶《はんりょ》に東へ西へ。顔に強い意志がにじみ出る＝仙台市青葉区子平町の龍雲院

―関連年表―

▼**一七三八年六月二十一日**
林子平、江戸で生まれる。
▼**一七四七年**
姉なお、六代藩主宗村の側室となる。
▼**一七五七年七月**
百五十石扶持《ふち》となった兄、嘉善とともに仙台に移る。
▼**一七六五年**
藩政改革をうたった第一上書を作成。八五年までに第二、第三上書も完成。
▼**一七七五年**
初めて長崎へ。八一年までに三回遊学する。
▼**一七八六年**
三国通覧図説を刊行。
▼**一七九一年**
海国兵談を刊行。江戸に召喚される。
▼**一七九二年五月**
仙台で幽閉される。
▼**一七九二年九月**
ロシア使節、ラックスマンが根室に現れる。
▼**一七九三年六月二十一日**
子平、五十六歳で病没。
▼**一八四一年**
幕府から赦免される。仙台・龍雲院に墓碑が建つ。

蝦夷地警備　人と費用　大きな重荷に

■二千の兵を派遣

海防の急を説いた仙台藩士・林子平が死去して十四年後の一八〇七（文化四）年、子平の予見は的中する。徳川幕府に通商を求めて拒否されたロシア使節レザノフの艦隊が、蝦夷《えぞ》地の幕府直轄領・択捉《えとろふ》島の港を焼き打ちした。幕命により仙台、会津、盛岡、弘前の奥羽四藩が北方警備に就かされた。仙台藩は二千の兵を派遣した。

幸いこの時はロシアとの衝突はなく、藩兵は翌年に無事帰国した。しかし、米国のペリー艦隊が黒船を率いて浦賀に来航するなど、日本はついに開国した。危機感を募らせた幕府は蝦夷全島を直轄領とし、秋田、庄内両藩も加えた奥羽六藩に分轄警備させた。

仙台藩は、現在の北海道白老町からオホーツクの海に臨む島、択捉島まで、全蝦夷の三分の一を負わせられた。大藩ゆえのこと。警備本部である元《もと》陣屋を白老に、広尾、根室など五カ所に出張《でばり》陣屋を設けた。元陣屋を白老としたのは藩の蝦夷地御用係を務めた三好監物の具申が幕府に認められたからだ。

発掘、復元が進む仙台藩元陣屋跡
形に堀と土塁を巡らせているのか
だ。当時、周囲に仙台から持って
アカマツを植えたと伝える。現在
土塁越しに見える３本ばかりが残
北海道白老町

雪が少なく、山と川に囲まれ「攻めるに難く、守りにやすかったから」とは仙台藩白老元陣屋資料館学芸員の武永真さん(38)の話だ。

■アイヌと融和

白老町は現在人口二万二千。農林漁業の町で、製紙工場やアイヌ民族資料館もある。元陣屋跡は町中心部から北西一キロ余にあり、発掘調査や建物跡の復元が進められている。

元陣屋は内曲輪《くるわ》と外曲輪でできている。東西一二〇メートル、南北五五〇メートルで、面積は約六・六ヘクタール。曲輪の全体を高さ二―三メートルの土塁が囲む。仙台藩でいえば、石高一万石級重臣の城、要害だ。内曲輪には本陣や兵具蔵があり、外曲輪には兵士の長屋や、けいこ場があった。建物施設は計十一が数えられた。

蝦夷地警備を命ぜられた仙台藩は、兵士や大工、それにアイヌを雇って半年の突貫工事で元陣屋を建てた。大砲などの武器を備え、百二十人が一年交代で詰めた。

「もっとも大砲とはいっても飛距離は五〇〇メートルほど。江戸時代初期の和砲《わづつ》は実戦にはまず役に立たなかった」（武

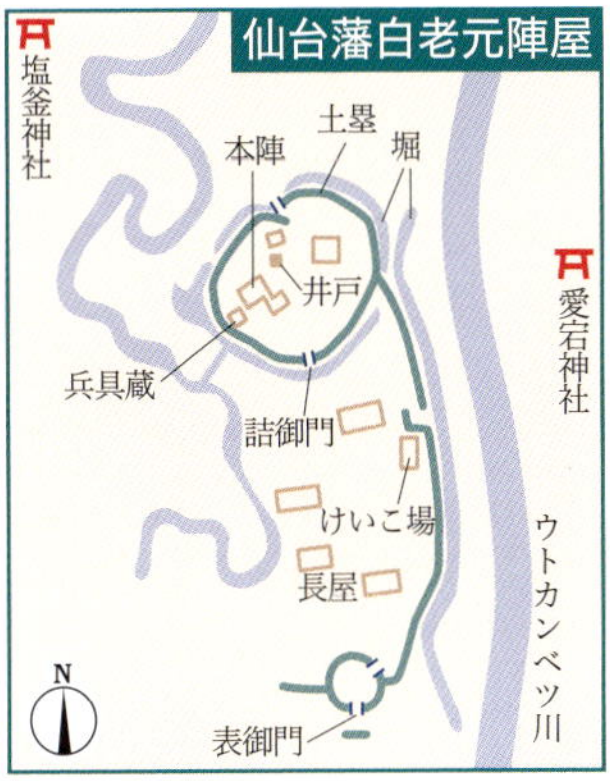

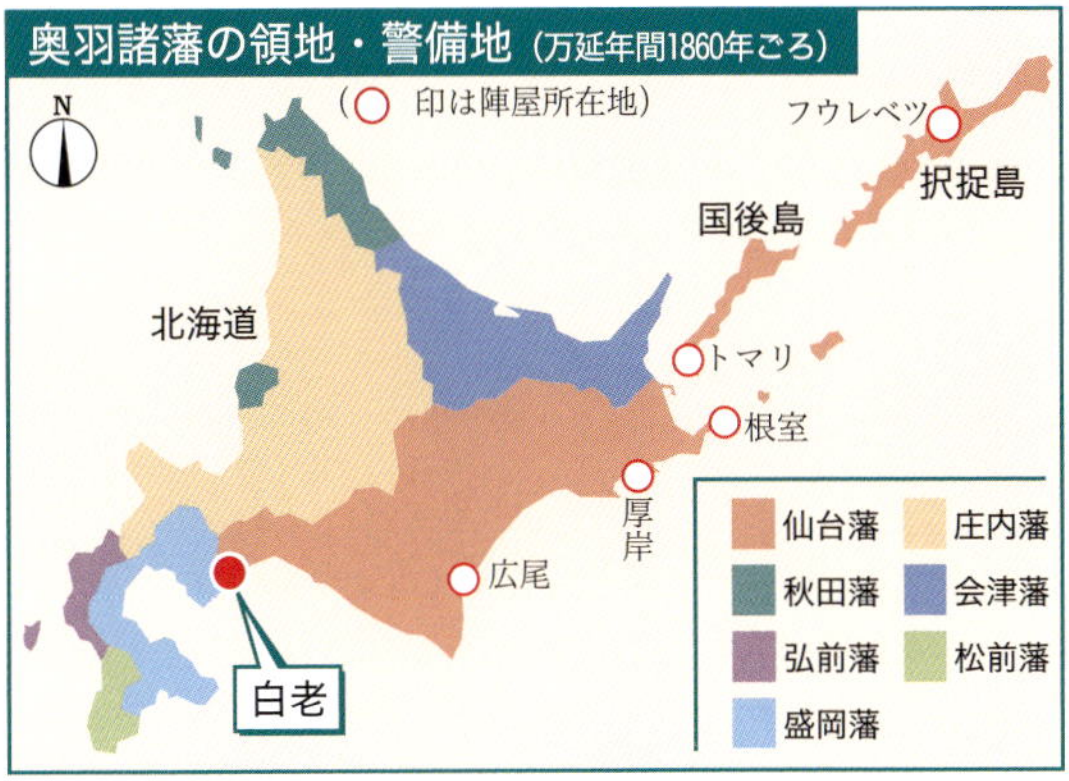

北辺で警備に当たる兵士たちを慰めたのは故郷にある神社と同じ名の塩釜神社であった。参道を上ると頂上に小さな拝殿がある。洞爺丸台風で倒壊するなどした後に再建された

永さん）という。元陣屋の建設費は今の金で三億二千万円。年間八億円の警備費を要した。これが十二年間も続いた。

各藩は少しでも負担を減らそうと土地を幕府から割譲してもらい、自活しようとした。しかし、白老は火山灰地で水稲は失敗。アイヌに教わりながらシカ猟やサケ漁にも励んだ。しかし、野菜がままならず、かっけにかかる者が続出した。

当時の白老には約四百人のアイヌが住んでいた。「異国船を見たらすぐに知らせなさい」「村内、みな仲良く暮らしなさい」とおきて書きを示し、融和策を取った。収穫祭にもアイヌを招き、酒食のもてなしをした。

メモ　北海道白老町と仙台市が歴史姉妹都市を提携したのが一九八一年。市民団体の相互交流のほか、白老町の白老小、萩野中が、仙台市の片平丁小、上杉山中とそれぞれ姉妹校関係を結び、相互訪問を行っている。

元陣屋の建設地を白老に選んだ三好監物の末えいが、仙台市泉区で耳鼻咽喉科を営む三好彰さん（51）である。白老町には耳鼻科の医師がいないので、三好さんは八八年から毎年夏、北海道に出張して白老町内の全小中学校十一校の学校検診を行っている。

元陣屋の北西の山の上に塩釜神社を、東に愛宕神社を建てた。故郷の神社を勧請《かんじょう》したもので、国元の塩釜神社と同じ七月十日に例大祭を行った。酒を酌み交わし、蝦夷地での安全を祈り、古里の山河をしのび、ゆかりの人々に思いをはせた。

■「プラスなし」

一八六八（慶応四）年七月十八日、飛脚により急報がもたらされた。

「新政府軍が箱館を落とし、白老に迫っている」

藩士たちは小樽へ山越えし、船で仙台に逃げた。こうして仙台藩の蝦夷地警備は終止符を打つ。

廃藩置県前の二年間、白老は仙台藩支藩の一関藩が支配した。元陣屋に残った建物を解体して役所や民家を造った。これが現在に至る白老の本格的な町づくりの始まりとなった。

「国防を幕府に肩代わりさせられ、蝦夷地に渡った奥羽諸藩は大変な負担を強いられた。何のプラスもなく、やがて起きる戊辰戦争敗北の前哨戦となった」と東北学院大学の榎森進教授(61)＝日本近世史・北方史＝は分析する。

―関連年表―

▼一八〇七年
ロシアによる襲撃事件、択捉島事件が起きる。

▼一八五三年
米国のペリーが浦賀に来航、開国を求める。ロシアのプチャーチンが長崎に来航、通商を求める。

▼一八五四年
徳川幕府、日米和親条約を結び、開国する。

▼一八五五年
幕府、蝦夷地を直轄地とし、奥羽の諸藩に警備を命ずる。

▼一八五六年
仙台藩、白老に元陣屋を設置する。

▼一八五九年
白老から根室、択捉島などが仙台藩領となる。

▼一八六八年
仙台藩、戊辰戦争の敗北で蝦夷地から撤収する。

▼一八六九―七一年
一関藩、白老を支配する。

▼一九八一年
仙台市と白老町が歴史姉妹都市の提携を結ぶ。

1995年に復元された白石城。暗雲立ちこめる維新の動乱期この城に奥羽列藩の重臣が参集し、一躍、天下の耳目を集めた。現在は白石市観光のシンボルの役割を果たしている

奥羽越列藩同盟

東日本政権樹立目指す

■戦い回避で一致

一八六八（慶応四）年閏《うるう》四月十一日。新暦だと六月一日に当たる。緑が濃さを増す白石城に、奥羽諸藩代表が続々と到着した。仙台、米沢両藩が主催する会津藩救済の会議である。

新政府軍に提出する嘆願書が回覧された。仙台藩の筆頭家老但木土佐は「嘆願書に仙台、米沢両藩の添書を併せて奥羽鎮撫《ちんぶ》総督に提出する。各藩同意であれば連名で行う」と署名、加判を求めた。集まった奥羽二十四藩から異議は出なかった。

この年の正月三日、京の鳥羽、伏見で会津を含む旧幕府軍と薩摩、長州の西南二藩が銃火を交えた。一年半に及ぶ戊辰戦争の始まりだ。薩長軍に錦旗《きんき》がひるがえると、旧幕

軍は総崩れに陥った。そして十七日、仙台藩に対して会津追討令が出た。錦旗まで授けられた。

「なぜ仙台が会津を攻めなければならないのか、理由がない」「従わなければ朝敵の汚名を着る」

藩内はかんかんがくがくの論議で揺れた。もとより、この戦は多くの奥羽諸藩にとっては降ってわいたような話。各藩とも論は分裂した。

仙台藩は論を決した。

「鳥羽、伏見の戦いに会津の罪はない。薩長の謀略である」

会津に恭順降伏を勧め、戦を回避したいとの戦略をとった。奥羽雄藩としての立場にも合致した。

■三十一藩が手結ぶ

白石列藩会議を仕切ったのは但木と藩校養賢堂副学頭の玉虫左太夫。玉虫は養賢堂で学んだ後、江戸に遊学。箱館（函館）奉行に随行して蝦夷《えぞ》地を調査したり、幕府使節に随行して渡米したりと、藩内きっての知識人だった。だが、会津藩救済の嘆願書は却下された。薩長政権はあくまで武力革命を通そうとした。会津攻めを迫る長州出身の奥羽鎮撫総督府参謀・世良修蔵を仙台藩士が暗殺したため、緊張が一挙に高

輪王寺宮が仙台滞在中、宿舎にしたのが仙岳院で、境内の一角に「御成《おなり》の間」が残る。「宮さまが来ることになり、突貫工事で建てた。ここに、およそ100日間滞在した」と寺では伝える＝仙台市青葉区東照宮１丁目

まった。

閏四月二十二日、奥羽各藩は再び白石に会同した。五月三日、場所を仙台に移し、松前藩も加えた二十五藩で列藩同盟を結成する。六日、長岡など北越六藩も同調し奥羽越列藩同盟が成立した。計三十一藩。本州の三分の一の地域がまとまった。

盟約は玉虫らが中心になって起草した。全八カ条。

一、大義を天下に述べるを目的とし、小節細行に拘泥しない。

一、大事件は列藩集議し、公平の旨に帰すべし。

一、無実を殺戮《さつりく》するなかれ。金穀を略奪するなかれ。（以下略）

攻守同盟を背に和平の道を探るとともに、成らない場合は戦争もやむなしという立場。それゆえ、列藩同盟は天下に公平正大の道を明らかにする「大義」と、話し合いによる「公論」を目的に掲げた。

■輪王寺宮招く

「列藩同盟の盟約には、玉虫の考えが色濃く反映している」と作家星亮一さん＝郡山市＝は見る。

渡米した玉虫は、体験を「航米日録」全八巻にまとめた。文明国の大統領制、議会制度などを学んだ。一方帰国途中、英領植民

―関連年表―

▼一八六七年十月十四日
徳川慶喜、大政奉還。薩長両藩に討幕の密勅下る。
▼一八六七年十二月九日
王政復古のクーデター。
▼一八六八年一月三日
鳥羽伏見の戦い起こる。
▼一八六八年一月十七日
仙台藩に会津藩征討令が下る。
▼一八六八年四月十一日
江戸、無血開城。
▼一八六八年閏四月十一日
白石で奥羽列藩会議。翌十二日、仙台、米沢両藩主が奥羽鎮撫総督の九条道孝に会津救済の嘆願書を提出する（却下）。
▼一八六八年閏四月二十日
総督府参謀の世良修蔵、暗殺される。
▼一八六八年閏四月二十二日
奥羽列藩が白石に会し、同盟を協議する。
▼一八六八年五月三日
仙台で奥羽列藩同盟を結成。六日、長岡など北越諸藩が加わり、奥羽越列藩同盟が成立する。
▼一八六八年五―七月
輪王寺宮が江戸から水戸、会津、白石を経て仙台に入る。

地・香港では、中国人群衆が英兵にこん棒で打たれる場面にも出合った。考えるものがあった。

「国民一致の新しい国家をつくらなければならない。なのに、東北は無視された。玉虫は『公論』による国づくりの理念を持っていた。それがなければ命をかけた戦争などできるはずがない」と星さん。

玉虫らが描いた具体的な戦略は（1）新政府軍の白河入城を阻止（2）日光方面に進撃し、利根川を境に根拠を固めて房総へも打って出る（3）加賀、紀伊と連合し新政府軍を挟み撃ちにする（4）フランスなど外国の支援を受け兵器を整える、などだった。

列藩同盟の盟主に江戸の上野寛永寺に在った先帝の義弟・輪王寺宮を担ぎ出す。輪王寺宮の仙台到着は、この年の七月。目指したのは「大義」と「公論」を実行する東日本政権の樹立だった。

メモ　鳥羽、伏見の戦いで戦端を開いた戊辰戦争は、新政府軍が各地で旧幕府軍を破り、江戸は無血開城。会津戦争、箱館戦争を制して、翌一八六九年五月に終結した。徳川政権の幕藩体制が完全崩壊、明治政府が成立する。

会津藩は幕末、反幕府勢力を制圧する京都守護職を六年間務め、これが薩摩長州の恨みを買った。藩祖保科正之は将軍家光の異母弟で「将軍家を第一とし忠勤に励むべし」の家訓を残した。

幕末の藩主松平容保は家訓に抗しきれず京都守護職を引き受けたが、薩長の権謀術数にほんろうされ、会津の悲劇を招いた。

戊辰の戦火

敗戦　二十八万石に削封処分

■火器性能に差

京・鳥羽伏見で起きた戊辰《ぼしん》の戦火は奥羽に迫った。薩長を中核にする新政府軍は閏《うるう》四月下旬、白河に姿を見せた。

当時の白河城は主のない空き城で、奥羽攻めの奥羽鎮撫《ちんぶ》総督府管理を経て、奥羽列藩同盟側が支配していた。東西両軍が真っ正面から衝突したのは五月一日。

一帯を白河口という。城を遠巻きに広い丘陵が南に向かってゆるやかに傾斜する。いずれがここを収めるのか。以降の戦の行方がこの一戦にかかっていた。

薩長などの新政府軍は栃木側芦野に集結して北上、白河南八キロの白坂で軍を三手に分けた。といっても手勢は七百。一方の迎え討つ仙台、会津などの同盟軍は二千―二千五百。奥羽の旗色は優勢に見えた。が、戦いが始まると無勢の側が終始局面をリードした。

大小火器の威力がまるで違った。例えば、新政府軍の射距離一キロの最新式連発銃に対し、同盟軍は戦国時代さながらの火縄銃に刀槍《とうそう》だった。わずか半日で奥羽は七百人の犠牲者を出して完敗。地元の郷土史家大高良元さん(72)＝

白河城は小峰城とも呼ばれ1991年、
された。天守閣に当たる三重櫓《やぐら》は、さ
を基に史実に忠実に復元された。近
東北新幹線や東北自動車道が走り、
の関門としての白河の地位は今も変
ない

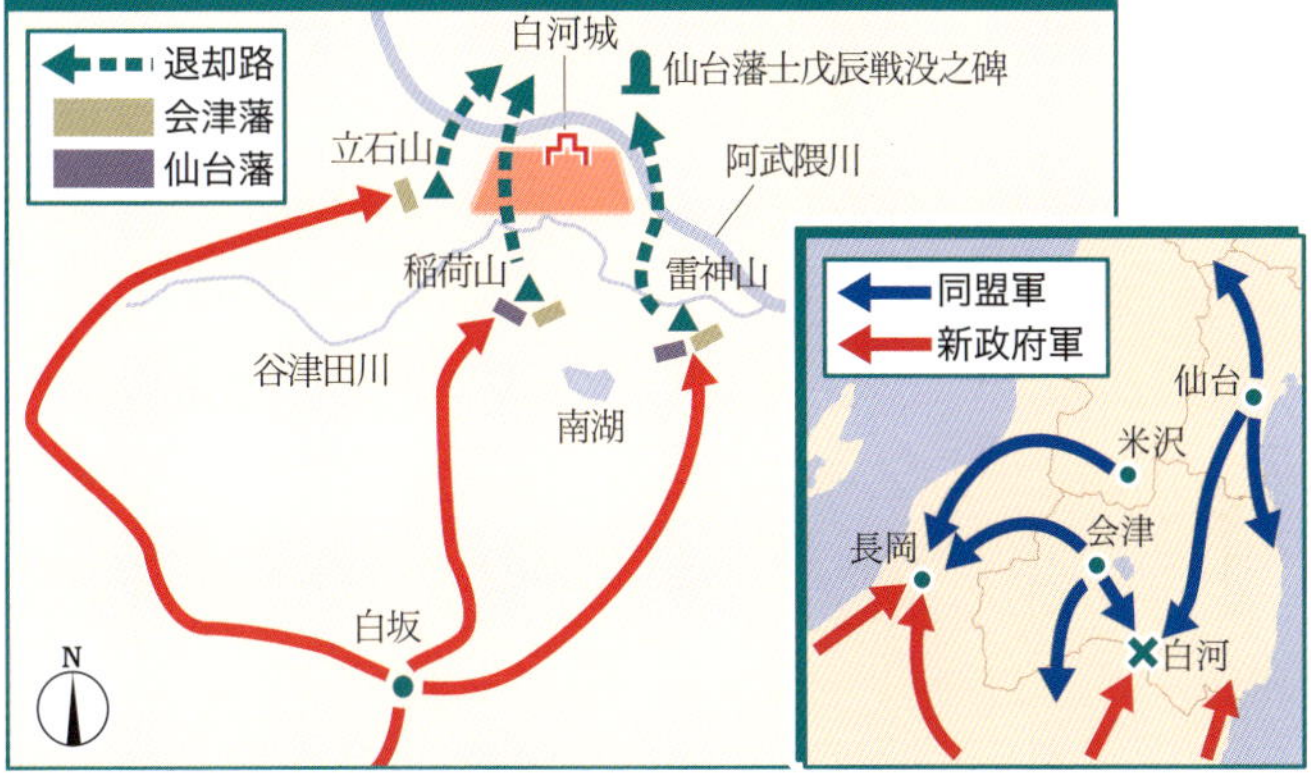

白河口攻防戦、同盟軍と新政府軍の進軍ルート・配置の概略

福島県西郷村＝は「まるで別の時代の軍が戦ったようなもの」と語る。

■指揮官が不在

仙台藩では、参謀・坂本大炊《おおい》、軍監・姉歯武之進らの重臣が前線で倒れた。坂本は錦旗《きんき》を京から仙台にもたらした男、姉歯は鎮撫総督府参謀世良修蔵を切った人物であった。

大高さんが続ける。

「急造、寄せ集めの軍だけに指揮する将がいなかった」

これでは勝利はおぼつかない。仙台藩の戦は政宗時代の大坂の陣以来、二百五十年ぶり、実戦に程遠い。翻って、敵は鳥羽伏見に始まって負け知らず、精鋭の軍団だった。白河城奪回作戦は七月半ばまで繰り返された。七回に及ぶ総攻撃はいずれも実らなかった。仙台藩の劣る装備に加え、士気の面でも高くはない。会津を守るための戦になぜ自分たちが—の意識があった。

敵方から仙台藩兵は「ドン五里兵」とあざけられた。ドンと大砲がとどろくと、五里（約二〇キロ）も逃げるから

仙台藩士戊辰戦没之碑は白河市郊外の女石地区、当時仙台街道（国道４号）、会津街道（国道294号）と呼ばれた道路の分岐点にある。1890年５月１日建立。高さは４メートル以上あり、北の方角、古里の仙台を向いている

メモ　戊辰戦争敗北の結果、奥羽越諸藩は戦争責任者が切腹を命ぜられるなど、新政府から厳しく断罪された。仙台藩が六十二万石から二十八万石へ減封されたほか、盛岡藩は二十万石から十三万石に、長岡藩は七万四千石から二万四千石に減封された。薩長の標的にされた会津藩二十三万石は下北半島（青森県）の斗南藩三万石に移封、挙藩流刑という過酷な処分を受けた。

　逆に列藩同盟を途中離脱した秋田、新庄、三春、相馬藩などは賞典禄が与えられた。列藩同盟を主導しながら最後は会津藩の降伏説得に当たった米沢藩や新政府軍に善戦した庄内藩に対しては、処分は比較的軽かった。

だ。ただし、例外的な部隊もあった。ゲリラ戦を展開した細谷十太夫の鴉《からす》組。正規兵ではなく、侠客《きょうきゃく》、博徒《ばくと》、馬方らを集めたところが面白い。神出鬼没の戦いで恐れられ、三十余戦をことごとく勝った。

　仙台藩は奥羽の地で広く戦った。福島・浜通りでは常陸《ひたち》（茨城県）境を越えて、新政府軍上陸の阻止作戦。会津戦争にも加わった。脱盟した秋田戦では、藩領南一帯に討って出た。秋田では翻意を促す使者十一人が斬殺される惨劇にも遭った。

■藩境まで敵兵

「仙台藩は時代の変革に気付くのが遅かった」と作家星亮一さん＝郡山市＝は言う。その理由を地方《じかた》知行制に求める。領主を在地に置く支配制度は、政宗以来

の新田開発には適していた。しかし、その世襲、保守的な仕組みは変化の激しい時代には小回りが利かず、人材登用も進まなかった。「平和ボケしていた」と例える。

常陸に上陸した新政府軍が北上、浜通りの各城が順次落ちた。

圧力が増して仙台と境を接する相馬藩が寝返る。敵が藩境の駒ケ嶺、旗巻峠を破ると、仙台藩はついに降伏した。九月十五日のことだった。相前後して同盟各藩も次々降った。

同盟軍という枝葉を落とし、幹の会津を倒すのが新政府軍の作戦。狙い通りとなって九月二十二日、無援籠城《ろうじょう》の会津も白旗を掲げた。

容赦のない処分が行われた。会津藩は、いわば一国流刑の罰で下北の地へ。仙台藩六十二万石は二十八万石と大幅な削封。藩士は帰農したり、北海道に移住したりした。戊辰戦争での仙台藩の犠牲者は千二百六十人に上った。

「大義」を掲げた列藩同盟は薩長の武力の前にあえなく瓦解した。

奥羽は賊軍の汚名を着、白河以北一山百文とのさげすみを受けて、新しい明治の世を生きることが運命付けられた。

―関連年表―

▼一八六八年閏四月二十日
会津藩、白河城に進駐する。

▼一八六八年閏四月二十二日
白石会議で事実上の奥羽列藩同盟成立。

▼一八六八年五月一日
新政府軍、白河城を陥落させる。

▼一八六八年五月六日
奥羽越列藩同盟が成立。

▼一八六八年五―七月
同盟軍、白河城奪回を試みるが、いずれも敗退。

▼一八六八年七月四日
秋田藩が同盟を離脱。

▼一八六八年七月二十九日
二本松、長岡城が落城する。

▼一八六八年九月四日
米沢藩、降伏。

▼一八六八年九月十五日
仙台藩、降伏。

▼一八六八年九月二十二日
会津若松城が落城する。

▼一八六九年四―五月
戦争責任を負い会津藩家老萱野権兵衛、仙台藩家老但木土佐ら切腹。養賢堂副学頭玉虫左太夫は藩内の政変後、切腹させられる。

▼一八六九年五月十八日
箱館・五稜郭が開城、戊辰戦争が終結する。

北へ渡る・伊達市

再興の夢 逆境耐え開拓

■帰農か流浪か

戊辰戦争に敗れた仙台藩は惨めだった。六十二万石から二十八万石に大幅な削封。亘理、宇田郡（福島県新地町）に二万三千石を有した亘理領主伊達邦成《くにしげ》も全領を没収され、家禄五十八石とされた。家臣に残された道は帰農か、士族のまま父祖伝来の地を捨てて流浪するかだった。

亘理など南五郡は盛岡藩領となることに決まった。家中は騒然とした。そこへ北海道の警備、開拓を促す政府案がもたらされた。ロシア南下への警戒と、農地開発の意味があった。

「南部家の農民となるぐらいなら、どんな辛苦も…」

家臣の進言に、邦成は集団移住を決意する。家臣も初代成実以来の名家を、新天地で再興する夢を抱いた。士分はまだ続くと考えられていたころである。

一八六九（明治二）年夏、新政府は願いを許した。与えられた土地は、火の山、有珠《うす》山の噴石が転がる有珠郡（現在の伊達市）。邦成は「賊軍にされたために、不毛の地へやられるのか」と感じた。

その直前、盛岡藩は七十万両を献金し、旧領に戻った。が、

伊達邦成ら第１次移住団は、北の噴火湾に面した浜に上陸した雪の有珠山から吹き下ろす風にすくんだ＝伊達市の浜から市（中央左）を望む

次の統治者も旧敵、藩閥の役人とあって、後戻りはできない。

■寝食忘れ励む

七〇年春、邦成と家臣、その家族二百五十人が塩釜の寒風沢《さぶさわ》島を出帆。室蘭の浜に上陸した。雪の有珠山を目印に原野を歩いた。

懐に先祖伝来の財を売って工面した資金が抱かれていた。邦成も家財を処分し、金三万両、コメ七千俵を都合した。一銭の援助もない自費移住の悲しさ。

家中の者も続いた。九次にわたり二千八百人が斧《おの》、鍬《くわ》を握った。古里の城下をまねて屋敷割りがされた。折れ曲がった道もそう。邦成を囲んで、かやぶきの掘っ立て小屋が連なった。

厳冬、比較的穏やかな亘理の気候に慣れた肌を槍《やり》のような寒風が

移住初期の民家の姿を伝える旧三戸部家住宅。1872（明治５）年建築。1969（昭和44）年に復元した。国指定重要文化財＝伊達市梅本町

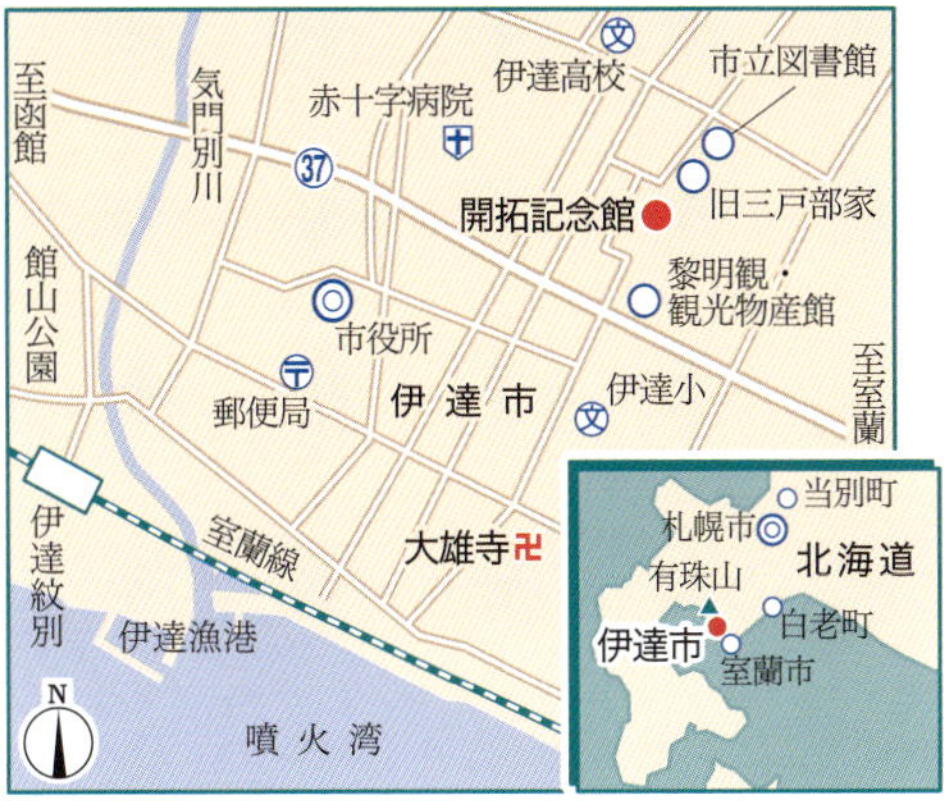

―関連年表―

▼一八六八年九月
戊辰戦争で仙台藩が降伏。
▼一八六八年十二月
亘理など五郡が盛岡藩領になる。
▼一八六九年八月
伊達邦成に北海道有珠郡支配の辞令が下りる。
▼一八七〇年三月
第一次の移住者、有珠郡へ出発。八一年まで九次にわたって移住。
▼一八七一年
廃藩置県。北海道は開拓使の直轄地となる。
▼一八七四年
西洋農機「プラウ」が導入される。
▼一八九二年
邦成が男爵を授けられる。

刺した。家に粉雪が舞い込んだ。収穫もままならず野に生えるフキ、木の実を食べた。

七一年の三次移住団に前領主夫人、貞操院の姿があった。邦成の養母で仙台本藩の出。兄は前藩主慶邦だ。周囲の引き止めに「皆が苦労している。老いては子に従えと言うでないか」と退け、家宝を売り払った。

貞操院にまつわる逸話が伊達市に残る。

昼下がり、開墾地を見回ると若夫婦が一息ついていた。昼食抜きというので、自分の弁当を開いてあげた。

見回りを続けると、彼女のおなかで腹の虫が鳴いた。供の者は昼のことを思い出し、大泣きした。すると彼女は逆にたしなめたという。「だれしも腹を空かしてひもじい思いをしているのだから、私が一食抜くぐらいは―」という意味。

話は広まり、貞操院を心の支えに寝食を忘れた開拓作業がいよいよ進んだ。火山灰地がみるみるうちに沃野《よくや》へと変わっていった。

■営農奨励実る

大豆、小麦などがよく発芽し秋には実りがもたらされた。政宗以来の士族への営農奨励が生きていた。

さらに、西洋製の馬が引く鋤《すき》「プラウ」が全国に先駆けて導入される。政府の開拓使が試験的に貸したのを、使いこなしたのだ。

明治初期、移民の家に生まれた小野潭《ふかし》が、上陸の様子を描いた図。アイヌに背負われて船を下りる子供（中央）、寂しさから泣きじゃくる女たち（右上）がいる（伊達市開拓記念館所蔵）

手おこしで一家が一日に開墾できるのは百五十坪(約五〇〇平方メートル)が限度。それが畜力だと九百坪と飛躍的に伸びた。永年社という協同組合ができ、三井、三菱財閥と取引が始まった。

一次移住から十年、官営のてん菜製糖工場が建つ。

亘理家再興の夢は、廃藩置県によって砕けた。しかし、邦成主従は、伊達市興隆の柱石になった。

当時の民具、絵図を保存し、開拓史を重んじる伊達市。今も三万六千人の住民の三割は、亘理家中にゆかりがあるとされる。

邦成の直系ひ孫で、会社社長の伊達紀夫さん(67)＝伊達市梅本町＝は「北門警備の誇り、お家再興の思いが、すさまじいエネルギーを生んだ。その労苦を思えば、私もどんな逆風にも耐えられる」と思いやる。

メモ　藩士の北海道移住は亘理伊達家のほか、岩出山伊達家が当別、角田石川家が室蘭、白石片倉家が幌別（後に札幌・白石に移る）の例がある。伊達市には十三地区ごとに旧士族の親ぼく会があり、全体で「伊達親和契約会」をつくっている。

一九八一年、伊達市は宮城県亘理町と「ふるさと姉妹都市」の縁を結んだ。さらに亘理町を含む近隣の四町と「まちづくりサミット」を持ち回りで開いている。

北へ渡る・当別町　進取の自治　耕土豊かに

■家中真っ二つ

明治初期、北海道に根を下ろした仙台藩士とその家族は四千人を超える。岩出山領主、伊達邦直主従も亘理伊達家移住の一年後、一八七一（明治四）年春に渡道した。が、家中の対立、入植地変更など曲折をたどった。石狩郡当別に安住地を定めたのは、七二年四月のことだった。

戊辰戦争の敗北で、一万五千石の岩出山伊達家はたった六十五石に。家臣を養う手だてとして、邦直は集団移住の意を告げた。

邦直は亘理領主、邦成の兄。岩出山には亘理家の有珠郡での苦闘が伝わっていた。

家中は真っ二つに割れた。「開墾させられるのなら、岩出山で一度帰農し、士族復帰を嘆願すればいい」と、ある家老はぶった。

邦直側は認識が甘いと一蹴《いっしゅう》した。

「北門警備の地でのみ、刀を差し続けられ、土地も与えられる」

小田原評定が続いた。邦直は希望者のみ連れていく腹を

邦直の屋敷（左手方向）を中
当別川（中央）と支流沿いに集
できた。移住10年後には一戸
り間口80メートル、奥行き500
トルに家と畑、ほかに飛び地
つまでに実績が上がった＝当
治水橋から北を望む

開拓地の起点、イチイの木。原生林を伐採し、石狩からここまで20キロの道をつくった。隣に伊達邸別館、当別伊達記念館がある＝当別町元町

固める。「無理強いしても開拓効果は上がらない」と考えた。百六十人が手を挙げた。七一年春、一次移住団が岩出山を離れた。

■移転また移転

ところが、肝心の領地がくるくると変わる。最初に政府から与えられた空知郡奈井江は、踏査してみると奥地すぎた。所替えを願い出ると、海側の厚田郡聚富《しっぷ》が与えられた。しかし、土を起こしてみれば砂地。一年間何も収穫できなかった。

家臣団は原生林に分け入り、肥沃《ひよく》の地を探した。交通の要衝・石狩から二〇キロ東、当別が気に入った。

請願はまた許可された。人々は樹木を切り倒して小道を開いた。目印のイチイの大木に到達した。

「宴を張り、さんさ時雨を唱和して決意を新たにしたそうです」

当別町の歴史研究専門員、坂田資宏さん(70)は語る。

当別への移動を七二年春と決め、故郷で二次移住者を募った。が、見るべき開拓成果がないとの評が立ち、応じたのは見込みの二割だけの百八十人。残留組との対立は決定的となる。

移住者は当別で誓いを立てた。

「岩出山に残る者と一切の音信を断つ」

七年間、親類といえども交際は途絶えた。

当別は道内屈指の極寒、豪雪地。海風が掘っ立て小屋を揺らした。

邦直直系の子孫で、当別町農業委員会事務局長の伊達直宗さん(59)は「ここには、やせた土壌もある。開墾に苦労したはず」と推察する。

■古里とも和解

皆が頼みにした家老がいた。岩出山の学問所、有備館学頭だった鮎田如牛である。

鮎田は私塾を開いた。家柄を問わず、五歳になると男女一緒に机を並べさせた。当時としては開明的だった。

移住時の資金繰りでは、城の石垣まで解体処分したとされるが、藩士の心のよりどころ、有備館の蔵書だけは船に積んでいた。父母が開墾に汗を流している間、漢籍、算術を学んだ。自然とアカデミックな気風が集落を包んだ。

農業指導に訪れた米国のケプロン博士は気高さ、篤実の性に打

―関連年表―

▼一八六八年九月
戊辰戦争で仙台藩が降伏。

▼一八六八年十二月
仙台藩が二十八万石に減封される。岩出山伊達家は六十五石に。

▼一八六九年九月一日
伊達邦直、北海道移住計画を発表。

▼一八七一年三月
第一次の移住者、厚田郡聚富へ出発。

▼一八七一年五月
石狩郡当別を候補地とし、調査に入る。

▼一八七一年
廃藩置県。北海道は開拓使の直轄地となる。

▼一八七二年四月
当別に移動。第二次移住者も入植。邦直、邑則をつくる。

▼一八七二年
家老鮎田如牛、鮎田塾を開く。

▼一八七九年四月
第三次移住の二百五十人が当別に到着。

岩出山出身の画家、正蘭《せいらん》が聞き取りを基に描いた「当別開拓の図」。邦直（右）が巡視している（当別伊達記念館所蔵）

たれ、開拓使に進言した。

「学の志あり。必ず有益の民となる」

移住の年、邦直は村の憲法「邑則《ゆうそく》」を定めた。一条に「邑中《むらじゅう》の事務一切、衆議に決すべし」とうたった。次に「五戸を一単位とし、議員一名を選ぶべし」とし、自ら階級制をやめて議会制に転換させた。政府の「五箇条の誓文」からわずか四年。その思想を進取した自治が始まる。

耕土は豊かになった。絶縁していた岩出山の人々とも、親交が再開した。当別と岩出山は二〇〇〇年、姉妹都市となった。岩出山の有備館の森公園に、末永い契りを願って石碑が建った。

名は「越鳥南枝の碑」。南方から飛来する鳥は必ず南に向いた枝に巣を作り決して古里を忘れないとの故事を踏まえている。これにより、不幸な過去のすべてが清算された。

メモ　子弟が増えた鮎田塾は、一八七九（明治十二）年に新校舎を建て、公立当別学校（当別小の前身）と称した。

開墾地に栽培したのは大麦、小麦、大豆、麻など。果実にも挑戦した。当別村出身の作家、本庄陸男の小説「石狩川」は、開拓者の苦難を描いた名作。

現在の当別町は人口二万六百人。コメを主要作物に小麦、大豆を生産する田園地帯。札幌経済圏として宅地化も進む。

千葉卓三郎　敗者が生んだ民衆憲法

■放浪生活十年

東京都あきる野市五日市。町北西部の山あいに深沢家の土蔵がある。ここから「五日市憲法草案」が見つかったのは一九六八年のこと。発見者は東京経済大の色川大吉教授＝現名誉教授、日本近代史＝グループで、起草者は元仙台藩士の千葉卓三郎である。明治時代に作られたきわめて民主的な憲法案として、今では中学や高校の教科書にも載っている。

維新の動乱を経て、政治は薩長藩閥が牛耳った。国民の不満は高まり、憲法制定と国会開設を求める自由民権運動が燎原《りょうげん》の火のごとく全国に広がった。

多摩地方は自由民権運動が最も高揚した地域。五日市は多摩地方の物流の拠点で、さ

千葉卓三郎の起草した五日市憲法草案が発見さ
深沢家の土蔵。周囲を杉やヒノキの木立が覆う
法草案は87年間、この土蔵に眠っていた＝東京
きる野市五日市深沢

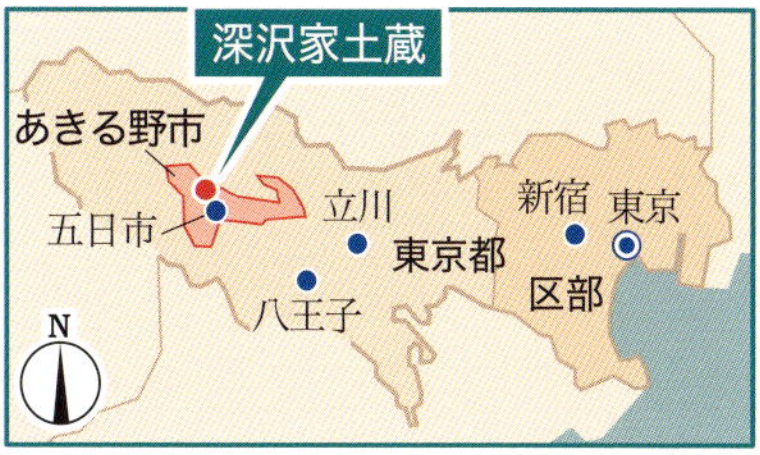

まざまな人間が出入りし、卓三郎もその中の一人だった。

卓三郎は仙台領志波姫の生まれ。下級武士の出身だが、向学心に燃え、藩校養賢堂で大槻磐渓に師事する。十六歳のとき、戊辰戦争の白河口攻防戦に従軍したが、敗走して帰郷。ここから十年に及ぶ放浪の生活が始まった。

戊辰戦争の敗北で恩師の磐渓は投獄される。師を奪われた卓三郎は、医学、国学、浄土真宗を学ぶが、長続きしない。志波姫や金成では当時、ギリシャ正教の布教が盛んに行われた。卓三郎もこれに刺激され、上京してニコライの下で布教活動を始める。が、ここで自身、投獄を体験。次はキリスト教排撃者の儒者安井息軒の門をたたく。求める学問、思想は転々とした。

■国家像を議論

「戊辰戦争の敗者である卓三郎は、放浪しながら自分の生き方を模索したのでしょう。同じ境遇にいた東北出身の青年は当時、何十万人といたはずだ」

色川教授らと土蔵に入り、五日市憲法草案の第一発見者となった新井勝紘専修大教授(57)＝当時学生＝は語る。

惑い、苦悩し、流れ流れて行き着いたのが五日市。卓三郎はここで小学校の教員をしながら、自由民権運動に目覚めていく。土蔵の所有者、深沢家は山林地主で運動の後援者だった。

一八八一年秋開催予定の国会期成同盟会が迫る。卓三郎は民権結社「五日市学芸講談会」を結成して毎月三回、討論会を開き、住民と新しい日本の国家像を議論した。

メモ　自由民権運動は明治前半期、憲法制定や国会開設を求めた国民運動。各地に政治結社がつくられ、藩閥政治からはじかれた士族や発展する都市の住民、新政府に不満を抱く農村の豪商、農民などが参加した。

各地で民間人が憲法草案作りに取り組み、それらは私擬憲法と呼ばれ、確認されたものが四十種。政府は一八八一年、十年後の国会開設を約束。しかし八九年、大日本帝国憲法が発布され、国民の権利はその枠内でのみ認められることになる。民権派は次第に政府と妥協、自由民権運動は下火になった。

千葉卓三郎が生まれた栗原市志波姫伊豆野には出生地の碑が立ち、生家跡地が公園として整備されている。五日市憲法草案の碑は志波姫総合支所、墓地のある仙台市青葉区北山の資福寺、起草地の東京都あきる野市五日市の３カ所にある

「女性に参政権を与えるべきや否や」「出版を全く自由にするのは是か非か」

毎回、テーマを設け、時に激論を戦わせた。

住民の集団討議でまとめたのが五日市憲法草案で、全文二〇四条。抜粋を別表に掲げた。「日本国民ハ各自ノ権利自由ヲ達ス可《べ》シ」（四五条）—自由の保障と人権の尊重である。法の前の平等、外国人を差別しない。教育の自由と受けさせる義務、信教の自由、三権分立や二院制などを盛り込んでおり、現行の日本国憲法に驚くほど似ている。七七条は地方自治の完全保障を意味し現憲法より進んだものさえある。

■政府、先手打つ

しかし政府は先手を打って国会開設と欽定《きんてい》憲法制定の詔勅を発したため、国会期成同盟会による憲法審議は行われずじまい。卓三郎らの憲法草案は提出先を失い、深沢家の土蔵に眠った。「しかし自由と平等を求め運動した情熱と精神は継承され、戦後によみがえった。五日市憲法草案は現憲法の伏流をなしたと意義付けられる」と新井教授は強調する。

深沢家の土蔵からは住民討論の記録や各国の憲法、英国の

―**関連年表**―

▼**一八五二年**
千葉卓三郎、仙台領志波姫に生まれる。

▼**一八六三年**
養賢堂で学び、大槻磐渓に師事。

▼**一八六八年**
戊辰戦争の白河口攻防戦に従軍。敗走、帰郷する。

▼**一八七二年**
上京。ニコライの下でギリシャ正教の布教に従事。

▼**一八七五年**
キリスト教排撃者の安井息軒に儒学を学ぶ。

▼**一八七六年**
多摩・五日市に入る。

▼**一八八一年春―秋**
五日市憲法草案が起草される。

▼**一八八一年十月**
国会開設の詔が出される。

▼**一八八三年**
卓三郎、病没。三十一歳。

▼**一八八九年**
大日本帝国憲法発布。

▼**一九六八年八月**
深沢家の土蔵から、五日市憲法草案が発見される。

スペンサーやミルの哲学、思想書が大量に見つかっている。当時の民衆が理想国家を求め、いかに勉強したかをうかがわせる。

同時代、全国で四十の憲法草案が作られた。大半はジャーナリストや政治家の手になった。だが、名もない民衆と作り上げた五日市憲法草案は異色で、その輝きは現代においても全く光を失っていない。仙台藩士だった卓三郎は、戊辰戦争で敗れて弱者の立場を知った。その思いが民主的な憲法草案を編む底流となった。

敗者が生んだ民衆憲法、それが五日市憲法草案である。

◎五日市憲法草案（抜粋）

▼45条、日本国民ハ各自ノ権利自由ヲ達ス可シ　他ヨリ妨害ス可ラス　且《かつ》国法之ヲ保護ス可シ
―（自由の保障、基本的人権の尊重）

▼47条、凡ソ日本国民ハ　族籍位階ノ別ヲ問ハス法律上ノ前ニ対シテハ平等ノ権利タル可シ
―（法の前の平等）

▼49条、凡ソ日本国ニ在居スル人民ハ　内外人ヲ論セス其《その》身体生命財産名誉ヲ保固ス
―（外国人を差別しない）

▼76条、子弟ノ教育ニ於テ其学科及教授ハ自由ナル者トス　然《しか》レトモ子弟小学ノ教育ハ父兄タル者ノ免ル可ラサル責任トス
―（教育の自由と、受けさせる義務）

▼77条、府県令ハ特別ノ国法ヲ以テ其綱領ヲ制定セラル可シ　府県ノ自治ハ各地ノ風俗習例ニ因《よ》ル者ナルカ故ニ必ラス之ニ干渉妨害ス可ラス　其権域ハ国会ト雖《いえ》トモ之ヲ侵ス可ラサル者トス
―（地方自治の完全保障）

取材余話

「五日市憲法草案」の第一発見者である専修大の新井勝紘教授を訪ねた。発見に至る経緯は以下の通り。

見つかったのは一九六八年のこと。この年はちょうど明治維新百年の年に当たっていた。時の首相は長州（山口県）出身の佐藤栄作。維新の元勲の銅像を立てたり記念の博物館を建てたりと、バラ色の明治維新論を振りまいていた。

「ちょっと違うんじゃないか。私たちは政府とは別の、地域の視点でとらえ直そうと考えた」と言う。

新井教授は当時東京経済大の学生で、ゼミ教官の色川大吉教授らと多摩地方の自由民権運動を研究していた。深沢家の土蔵は多摩地方で「開かずの土蔵」といわれた。所有者を根気よく説得、土蔵を開けたのはその年の夏だった。

五日市憲法草案は土蔵の二階に、ほこりにまみれてあった。和紙二十四枚つづり。明治政府に対抗して作られた民衆憲法だが、皮肉にも発見のきっかけをつくったのが最後の「長州藩閥」首相であった。

終章　語り継ぐもの

今も生きる政宗の遺産

■空襲で皆焼失

仙台藩六十二万石を築いた藩祖伊達政宗は、仙台・経ケ峰の霊廟《れいびょう》、瑞鳳殿に眠る。二代忠宗、三代綱宗の墓域も経ケ峰の森にあり、一帯は仙台にとって侵すことのできない聖域だ。

一九四五年七月十日、瑞鳳殿は米軍B29の爆撃により焼失した。太平洋戦争が終わって社会が落ち着くと、市民の間から瑞鳳殿再建の声が高まる。六六年の政宗生誕四百年祭が拍車をかけ、官民挙げた再建期成会が結成された。現在の瑞鳳殿が完成したのが七九年である。工事に先立ち墓室が発掘され、政宗の遺骸《いがい》や、具足、色鮮やかな蒔絵《まきえ》、黄金のブローチなど数々の副葬品が出土して市民を驚かせた。

政宗以来、伊達の文化は数多くの文化遺産を生み出した。しかし、建築物は現在の仙台にはそれほど多く残ってはいない。

戊辰戦争の敗北で仙台城は新政府軍に接収され、本丸は一八七三、四年ごろ解体された。二の丸には東北鎮台が置かれたが、八二年の火災で全焼。太平洋戦争の仙台空襲では瑞鳳

藩祖政宗、二代忠宗、三代綱宗が眠
台の経ケ峰の森。それを囲むように
川が蛇行しながら流れる。100万都
成長した仙台を、政宗たちは森の中
見つめているようにも見える

殿のほか養賢堂、亀岡八幡神社が焼失、仙台城の大手門や隅櫓《やぐら》もこの空襲で灰じんに帰した。

■石垣が論争に

「仙台城に行っても、何も案内できる物がない。あまりに寂しい」

開府四百年を迎えて持ち上がったのが、仙台城の石垣の上に計画された艮櫓《うしとら》の再建だ。

仙台市は、以前から崩壊の危険性が指摘されていた仙台城跡の石垣修復事業に着手した。事前の発掘調査で石垣は政宗築城以来、地震による崩壊、修復を繰り返し、三期にわたって造られていたことが判明。ところが、再建予定の艮櫓は二期の石垣の上に建っていたもので、現存の三期の上には存在しないことが分かった。

　では、再建問題をどうするのか。経済界を中心にした推進派は「仙台のシンボルとして艮櫓を再建し、観光面で活用したい」と訴える一方、「史実にないものを再建すれば、市民に誤った歴史観を植え付けかねない」と歴史学者グループは反発。推進、反対両派は陳情合戦を繰り返し、シンポジウムを開催して市民を巻き込んだ論争を展開した。

　世論が二分する中、仙台市長は一度は櫓再

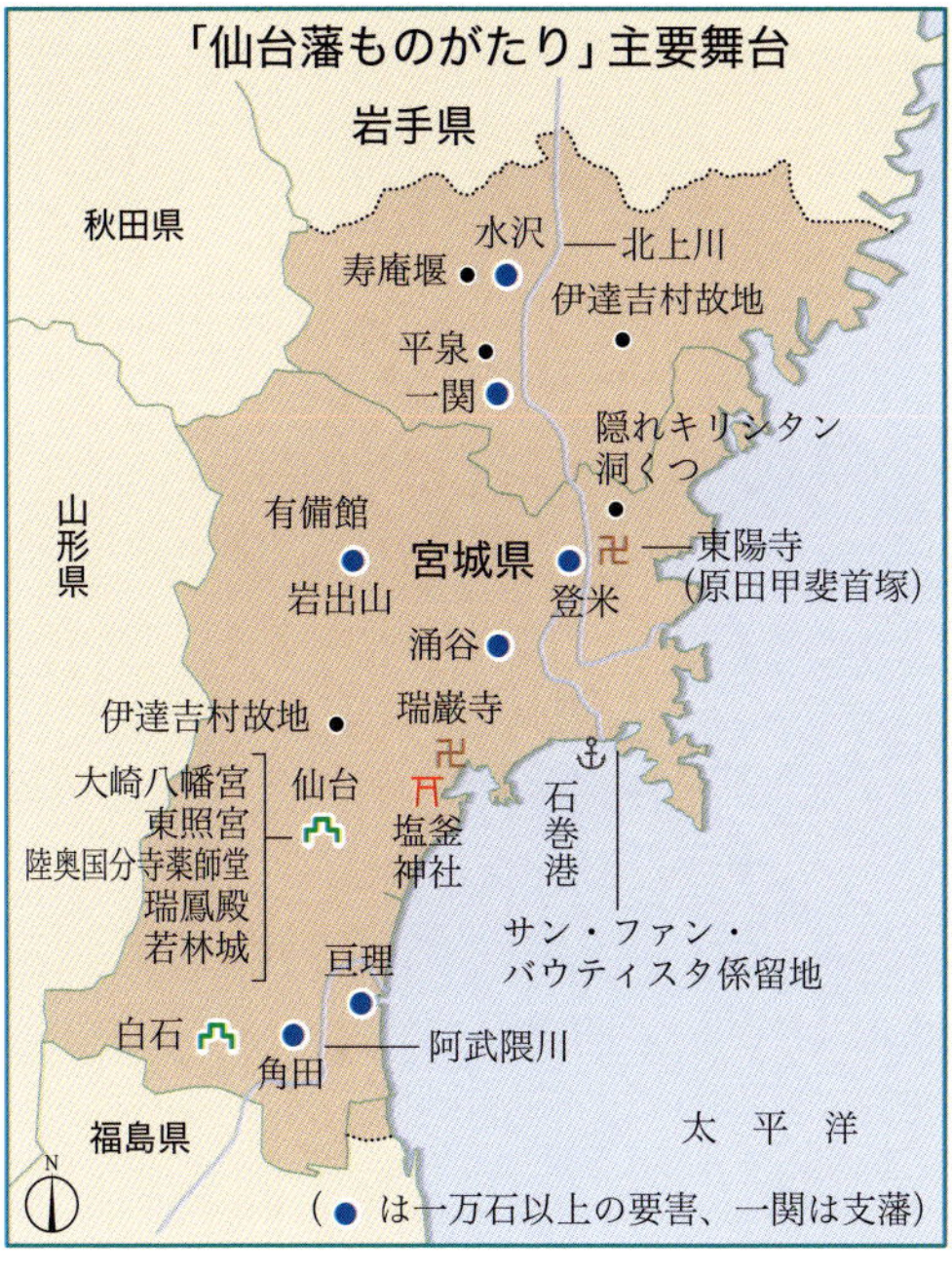

建を決断した。しかし「歴史の捏造は許されない」と異議が立て続けに出された。二〇〇二年五月になって仙台城跡が国の史跡に指定される見通しとなり、仙台市長は一転して櫓再建を断念、「史実に基づいた仙台城跡の整備」を進めることを市民に約束した。

百万都市に成長した仙台。都市化で住民意識は薄れたといわれるが、石垣問題や櫓の再建論争が郷土の歴史を見つめ直すきっかけになった。一連の論争は、決してマイナスではなかった。

1935年、政宗没後300年を記念して伊達政宗の騎馬像が造られた。これが軍に供出され、下半分が溶解された。胸像部分が現在、仙台市博物館の庭にある。仙台城跡にある像は戦後、鋳型を利用して作られた2代目の騎馬像。独眼竜のはずだが、政宗は像を造る時は両目を入れるよう遺言しており、この像にも目を入れている

■足元見つめよ

戦争によって城郭や数多くの神社仏閣は失われたが、仙台の町割りは現在も開府当時と基本的に変わらない。その町割りの上に私たちは住んでいる。

仙台城跡では、解体された約9000個の石垣の積み直し工事が行われている。2003年度で終了した

そして今、旧藩時代の用水・四ツ谷用水を復活させ、都市に潤いを取り戻そうという住民運動さえ起きている。塩釜の塩釜神社、松島の瑞巌寺、岩出山の有備館、平泉の能楽堂など伊達の文化が残した遺産は地域の文化や観光面に大きく貢献している。失ったものは多いが、現代に生きているものもたくさんある。

瑞鳳殿の墓室から出土した副葬品の具足は、政宗が十九歳のとき、南奥羽の覇権をかけて芦名（会津）・佐竹（常陸）連合軍と戦った人取橋の合戦（福島・中通り）で着用した物だ。窮地に陥ったが、辛うじて勝利。政宗がその後奥羽の覇者として飛躍するきっかけとなった戦であった。その具足によほど思い入れがあったのだろう。

人は苦境に陥ったとき、過去を振り返る。地域も国も、問題が壁に突き当たったとき、歴史に教訓を求める。

「まず、足元の歴史を見つめよ」

人と地域のアイデンティティーの在りかを示すのが、現代に残された歴史的文化遺産である。

個性ある郷土へまい進

■先人の心探る

伊達政宗は四百年前、今の宮城県、岩手県南に大きな空間をこしらえた。街並みや運河、美田などの風景にとどまらず、私たちの精神風土、思想性も、そこで生まれ発達した。時に没個性、中央志向とやゆされる宮城の県民性ともちろん無縁でない。しかし、それが、政宗ら先人が私たちに期待した姿だろうか。素直な気持ちで遺産を見つめ直し、後世へのメッセージをくみ取る試みがこの「仙台藩ものがたり」の一面であった。

■富に文化埋没

表高六十二万石、家臣団三万五千人、能楽に充てた費用が年三万石

牡鹿半島の夜明け。月浦（石巻市）を出帆した支倉常長の慶長遣欧使節も、仙台米を積んで帆を上げた千石船の船乗りも、この金華山を拝み、航海の無事を祈っただろう。明治初期には、多くの藩士と家族が手を振って郷土に別れを告げ、北海道の開拓地に渡った。今はただ、波音が響くのみ＝仙台藩の唐船御番所跡から太平洋を望む。左の島は金華山

分、茶会開催数は年百回…。仙台藩の力量は図抜けていた。

伊達騒動など藩存亡の危機を切り抜けられたのも、その軍事、経済力が背景にあったからだ。仙台藩を取りつぶせば国全体に混乱が及ぶ、と幕府は怖れた。

仙台藩の豊かさの源泉はコメの生産、流通にある。新田開発を奨励した政宗は、北上川を付け替えて石巻をコメ集積港とし、領内に運河を張り巡らせた。

実際の石高は百万石を超えた。石巻から千石船で運ばれた仙台米は、江戸市場をほぼ独占した時期もあった。

コメ一辺倒の経済は、藩を保守的な体質にした。大飢饉《ききん》、幕末において産業の構造転換、近代化を迫られても、方向転換できなかった。

中央から、し好品、呉服などがもたらされた。堤焼、仙台平といった地場工芸が華やいだが、技の源流は江戸や京にある。

濱田直嗣・前仙台市博物館館長(61)は「豊かな財力で何でも買え

た。労せず手に入るから、自前の産業、文化が根付かなかった。富への安住が、江戸の模倣で事足りとした」とみる。

政宗は物まねを嫌った。都に攻め上ろうとした武将だけに、東北にこだわった。政宗が築かせた瑞《ずい》巌《がん》寺（宮城県松島町）、大崎八幡宮（仙台市）は、質朴な水墨画と華麗な建築が同居し、鄙《ひな》と都の融合美がある。

政宗没後、仙台は江戸と同質化する。将軍家の顔色をうかがい、能や茶道の流派まで幕府流に改めた。

■国際派を輩出

が、そこは大きな空間である。政宗以降も逸材は輩出された。

藩校・養賢堂に連なる群像は多彩だ。西の頼山陽一族と並ぶ大槻一族。蘭学《らんがく》の玄沢、漢学の磐渓《ばんけい》、教育者文彦を世に出した。

実学尊重の気風は近代になって、東北大に継承される。民本主義を唱えた思想家吉野作造、詩人の土井晩翠は大きな山並みである。

美術では「仙台四大画家」の筆頭、東東洋《あずまとうよう》の柔らかい画風が挙げられる。

仙台藩は、国際感覚に富む人材を輩出した。林子平は「海国兵談」を著し、「江戸から欧州まで水路に境なし。長崎だけ警備しても無意味」と幕府に列島海防を迫った。

子平の先輩、工藤平助も先覚者。著書「赤蝦夷《えぞ》風説考」で北海道をロシアから守れと説いた。幕府の対外政策を批判した蘭学者《らんがく》、高野長英（水沢）もその系譜上にある。

子平、長英は悲憤の死を遂げるが、幕末の志士に多大な影響を与えた。

幕末に渡米して紀行を残したのは玉虫左太夫。

戊辰《ぼしん》の役に従軍、敗北を体験した千葉卓三郎は、基本的人権を尊ぶ「五日市憲法草案」を生んだ。

四百年前、政宗の命で太平洋、大西洋を航海した慶長遣欧使節、支倉常長。世が鎖国政策へ向かう中、ローマ法王と謁見《えっけん》。「西欧との交易を認めよ」と地方外交を演じた。野望は挫折するが、ローマから持ち帰った資料は二〇〇一年春、国宝に輝いた。

江戸後期、日本人で初めて世界一周した船乗り、津太夫。千石船「若宮丸」で石巻を出帆し、嵐でアリューシャン列島に漂着。ロシア皇帝に謁見し大西洋経由で帰った。その体験は大槻玄沢が聞き取り、「環海異聞」を残した。

苦難に見舞われても、たくましく生きた人々がいた。現代の東北が忘れかけている何かを抱いて。

高橋富雄東北大名誉教授(80)は語る。

「今も政宗は呼び掛けている。自由な世になったのだから、中央追従でない、個性ある郷土づくりができるはずだと」

地方の時代に仙台、東北の発奮が求められる。四百年の記憶を語り継ぎながら、次の時代の扉を開くのは私たちである。

関連年表

▼**一一九一（建久二）年**
伊達氏の始祖、朝宗が源頼朝の奥州攻めの戦功で、伊達郡（福島県）に入る。

▼**一五四八（天文十七）年ころ**
十五代晴宗が本拠を米沢に移し、奥州探題となる。

▼**一五六七（永禄十）年八月三日**
伊達政宗が米沢城で生まれる。父は十六代輝宗。

▼**一五八四（天正十二）年**
政宗が家督を継ぐ。

▼**一五八九（天正十七）年**
政宗、会津領主の芦名義広を摺上原で破り、百五十万石規模の領主となる。

▼**一五九〇（天正十八）年**
政宗、小田原で豊臣秀吉に臣従する。会津領を没収される。

▼**一五九一（天正十九）年**
大崎・葛西一揆を鎮定。秀吉の奥州仕置きにより本拠を岩出山に移す。

▼**一五九二年―九三年（文禄元年―二年）**
秀吉の命で朝鮮半島に出兵。

▼**一六〇〇（慶長五）年九月**
関ヶ原の戦い。徳川家康が勝利する。

▼**一六〇〇（慶長五）年十二月**
本拠を仙台に移し、城下の縄張り開始。

▼**一六〇三年―九年（慶長八年―十四年）**
仙台城のほか、大崎八幡宮、陸奥国分寺薬師堂、松島瑞巌寺が完成。

▼**一六一三（慶長十八）年九月**
慶長遣欧使節、支倉常長が月浦を出航。

▼**一六一四年―一五年（慶長十九年―二十年）**
大坂の陣。政宗は家康に従い、大坂城を攻める。

▼**一六二〇（元和六）年**
常長が帰国。

▼**一六二六（寛永三）年**
川村孫兵衛による北上川の付け替えが完了。

▼**一六三二（寛永九）年**
仙台藩米が石巻から海路、江戸へ運ばれる。

▼**一六三四（寛永十一）年**
近江、常陸に領地をもらい六十二万石が確定する。

▼**一六三六（寛永十三）年五月二十四日**
政宗死去。忠宗が二代藩主となる。

▼**一六三七（寛永十四）年**
瑞鳳殿（霊屋下）が完成。

▼一六五四（承応三）年
仙台東照宮（宮町）が完成。
▼一六六〇年―七一年（万治三年―寛文十一年）
伊達騒動（寛文事件）起こる。
▼一七〇三（元禄十六）年
中興の英主、吉村が五代藩主となる。
▼一七五五、六（宝暦五、六）年
宝暦の飢饉。
▼一七七二（安永元）年
藩学問所を養賢堂と称す。
▼一七八二（天明二）年
江戸藩邸医、工藤平助が「赤蝦夷風説考」を著す。
▼一七八三、四（天明三、四）年
天明の飢饉
▼一七八八（天明八）年
蘭学者、大槻玄沢が「蘭学階悌」を刊行する。
▼一七九一（寛政三）年
林子平が「海国兵談」を刊行し、罰せられる。
▼一八三三―三九年（天保四年―十年）
天保の飢饉。
▼一八五六（安政三）年
蝦夷地（北海道）の警備に当たる。
▼一八六七（慶応三）年十月
徳川慶喜が大政奉還。
▼一八六八（慶応四）年
奥羽列藩同盟成る。戊辰戦争で仙台藩が降伏。
▼一八七〇（明治三）年
伊達邦成ら北海道開拓第一陣が出発。
▼一八七一（明治四）年
仙台藩を廃して仙台県を置く。翌年、宮城県と改称する。

伊達氏略系図（幕末まで）

藤原氏…朝宗(初代)―宗村―義広―政依―宗綱―基宗―行宗―宗遠―政宗―氏宗―持宗―成宗―尚宗―稙宗―晴宗―輝宗―政宗(十七代)―忠宗―綱宗―綱村―吉村―宗村―重村―斉村―周宗―斉宗―斉義―斉邦―慶邦(二十九代)

あとがき

日本の歴史をひもとくとき、今から四百年前に国や地方の形、性格がある程度できたのではないか、と思う。一六〇〇（慶長五）年の関ヶ原の戦いの後、諸大名の所領が定まるとともに、二百七十年続く江戸幕藩体制が始まった。

今の宮城県、岩手県南、福島県浜通りの一部を含めた領域に封ぜられた仙台藩祖伊達政宗も、一六〇〇年の師走に仙台城下の縄張りを始めた。伊達六十二万石の城下町の生誕である。

私たちが仙台っ子、宮城県人などと呼ぶ場合、伊達の文化や気風を受け継いでいるという意味をいやおうなしに含む。それほどのものを、仙台藩は風土に染み込ませた。

仙台開府四百年を機に、その歩みと遺産をあらためて見つめ直し、後世の人々に何を伝えているのか、再発見する。「仙台藩ものがたり」の取材は、そこを見つめたかった。

二〇〇一（平成十三）年三月から一年間、全七章・五十四回の新聞連載は初め、政宗の朝鮮半島出兵に光を当てた。天下人豊臣秀吉や一流の大名との交流、半島での体験が、みちのくの若き武将を刺激し、後の彼の政治手法や領国経営に影響したと考えたからである。

政宗は多くを学びこそすれ、生涯、徹底して中央の模倣をしなかった。

仙台城築城や瑞巌寺などの造営、四ツ谷用水、貞山堀の水利事業、支倉常長の欧州派遣などを掘り下げてみると、京、江戸に匹敵する「北の都」をつくろうとした思いが読みとれる。

幕府を頂点とする封建体制の中、三百諸侯は独立志向が強く、それぞれ税制や金融行政まで工夫した。近年、市町村合併や地方分権の推進が叫ばれるが、足元に格好な手本があるのではないか。

連載は、史実に従いながら、取材で感じた群雄たちの人物像、世相を踏まえて読み物風にした。仙台藩の功績にかなり紙幅を割いたが、混迷の時代を生きる現代人に光明を見出してもらえれば、と考えた。第四章「まちを開く」で一門格の家臣らが興した宮城県、岩手県南の城下町を、第五章「文化と暮らし」で学問、芸術を取り上げた。普段、目に触れない分野だけに新しい発見も多かった。

さまざまな機会を通じた生涯学習、郷土の歴史を取り入れた学校教育と、先人に学ぼうとする機運は高まるばかりである。だが、その一方、歴史遺産は放っておくと朽ち果ててしまう。

宮城県東和町（現登米市）の山中にある隠れキリシタンの洞くつ、仙台・堤町の堤焼の登り窯などは、早く手を差し伸べない限り、消える運命にある。何とか残せないものか。気がかりなのと同時に、今こそ知恵を絞る時だと感じる。

「仙台藩ものがたり」が、そうしたことを問い直すきっかけになれば幸いである。

取材は、学芸部の佐藤昌明、大和田雅人、宮城県内の白石、角田、岩沼、小牛田、中新田、迫の六支局、岩手県内の一関、水沢の二支局、写真部の及川圭一、佐藤正之が担当した。

連載中、多くの方々にご指導、ご協力をいただきました。この場を借りて厚く御礼を申し上げます。

二〇〇二（平成十四）年五月

河北新報社代表取締役専務　一力雅彦

☆一部に現在の表記、肩書などと異なるものがあります。

主な参考文献

宮城県史（宮城県）
仙台市史（仙台市）
伊達治家記録（宝文堂）
伊達世臣家譜（宝文堂）
図説宮城県の歴史（河出書房新社）
宮城県の歴史（高橋富雄、山川出版）
宮城県の歴史（渡辺信夫、大石直正、今泉隆雄、難波信雄。山川出版）
仙台郷土史の研究（伊東信雄、宝文堂）
仙台郷土研究（仙台郷土研究会）
仙台藩道中物語（高倉淳）
歴史（東北史学会）
政宗公生誕四百年記念・郷土の歴史（仙台市）
壱岐・対馬の道（司馬遼太郎、朝日文庫）
韓のくに紀行（司馬遼太郎、朝日文庫）
嵯峨散歩　仙台・石巻（司馬遼太郎、朝日文庫）
秀吉と文禄の役（松田毅一、川崎桃太編訳、中公新書）
対馬・歴史観光（永留久恵、杉屋書店）
書き替えられた国書（田代和生、中公新書）
江戸時代の朝鮮通信使（李進熙、講談社学術文庫）
文禄・慶長の役（崔官、講談社選書メチエ）
日本見聞録にみる朝鮮通信使（西村毬子、明石書店）
倭城の研究（城郭談話会）
晋州城（韓国・国立晋州博物館）
壬辰戦乱史（韓国・壬辰戦乱史刊行委員会）
伊達政宗（小林清治、吉川弘文館）
伊達政宗の手紙（佐藤憲一、新潮選書）
書に見る伊達政宗（仙台市博物館）
シンポジウム伊達政宗（高橋富雄、小林清治、早乙女貢、山田宗睦、綱淵謙錠、H・チースリク。新人物往来社）
歴史群像シリーズ・伊達政宗（学研）
独眼龍政宗（津本陽、文春文庫）
伊達政宗人物史（伊達泰宗、伊達泰山文庫）

伊達家の風景（伊達真美、三月書房）
みちのくの指導者、凛たり（伊達宗弘、踏青社）
伊達政宗教導の師・虎哉宗乙（伊達篤郎ほか）
伊達政宗・戊辰戦争（平重道、宝文堂）
危うし独眼龍（紫桃正隆、宝文堂）
伊達政宗（竹内勇太郎、成美堂出版）
蒲生氏郷のすべて（高橋富雄編、新人物往来社）
瑞巌寺の歴史（瑞巌寺）
伊達騒動（平重道、宝文堂）
樅ノ木は残った（山本周五郎、新潮文庫）
仙台城歴史散策（宮城文化協会）
みやぎ北上川今昔（みやぎ北上川の会）
遙かなるロマン（河北新報社）
仙北隠れキリシタン物語（沼倉良之、宝文堂）
もう一つの広瀬川（佐藤昭典）
槻弓の春（大島英介、岩手日日新聞社）
幕末の鬼才三浦乾也（益井邦夫、里文出版）
京都・妙法院写生派絵師　仙台藩東東洋（三浦三吾）
飢饉（菊池勇夫、集英社新書）
戊辰戦争（佐々木克、中公新書）
奥羽越列藩同盟（星亮一、中公新書）

仙台藩帰らざる戦士たち（星亮一、教育書籍）
歴史群像シリーズ・会津戦争（学研）
戊辰の役百二十年（河北新報社）
北に生きる武士団（松木覚、北海道白老町）
石狩川（本庄陸男、新日本出版）
民主憲法の父千葉卓三郎（顕彰記念誌編集委員会）
宮城県百科事典（河北新報社）
日本の名城・古城事典（ＴＢＳブリタニカ）
日本史辞典（岩波書店）

仙台藩ものがたり

発　　行　2002（平成14）年6月25日　第1刷
　　　　　2016（平成28）年4月15日　第7刷
編　　者　河北新報社編集局
発行者　沼　倉　良　郎
発行所　河北新報出版センター
〒980－0022
仙台市青葉区五橋1丁目2-28
電話　022－214－3811
FAX　022－227－7666
http://www.kahoku-ss.co.jp/
印　　刷　藤庄印刷株式会社

ISBN978－4－87341－163－7
定価は裏表紙に表示してあります。
乱丁・落丁本はお取り換えいたします。